全国教育科学规划一般课题"企业需求导向下全日制工程硕士学习成果评价研究"（BIA170205）

企业需求导向下全日制工程硕士学习成果评价研究

● 张建功　著

·广州·

图书在版编目（CIP）数据

企业需求导向下全日制工程硕士学习成果评价研究/张建功著.—广州：华南理工大学出版社，2023.9
　ISBN 978－7－5623－7428－2

　Ⅰ.①企…　Ⅱ.①张…　Ⅲ.①全日制-工科（教育）-研究生教育-教学评估-研究-中国　Ⅳ.①G643

中国国家版本馆 CIP 数据核字（2023）第 167790 号

Qiye Xuqiu Daoxiang Xia Quanrizhi Gongcheng Shuoshi Xuexi Chengguo Pingjia Yanjiu
企业需求导向下全日制工程硕士学习成果评价研究
张建功　著

出 版 人：柯　宁
出版发行：华南理工大学出版社
　　　　　（广州五山华南理工大学 17 号楼　邮编：510640）
　　　　　http://hg.cb.scut.edu.cn　E-mail: scutc13@scut.edu.cn
　　　　　营销部电话：020－87113487　87111048（传真）
责任编辑：吴翠微
责任校对：洪　静
印 刷 者：佛山家联印刷有限公司
开　　本：787mm×1092 mm　1/16　印张：14　字数：296 千
版　　次：2023 年 9 月第 1 版　印次：2023 年 9 月第 1 次印刷
定　　价：49.00 元

版权所有　盗版必究　　印装差错　负责调换

前　言

创新已成为国家发展全局的中心。创新型国家建设需要创新型教育，产业转型升级需要强有力的人才支撑，这为高等教育发展特别是专业学位研究生教育发展带来了新的机遇和挑战。全日制工程硕士毕业后大多以企业等用人单位为归宿，具有明显的面向企业需求的职业性目标特征。尽管近年来招生规模不断扩大，仍然难以满足企业需求，究其根本，在于全日制工程硕士培养与企业需求存在一定的脱节。在此背景之下，学生学习成果评价因其"直面学生学习增值、强调教育成效证据"而理应成为衡量学生学习成效和高校教育质量的重要标杆。因此，基于企业需求，针对全日制工程硕士学习成果进行研究，具有一定的理论价值和现实意义。

本研究紧扣当前工程教育质量的热点问题，以全日制工程硕士学习成果为研究对象，基于胜任能力理论和能力导向评价理论，首先对学习成果评价、工程专业学习成果标准等相关文献资料进行梳理，参照美国三大高等教育机构[高等教育标准促进委员会（CAS）、美国学院与大学协会（AAC&U）和美国教育考试服务中心（ETS）]的评价体系，初步拟定工程人才胜任能力标准，并根据初步拟定的工程人才胜任能力标准，参考专家的意见设计出初始的调查问卷。其次，通过行为事件访谈和典型企业调查对初始问卷进行预试，获得企业对全日制工程硕士胜任能力的需求标准，修正后形成最终的调查问卷。再次，采用德尔菲法和层次分析法相结合的综合评价法确定各指标权重，结合能力需求标准，构建企业需求导向下全日制工程硕士学习成果评价模型。根据评价模型，选取我国华东、华北、中南、西南、西北和东北六大区域的27所"985工程"院校、25所"211工程"院校和24所其他高等院校的3080名全日制工程硕士开展高校问卷调查；同时选取该六大区域的不同类型和不同规模的299家企业开展企业问卷调查。按照不同区域、高校类型、专业类别、年级和性别等维度分析高校全日制工程硕士学习成果，按照不同区域、企业类型、企业规模分析企业对全日制工程硕士学习成果的需求，将高校全日制工程硕士学习成果和企业对全日制工程硕士学习成果的需求进行对比研究，并探究二者之间的差异情况。最后，基于上述实证分析结果，梳理归纳出企业需求导向下全日制工程硕士学习成果存在的主要问题，并紧密结合我国全日制工程硕士培养的实际情况，提出提升全日制工程硕士学习成果的对策建议。

本研究构建了企业需求导向下全日制工程硕士学习成果的评价模型，不同程度地拓展和丰富了高等教育管理、人力资源管理学科的研究空间、研究方向和理论内容。同时，以中国高校和企业为样本进行了实证研究，弥补了国内相关研究领域的不足。研究的相关成果，将针对性地解决全日制工程硕士培养与企业需求相脱节的现实问题，有力推动我国全日制工程硕士培养的科学快速发展，促进专业学位研究生教育质量持续提升，不断满足经济社会发展对高层次应用型人才的现实需求。

张建功

2023 年 2 月

目　录

第1章　绪论 ... 1
1.1　研究背景与意义 ... 1
1.1.1　研究背景 ... 1
1.1.2　研究意义 ... 5
1.2　国内外研究现状 ... 7
1.2.1　国外研究现状 ... 7
1.2.2　国内研究现状 ... 14
1.2.3　研究述评 ... 24
1.3　研究内容和方法 ... 25
1.3.1　研究内容 ... 25
1.3.2　研究方法 ... 28
1.4　研究思路和技术路线 ... 29
1.4.1　研究思路 ... 29
1.4.2　研究的技术路线 ... 30
1.5　可能的创新点 ... 31
1.5.1　研究问题的现实性 ... 31
1.5.2　研究视角的新颖性 ... 32
1.5.3　研究对象的独特性 ... 32

第2章　全日制工程硕士胜任能力需求标准的选择 ... 33
2.1　全日制工程硕士胜任能力需求的理论选择 ... 33
2.2　全日制工程硕士胜任能力标准的选取 ... 35
2.2.1　美国三大高等教育机构学习成果评价体系及其标准 ... 35
2.2.2　工程与技术认证委员会（ABET）的标准及其借鉴 ... 42
2.2.3　我国的卓越工程师教育计划标准及其参考 ... 44
2.2.4　全日制工程硕士胜任能力的初步拟定 ... 46
2.3　企业对全日制工程硕士胜任能力需求标准的修正 ... 48
2.3.1　行为事件访谈 ... 48
2.3.2　典型企业调查 ... 52
2.3.3　需求标准确定 ... 54

第3章 企业需求导向下全日制工程硕士学习成果评价模型选择及指标体系构建 … 68
3.1 全日制工程硕士学习成果评价的模型分析及选择 … 68
3.1.1 学习成果评价模型的对比分析 … 68
3.1.2 评价模型的共异性辨析 … 78
3.1.3 全日制工程硕士学习成果评价的模型选择 … 82
3.2 企业需求导向下全日制工程硕士学习成果评价指标体系的构建 … 84
3.2.1 学习成果评价指标体系的构建 … 84
3.2.2 学习成果评价指标权重的确定 … 85

第4章 企业需求导向下全日制工程硕士学习成果评价的实证研究 … 93
4.1 全日制工程硕士学习成果的高校调查 … 93
4.1.1 描述性统计分析 … 93
4.1.2 不同区域的高校样本分析 … 96
4.1.3 不同类型的高校样本分析 … 101
4.1.4 不同专业的高校样本分析 … 107
4.1.5 不同年级的高校样本分析 … 110
4.1.6 不同性别的高校样本分析 … 117
4.1.7 小结 … 117
4.2 全日制工程硕士学习成果的企业调查 … 118
4.2.1 描述性统计分析 … 118
4.2.2 不同区域的企业样本分析 … 120
4.2.3 不同类型的企业样本分析 … 122
4.2.4 不同规模的企业样本分析 … 124
4.2.5 小结 … 129
4.3 全日制工程硕士学习成果的校企调查情况的对比分析 … 130
4.3.1 校企总体调查情况对比 … 130
4.3.2 案例分析：华东地区和华北地区校企调查情况比较 … 134
4.4 全日制工程硕士校外实践基地评价 … 141
4.4.1 PDCA 理论与全日制工程硕士校外实践基地评价 … 141
4.4.2 全日制工程硕士校外实践基地评价分析框架 … 142
4.4.3 全日制工程硕士校外实践基地评价体系的构建 … 143
4.4.4 全日制工程硕士校外实践基地评价的实证分析 … 146
4.4.5 全日制工程硕士校外实践基地评价的结果讨论 … 149

第5章 企业需求导向下全日制工程硕士学习成果存在问题及对策建议 ……… 151
5.1 企业需求导向下全日制工程硕士学习成果存在的主要问题 …………… 151
5.1.1 专业及基础知识不扎实 ……………………………………………… 151
5.1.2 应用和合作学习能力不足 …………………………………………… 153
5.1.3 跨学科培养的水平欠佳 ……………………………………………… 155
5.1.4 公民意识较为薄弱 …………………………………………………… 157
5.2 提升企业需求导向下全日制工程硕士学习成果的对策 ………………… 158
5.2.1 完善课程设置,夯实专业及基础知识 ……………………………… 158
5.2.2 落实专业实践,强化应用能力 ……………………………………… 162
5.2.3 打破学科壁垒,提升融合水平 ……………………………………… 166
5.2.4 推进思政教育,培养公民意识 ……………………………………… 169

第6章 结论 ……………………………………………………………………… 173
6.1 研究成果 …………………………………………………………………… 173
6.2 研究的不足及未来研究展望 ……………………………………………… 175

参考文献 …………………………………………………………………………… 177

附录1 行为事件访谈提纲 ………………………………………………………… 187

附录2 全日制工程硕士学习成果评价指标二元对比问卷 ……………………… 188

附录3 企业需求导向下全日制工程硕士学习成果评价问卷(高校版) ……… 194

附录4 企业需求导向下全日制工程硕士学习成果评价问卷(企业版) ……… 197

附录5 全日制工程硕士校外实践基地评价访谈提纲 …………………………… 200

附录6 全日制工程硕士校外实践基地调查问卷 ………………………………… 202

附录7 全日制工程硕士校外实践基地评分问卷(校内导师、校外导师及基地管理人员版) …………………………………………………………… 207

附录8 全日制工程硕士校外实践基地评分问卷(学生版) …………………… 211

第1章 绪 论

1.1 研究背景与意义

1.1.1 研究背景

中国近代高等教育走过了极其不平凡的 120 余年，从清末的诞生到民国时期的动荡再到中华人民共和国成立后的积极探索与改革开放后的蓬勃发展，中国高等教育已经从精英化阶段、大众化阶段进入了现在的普及化阶段。特别是改革开放以来，我国高等教育的规模、师资队伍、办学质量、毛入学率等方面都有了显著的提升。其中，高等教育毛入学率的逐步提升是高等教育快速发展的最好佐证，从 1949 年仅有 0.26% 到 1978 年为 2.7%，2000 年上升至 12.5%，2020 年达到 54.4%，毛入学率突破了 50% 的关口，我国迈入了高等教育普及化阶段。《2020 年全国教育事业发展统计公报》显示，2020 年全国共招收了普通本专科学生 967.45 万人，研究生 110.66 万人，成人本专科 363.76 万人，我国各级高等教育的在学总规模达到了 4183 万人。高等教育是我国走向现代化的重要引擎，现代化进程的推进对新型高技术高知识分子的需求愈加旺盛，国家的发展潜力与发展水平与高等教育息息相关，目前我国正在以中国式的脚步向高等教育强国稳步迈进。

研究生教育随着我国高等教育的改革发展焕发出全新的面貌，尤其是改革开放之后，随着我国对高素质人才需求的不断增长，研究生教育进入了快速发展时期，研究生规模不断扩大、研究生学位授予种类不断增加：改革开放之初的 1978 年，研究生招生数为 10 708 人；而到了 2020 年，招生数突破 110 万人。特别是近 10 年来，硕士研究生招生年平均增幅达到 6%，博士研究生年平均增幅 5.7% 左右，研究生教育在增强综合国力和国际竞争力中的战略地位日益凸显[1]。根据《2020 年全国教育事业发展统计公报》，我国现有研究生培养机构 828 个，其中，普通高等学校 593 个，科研机构 235 个；在学研究生人数 313.96 万人（其中，在学博士生 46.65 万人，在学硕士生 267.30 万人）；毕业研究生 72.87 万人（其中，毕业博士生 6.62 万人，毕业硕士生 66.25 万人）。研究生学位授予种类也从理学、工学、农学、医学四类学科，增加到涵盖哲学、经济学、法学、教育学、文学、历史学、理学、工学、农学、医学、军事学、管理学、艺术学等 13 个学科门类。随着我国经济和社会持续发展，各行业对从业人员的职业素养、知识能力、专业化程度提出了更高要求，我国需要培养更多高层次应用型人才，专业学位研究生教育便应运而生。1990年我国开设第一个专业学位——工商管理硕士（MBA），开启了我国专业学位研究生教育的先河。经过30多年的努力和建设，专业学位教育发展迅速，取得了显著的成绩。《专业学位研究生教育发展方案（2020—2025）》中提到，发展专业学位研究生教育是经济社会进入高质量发展阶段的必然选择、主动服务创新型国家建设的重要路径，发展专业学位是学位与研究生教育改革发展的战略重点，体现了我国大力发展专业学位硕士教育的决心。近年来，以应用为方向的专业学位硕士招生数量逐年递增，占比持续扩大。2009年专业学位硕士占比仅15.9%，其后在2017年首次超过学术型硕士招生人数，到2018年专业学位硕士招生人数占比近58%。目前专业学位硕士已经成为研究生教育的主体，专业学位硕士招生在硕士招生中的占比已超过60%，截至2019年累计授予硕士专业学位321.8万人[2]。

为培养高层次应用型工程技术和工程管理人才，教育部和国务院学位委员会从1984年开始部署开展工程硕士教育的试点工作。1987年，清华大学、西安交通大学等全国8所院校开始正式招收工程硕士，进行工程硕士的培养试点。1989年，经国家教委批准，全国135所高校开始招收在职人员进行工程硕士培养。1997年，国务院学位委员会审议通过了《工程硕士专业学位设置方案》，决定在我国正式设置工程硕士专业学位。最初的工程硕士培养主要面对在职人员，单独组织考试，实行非全日制培养，采用集中授课的方式。由于研究生大部分时间在就职单位，很多时候由教师到企业现场授课，硕士毕业论文多是在结合单位课题的基础上完成研究和撰写，大多采用高校和企业双导师制指导。自2009年起，教育部决定扩大招收以应届本科毕业生为主的全日制专业学位研究生，与学术型研究生统一参加考试，并实行全日制工程硕士培养。30多年来工程硕士研究生教育得到了长足发展。从规模上看，1999年首批工程硕士专业学位授予44人；次年便增加至379人；到2006年已经有2万余人获得工程硕士专业学位；2009年工程硕士教育规模继续扩大，招生人数达9万余人；2014年工程硕士专业学位授予人数更是超过了10万人。从全国各专业硕士学位的招生规模来看，工程硕士专业学位已经成为专业学位教育发展的主力军[3]，其在各专业学位类别的招生规模中占比最大，2015年工程专业授予人数已经占专业学位招生总人数的41.5%[4]。从专业设置领域来看，自2009年国家以"高层次应用型专门人才"为培养目标起，工程硕士专业学位先后设置了50多个领域，已成为培养规模全球最大、影响最为广泛且按领域授权的专业学位类别。为了克服工程专业现有设置模式、机制显现出的不足和局限，2018年工程硕士专业学位类别调整为信息技术、机械、材料与化工、资源与环境、能源动力、土木水利、生物与医药、交通运输8个专业学位类别[5]。

现今中国已经成为世界排名第二的研究生教育大国，教育发展现状也势必要与我国世界第二大经济体的国际地位相匹配。进入新时代，国家对高等教育的需求比以往任何时候都更加迫切，对科学知识和卓越创新人才的渴求比以往任何时候都更加强烈。从国内经济转型升级的现实需求看，实现从全球产业链和价值链的中低端向高端攀升，迫切需要更好地利用全球智力资源，培养和吸引大量了解国际科技前沿的尖端人才[6]。高等教育作为高水平人才的重要输出地，其教育质量水平直接关系到我国人才供给的质量。中国要想在21世纪成为真正的强国，就必须加快高等教育的创新，以更大的勇气、魄力、智慧探索未来高等教育。因此，提高高等教育质量水平已成为新时代的热点话题。

高等教育质量是指作为事实或行为的高等教育满足人们需求的程度[7]。教育质量评价是保证和提高研究生教育质量的重要手段，具有根本的导向作用，是建设高质量教育体系的前提和基础[8]。与发达国家的研究生教育质量评价发展历史相比，我国的研究生教育质量评价起步较晚。1985年2月，国务院学位委员会决定逐步建立各级学位授予质量的检查和评价制度，正式启动构建中国研究生教育质量评价体系的工作。起初，研究生质量评价以"政府评价模式"为主，国务院学位委员会和国家教委等政府机构与组织在其中起着主导作用，它们不仅是评价活动的直接提出者，还是组织者、协调者和实施者，政府计划控制的色彩十分浓厚。1992年以后，受我国经济体制的转型影响，研究生教育评价向主体多元化、对象多样化、程序规范化的方向发展。社会评价机构以及民间评价机构纷纷参与到研究生教育评价中，改变了以往单一的政府评价结构；评价的对象不再仅限于学科和专业，也不再限于传统的学术型研究生教育质量，开始出现研究生院评价等其他类型的学位与研究生教育评价；经过多年发展，我国研究生教育质量评价已基本形成了一套较为固定和成熟的评价程序[9]。研究生培养质量评价与研究生的切身利益直接相关，但是目前研究生培养质量评价往往是教师、专家参与较多，一定程度上忽视了研究生的自我直观感受。有学者认为，现阶段的审核评价忽视了对作为教育主体的学生学习与发展成效的评价，学生中心理念落实不到位；对教学状态数据缺乏深度关联分析，产出导向难以凸显[10]。长期以来，高等教育质量的评价实施聚焦于教育投入，在教育产出方面仅研究科研成果、学位授予等，甚少关注学生学习成果。高等教育是科技第一生产力和人才第一资源的重要结合点，提高高等教育质量，最根本的是提高人才培养水平。世界经济论坛2012年9月发布的《2012—2013年全球竞争力报告》显示，在144个参与排名的国家中中国位列第29，其中，一级指标"高等教育与培训"位列第62，"劳动力市场效率"位列第41，"技术就绪度"位列第88[11]。《本科教育教学质量报告》的社会总体反应分析，社会（行业企业及公众等）最为关注和期待的大致也聚焦在3个指标，包括"与产业直接对接的办学条件、与产业稳定合作的办学过程、符合产业实际需要的办学结果"[12]等组成的高等教育质量。可见，人才培养需要与企业需求紧密地联系在一起，这就需要对学生的学习成果进行有效的评价，使学生学习成果与企业需求能够紧密衔接，进而促进高等教育质量的提升。

学习成果评价起源于美国，美国各行业对于教育质量的关注促进了早期综合考核向标准化测试转变、推动了学习成果评价的产生。20世纪70年代末80年代初的"评价运动"对美国高等教育产生了深刻的影响，促使评价成为保障美国高等教育质量的重要方式。20世纪80年代以来，"学生学习成果评价"（student learning outcomes assessment）逐渐成为高等教育质量评价的关注要点，学习产出和教学增值是学生学习成果评价的关键部分。中共中央、国务院印发的《深化新时代教育评价改革总体方案》明确提出了改进结果评价、强化过程评价、探索增值评价、健全综合评价等四种评价方式[13]。增值评价主要是指在就读期间或某个阶段，评价学生在学习上的进步或发展的"增量"。国内对增值概念的引入可追溯到20世纪90年代末，香港教育统筹委员会发布的第七号报告书《优质学校教育》提出的对学校教育质量的增值评价[14]。现今，增值评价已成为对学生学业评价和学校效能评价的重要手段和内容，它更加关注教育目标实现程度的纵向比较和改善提高。

学习成果不仅是学生选择学校的重要依据，也是社会各界关注和监督学校办学质量的主要参考。习近平总书记在党的十九大报告中指出"经过长期努力，中国特色社会主义进入了新时代，这是我国发展新的历史方位"。我国全面进入新时代，意味着全社会不论政治经济还是文化教育都具备了新时代的特征，必须迎接新的挑战，开始新的征程。教育具有基础性、先导性和全局性地位，实现社会主义现代化强国，归根到底靠人才、靠教育，教育必须现代化，才能把我国建成教育强国、科技强国和人才强国。党的十八大报告提出"推动高等教育内涵式发展"，党的十九大报告继而提出"实现高等教育内涵式发展"，党的二十大报告明确强调"加快建设高质量教育体系"。我国高等教育发展政策话语从"内涵式发展"到"高质量发展"的演变，既意味着党对高等教育不断提出更新、更高的要求，也意味着党对高等教育发展规律的认识不断深化[15]。因为高等教育总体水平是高校在培养人才、服务社会等方面履职能力的重要体现，直接决定了我国教育的输出质量，更进一步决定了未来我国的人才输出水准。因此，有必要在高等教育领域探索符合新时代战略背景的新使命、新定位和新模式，以更好地推进高等教育"高质量发展"。

研究生教育是高等教育发展的关键一环，自2010年根据经济发展和社会需求变化，研究生教育由以培养学术型研究生为主调整为以培养应用型人才为主，专业学位研究生规模得到了极大扩张，其中全日制工程专业硕士是专业学位硕士研究生教育发展的主力军。全日制工程硕士是面向企业，培养日后从事工程师职业的专业教育。企业对工程师人才的要求是多面的，他们既需要有完善的理论储备，能够分析工程环境，又需要有实践经验，能够解决工程实际问题。因此一个符合企业需求的工程师，不仅要有完善的知识体系，还要有良好的合作、沟通能力以及管理、创新能力。我国对全日制工程专业硕士的培养十分重视，招生人数持续攀升，但仍然无法满足企业的需求。究其根本，除培养数量不足外，最重要的是全日制工程硕士的培养质量与企业需求之间严重脱节。在此背景下，学生学习成果评价因其"直面学生学习增值、强调教育成效证据"而备受关注，已成为衡量学生学习成效和高校教育质量的重要标杆。因此本研究直面企业需求，基于企业需求和高校输出的视角，探究企业需求导向下的全日制工程硕士学习成果，具有一定的理论价值和现实意义。

1.1.2 研究意义

学习成果是衡量高等教育质量水平的重要标杆，其输出结果直接影响到企业的人才质量和未来发展。因此，全日制工程硕士学习成果是检验高等教育质量的试金石，又由于其输出成果的归宿是企业，具有明显的企业指向性，因此企业便成为衡量和评价全日制工程硕士学习成果的重要一方。为此，本研究借鉴国内外相关文献资料，结合2013年《关于深化研究生教育改革的意见》中"专业学位注重职业胜任能力评价"意见，拟从企业对全日制工程硕士能力需求的视角出发，基于胜任能力（competency）理论，参考企业对工程人才的能力需求标准，运用学习成果中的能力导向评价理论，构建全日制工程硕士学习成果评价模型并进行实证研究，并针对存在的问题，提出相应的对策建议。

1. 理论意义

我国专业研究生教育特别是工程硕士教育正处于蓬勃发展时期，加强专业学位研究生教育、工程硕士教育，是高校理论研究者的责任。工程硕士教育已发展成为我国专业学位中涉及专业最多、招生规模最大的一种学位类型，工程硕士教育学也成为高等教育学的重要部分，其在关注高等教育学的普遍性质的同时，通过工程教育目标、工程教育课程、工程教育的课堂教学和课外实践以及工程教育学习成果等多方面探究工程教育学的特殊属性，近年来得到了许多理论研究者的广泛关注。

本研究从学生学习成果出发，对美国工程与技术认证委员会（ABET）的工程专业研究生学习成果标准以及我国卓越工程师教育培养计划标准等文件进行筛选，再经过严谨的分析处理，将评价重心放在学习成果上，切实关注学生利益，构建符合中国实际的科学、合理、客观、适用的"全日制工程硕士学习成果评价模型"，积极探索研究生教育质量评价范式的转变，不断丰富国内对学习成果评价的学术研究。同时，本研究从企业对全日制工程硕士的能力需求出发，应用胜任能力理论，将企业需求转化为可测度的用人标准，并基于企业用人标准和能力导向评价理论，在构建全日制工程硕士学习成果评价模型等方面挖掘形成一系列具有科学意义的新发现，不同程度地拓展高等教育管理、人力资源管理学科的研究空间和研究方向，丰富其理论内容，具有独特的理论意义。

2. 实践意义

首先是满足经济社会发展的需要。习近平总书记在党的十九大报告中指出：

"我国经济已由高速增长阶段转向高质量发展阶段。"与此同时，我国经济增长方式从粗放型向集约型转变，强调进行供给侧结构性改革，提高供给体系质量，因此经济结构、发展方式的转变产生了大量高水平的工程生产、管理、服务的高层次人才的培养需要，发展工程硕士教育既是满足国家发展和经济社会建设对高层次应用型人才的需求，也是专业学位研究生教育未来发展的必然趋势。全日制工程硕士虽然学在高校，但毕业后始终要走向社会，进入企业。因此，本研究基于企业需求对全日制工程硕士学习成果进行评价，了解全日制工程硕士的学习成果能否满足企业的现实要求以及我国经济社会发展的工程人才需求，必将加深人们对工程硕士研究生教育重要性的认识，不断提升高等工程教育发展水平。

其次是适应我国学位与研究生教育改革的需要。《国务院学位委员会 教育部关于印发〈专业学位研究生教育发展方案（2020—2025）〉的通知》（学位〔2020〕20号）提出要建立以实践能力培养为重点、以产教融合为途径的中国特色专业学位培养模式。随着先进技术的发展，特别是大数据、人工智能等智能技术的普及和应用，社会需要大量的高层次应用型工程人才，这给我国高等工程教育的改革带来了机遇和挑战。工程硕士属于专业型硕士，其培养要与学术型硕士的培养目标、过程、方式区别开来，因此工程硕士培养应改变过去重理论、轻实践，脱离企业实际需求的模式，改变简单套用学术学位发展理念、思路、措施的现象，向应用型、技能型、专业型转变。企业需求导向下的全日制工程硕士学习成果评价能够为我国专业学位与研究生教育改革，特别是工程教育实践提供有关工程硕士学习情况的数据，为高校和企业开展工程硕士联合培养实践提供参考借鉴，为政府主管部门制定相关教育政策提供支撑依据。

再次是提升我国工程教育国际竞争力的需要。国家的软实力是综合国力的重要组成部分，人力资源又是国家软实力的核心部分。只有明确各层次工程人才的学习成果标准，才能够更广泛地促进高等工程教育的持续发展，因此，建立工程教育学习成果评价体系是培养符合社会需求的工程人才的前提。世界上的发达国家，如美国、英国、法国等早在20世纪末就已经逐步建立起以职业资格认证为中心的学习成果评价体系。与发达国家相比，我国在学习成果评价特别是工程硕士学习成果评价体系的构建上还有很长的路要走，必须认识到我国的工程硕士教育距离国家战略和目标的要求还存在不少差距。因此，基于企业需求，对全日制工程硕士学习成果进行评价，不仅能够明确工程硕士已有的学习成果与企业需求之间的差距，而且还可进一步加强工程硕士研究生教育，提升我国工程教育国际竞争力。

本研究相关成果将针对性地解决全日制工程硕士培养与企业实际需求脱节的现实问题，实现二者之间的无缝对接。相关成果对高校洞悉企业需求，推动高等教育质量的持续提升，不断满足经济社会发展对高层次应用型人才的需求具有现实作用。对全日制工程硕士学习成果的评价，不仅能为我国专业学位研究生教育起到一种自我诊断和自我完善的作用,还能为专业学位硕士研究生培养单位发挥自身优势,明确未来发展方向,有针对性地提高研究生培养质量和管理水平提供参考借鉴,进而促进整个研究生教育学科的发展。本研究提出的对策措施将为政府主管部门制定相关教育政策、产业政策和构筑制度环境提供重要参考和有益启示。

1.2 国内外研究现状

1.2.1 国外研究现状

在高等教育大众化、普及化的过程中,高等教育质量评价由注重教育投入的间接评价向重视教育产出的直接评价转型,由此,国外学者引入了"学习成果"的概念,并就其起源、内涵与分类框架、与工程教育相关的学习成果标准等内容开展了相关研究。

1.2.1.1 学习成果的起源

美国高等教育评价已有百余年历史。作为西方最早关注院校质量的国家之一,美国高等教育认证机构的产生和发展是评价得以进入高等教育领域的实践基础,早期的评价方式是以评价高校资源及院校认证和民间排行为主。结合宾夕法尼亚研究、芝加哥大学方案、"增值(value-added)评价"等研究成果,美国高等教育学生学习成果评价经历了早期综合考核、标准化考试、通识教育和研究生教育评价、测试机构的发展、大学内部学习评价改革和回应外部问责等五个阶段[16]。20世纪30年代,学习标准化测试开始在美国高等教育领域被广泛使用,主要集中在学科知识上,评价标准由事实与概念(陈述性知识)以及数学程序(过程性知识)组成。学习标准化测试强调客观性,主要测试工具为单项选择,依靠计分方式和内容覆盖面来体现可信。具有里程碑意义的学习标准化测试实例是"宾夕法尼亚研究",它通过大量涵盖陈述性和过程性学科知识的标准化测试,涉及选择题、匹配题和判断正误题等共计3200道题目,对上千名高中毕业生、大学生和高校教职工进行评价,旨在研究学生学习成果的内容及形式。通识教育和研究生教育评价兴起于20世纪30年代至40年代,该阶段的评价标准不仅包含学习的认知性成果,也包括个人、社会及伦理方面的学习成果。二战后美国高等教育蓬勃发展,学生学习测试机构也随之兴起,如美国教育考试服务中心(Educational Testing Service,ETS)、美国大学入学考试(American college testing,ACT)机构等,这一时期的评价标准产生了新变化,注重对学生学习的全面评价,如人际沟通、批判思维、问题解决等。自20世纪80年代开始,在政府面临财政危机、大众化导致高等教育质量下滑以及新公共管理理论等的影响下,美国政府开始就人才培养质量问题向高校施压和问责,高校则通过创建学习评价项目回应外部问责。这些评价项目大多侧重于评价和加强基础教育成果。回应外部问责和教育改进一直是美国学生学习成果评价的两个重要动机[17]，目前学生学习成果评价标准的构建基本围绕这两个动机展开，并因不同的评价主体表现出一定的差异性。

从学习成果概念起源来看，Eisner（1979）最早明确提出了"学习成果"这一概念，认为学习成果"本质上是指在以某种形式参与学习之后获得的结果，不管是有意的还是无意的"[18]。Posner 等（1994）界定"学习成果"为评价模式和课程编制的重要概念，强调教师应当以取得预期学习成果为教学目标[19]。早期的学习成果研究与教育结果评价有关，泰勒在总结美国"八年研究"的基础之上，于《课程与教学的基本原理》一书中主张，评价教育体验是开发课程和教学计划的重要环节[20]。20 世纪 70 年代末 80 年代初的"评价运动"对美国高等教育产生了深刻的影响，Ewell（2001）将其视为"学习成果评价"的滥觞[21]。在教育学领域中，"学习成果"起源于课程与教学，同时标准化考试的发展为学习成果评价的形成奠定了基础，在其发展过程中始终以"评价"为核心概念，关注重点在于学生参与学习活动的"产出"。

1.2.1.2 学习成果的内涵与分类

学术界对学习成果的定义尚未形成统一的共识，但不同学者基于不同视角对学习成果进行了定义。Gagne（1984）将学习成果定义为人们通过学习而处于的一种持续性的状态，在这个过程中其行为表现可以被观察[22]。Otter（1992）将学生学习成果定义为学习者通过学习所知道或能够做的事项[23]。Jonassen（1996）则认为学习成果以教学目标为起点，以实现概念区分、达成业绩标准、收获实际效益为终点[24]。美国高等教育认证委员会（CHEA，2003）主张由机构或项目产生的行为成果或经验也是学习成果的一部分，而不应只局限于学习[25]。美国教育评价标准联合委员会（JCSEE，2003）认为学习成果与期望有关，是学生完成学习以后获得的各种结果[26]。Marsh（2007）将学生学习成果理解为涵盖知识、技能及特质，在教育环境中进行学习成果评量，可帮助学生有效地了解学习目标，帮助教学者有效地组织教材、教学及评量等[27]。Fulks（2009）认为学习成果是学习目标和学习结果的总称，即期望学生经过学习后取得具体的、可测量的目标以及知识、技能、态度等方面的结果[28]。Astin（2012）从数据类型、成果类型以及时间分布三个维度来阐述学生学习成果的概念，认为学习成果是满足情感、认知、心理、行为的综合考量[29]。"教学卓越框架"（Teaching Excellence Framework，TEF，2016）将"教学质量""学习环境"和"学生学习结果和学习收获"作为学习成果评价的三大基本指标[30]。联合国教科文组织将学生学习成果定义为：学习者历经一段学习与完成某一单元时数、课程或单元后，所被期待应该知道、了解与能展现何种成果的说明。学习成果通常和分层级的评价准则一起制定，并设定获得学分的最低需求。学习成果是有别于学习目标的，学习成果所重视的是学习者的表现，而非教师所欲达成的目标[31]。经济合作与发展组织（OCED）在其主持的高等教育学习成果评价（AHELO）项目有关工程学科学习成果评价的概念框架中提到，学习成果是对学习者在完成学习过程后应了解、理解或能够证明的内容的陈述，并强调有必要区分"预期的学习成果"（intended learning outcomes）即课程提纲中的书面陈述和"取得的学习成果"（achieved learning outcomes）即学生实际取得的成绩之间的差别[32]。根据国外学者及相关权威机构的观点，"学习成果"是一个立体化的概念，教育作为一种可观察和测量的行为，"学习成果"的评价主体至少应该涉及高校和专业机构两个方面，"学习成果"作为衡量教育目标与教育结果差距的综合指标，其分类标准也应呈现出多元化的特征。

关于学习成果的分类标准，学术界已形成了比较成熟的理论框架。洛林·W.安德森在继承泰勒观点的基础之上提出了教育目标分类学，主张教育目标可划分为认知、情感、动作技能三大领域。其中，认知领域涵盖知识、理解、应用、分析、综合与评价，而评价则是该领域的最高阶层[33]。Biggs等（1982）提出SOLO（structure of the observed learning outcome）分类评价法，认为学生的学习成果可分为前结构、单点结构、多点结构、关联结构和拓展抽象结构。其中，前结构意味着学生无法理解问题并给出逻辑清晰的答案；单点结构是指学生回答问题时，只能找到单一线索并由此得出不完善的结论；多点结构是指学生具备联系多个线索的能力，但无法形成相关的知识网络；关联结构是指学生初步形成了知识网络；作为最高层次的拓展抽象结构，代表着学生具备抽象概括能力并能够得出开放性的结论[34]。加涅等（1999）提出了学习成果分类，即言语信息、智慧技能、认知策略、态度和运动技能，并进一步细化了学习成果的分类准则[35]。马扎诺等（2012）的二维分类模型将教育目标分为加工水平和知识领域两个维度。其中，加工水平包括来自于认知系统的提取、领会、分析、知识运用以及元认知系统和自我系统六种层次；知识领域则涵盖信息、心智程序、心理动作程序三项[36]。Winterton等（2006）出版的《知识、技能和能力的类型学：概念和原型的澄清》一书中提出了名为"知识、技能、能力分类法"（KSC分类法）的学习成果分类理论，具体的学习成果用知识、技能、能力来表述，并分别指向认知能力、功能能力、态度和行为[37]。从知识、技能和能力的聚焦点、影响及类型几大层面出发，深入分析和描述学习成果，具体如下：第一，在知识维度上，知识被划分为经验主义、理想主义、理性主义、建构主义下的四种类型，聚焦于如何回忆和呈现信息，并推动整个社会向知识型社会转变；第二，在技能维度上，技能被划分为基础的、可转移的、技术与职业的三种类型，并将其重点放在探讨如何做，从而支持基于工作的学习，并增强教育培训体系与劳动市场体系及就业能力的联系；第三，在能力维度上，能力主要被划分为情感型、核心型、应用型三种类型，主要将重点放在情境中的知识和技能应用上，并推动基于能力的方法在职业领域的应用。学习成果以描述知识、技能和能力三大维度为重点，主要分为行为主义和建构主义两种表述方式[38]。长期以来，关于学习成果的研究多是根据教育目标分类学、SOLO 分类评价法、学习成果分类法或二维分类模型的标准展开的，学习成果主要体现在知识、技能和心理认知等方面，这种目标—成果分类框架不仅能够合理地测量不同维度的预期教学目标的实现情况，也能在实施过程中施加相应的控制。

1.2.1.3 工程类学习成果评价标准

推动学生学习成果评价的同时，为了更好地培养工程人才，对工程人才的能力进行检测以及对工程人才的教育过程进行规范，许多国家以及与工程教育相关的国际组织纷纷制定了针对各学历层次工程学生的学习成果评价标准。

瑞典高等教育条例列出了瑞典工程学学位的国家要求，该条例最早于 1993 年发布，并于 2006 年进行了修订。该条例列出了学士、硕士和博士的高等工程教育学历标准，以及工程学位教育过程中每门课程必须满足的要求。瑞典对工程学位学习成果的要求主要包括知识、技能和工程方法三类和 12 项具体要求，同时还要求学生在课程框架内完成一个 15 学分以上的独立项目（学位项目）。知识层面的学习成果包括具有所选工程领域的科学基础知识及其经过验证的经验，以及对当前的研发工作的认识；具有所选工程领域以及数学和自然科学相关的广泛知识。技能层面的学习成果包括采取恰当方法，独立和创造性地识别、制定和管理问题，并分析和评估不同的技术解决方案；能够在规定的参数范围内计划并使用适当的方法执行任务；具有批判性和系统性地使用知识的能力，以及根据相关信息模拟、激励、预测和评估事件的能力；具有设计和管理产品、流程和系统的能力，同时考虑到工程开展的实际情况和需求以及经济、社会和生态可持续发展的社会目标；能够在不同组成的团队中参与团队合作；能够通过与不同群体的对话，以口头和书面形式展示和讨论信息、问题和解决方案。工程方法层面的学习成果包括有能力在考虑相关的科学、社会和道德因素下对工程情况做出评估；在社会、经济、环境方面了解技术的潜力和限制，对技术在社会中的作用和人们使用技术的责任表现出洞察力；能够意识到更新知识的需要，并不断提升自己的能力。同时阐述了瑞典工程师的一级专业资格要求，对工程基础知识掌握程度、工程专业知识理解能力、工程专业技能、工程实践能力与判断力和工程研究方法进行了界定，从而有效衔接工程师专业资格与高等教育工程人才的培养过程[39]。

美国工程与技术认证委员会（Accreditation Board for Engineering and Technology，ABET）为工程教育评审引入了工程专业认证标准（2015—2016 CAEP）。ABET 的认证标准规定了认证课程的所有主要要素，包括课程、师资和设施。ABET 要求高等教育工程课程以一个连贯的素质计划为指导，对从院校的使命、个别工程课程的学习成果到绩效指标的运作进行全过程监督，以确保工程硕士的学习成果真正达到质量保证标准的要求。工程专业认证标准（2015—2016 CAEP）包括了 10 项能力要求：理学与工学知识应用能力、工程设计能力、跨学科团队协作能力、工程问题应对能力、职业伦理责任感、人际沟通能力、工程认识能力、终身学习能力、前沿问题意识、工程实践能力[40]。ABET 有关工程人才最新能力标准的具体表述见第二章。

随着大众化高等教育体系的发展，以及对工程教育透明度和质量保证的相关需求增加，英国质量保证局（Quality Assurance Agency，QAA）以及英国高等教育资助委员会（Higher Education Funding Council for England，HEFCE）对英国研究生工程师应具备的能力提供了具体、易理解的描述。英国质量保证局（QAA）制定了涵盖所有工程学分支机构的科目基准声明，英国高等教育资助委员会（HEFCE）与英国工程委员会（Engineering Council UK，ECUK）制定了工程教育学习成果规范——高等教育专业鉴定（Accreditation of Higher Education Program，AHEP）。高等教育专业鉴定（AHEP）包括了基础学习成果、专业学习成果、工程分析、工程设计、经济社会背景知识、工程实践六个大类以及 32 项具体要求。与此同时，英国工程委员会（ECUK）制定了相应资格框架——英国专业工程能力标准（UK Standard for Professional Engineering Competence，UK-SPEC）。英国工程委员会（ECUK）认为能力是指一个工程专业人员在他们的实践领域内成功安全地执行工程任务的能力，其中包括：与专业相关的必需技能；与他人合作，以实现预期的结果，做出专业判断的能力；意识到自己能力和知识的极限，以便在需要时寻求帮助的能力。英国专业工程能力标准（UK-SPEC）则描述了注册成为工程技术人员（engineering technician）、注册工程师（incorporated engineer）或特许工程师（chartered engineer）必须具有的能力和满足的要求。英国专业工程能力标准包括了知识和理解能力，设计、开发和解决工程问题的能力，责任、管理和领导能力，沟通和人际交往能力，工程师个人和专业责任感五个大类以及 15 项具体要求，并要求根据知识掌握的程度、实践性对具体要求进行分级[41]。随后，QAA 在修订后的工程学科目基准中采用了高等教育专业鉴定（AHEP）的学习成果，从而弥合了原本 QAA 工程科目基准和高等教育专业鉴定（AHEP）之间的差异。英国专业工程能力标准（UK-SPEC）则根据课程是否提供专业机构规定的学习成果来决定该课程能否获得认证，同时也会参考学生的高等教育专业鉴定（AHEP）的相关结论。英国质量保证局、英国工程委员会制定的相关规范和基于产出标准的认证的引入，在工程教育和工程职业资格认定间架起了桥梁，同时解决了很多问题，特别是如何识别取得学习成果的证据，以及学习成果达到什么水平才能被认证。

荷兰也出台了技术型大学培养工程硕士的课程标准，主要包括精通一门或多门科学学科、能胜任研究工作、能胜任设计工作、掌握科学方法、具有基本智力技能五个大类，五个大类下分为 35 项能力，每项能力有不同的知识、技能、态度层面的要求，如工程硕士需要：在知识层面洞悉科学技术的本质（目的、方法、科学领域间的异同、规律的本质、理论、解释、实验的作用、客观性等），在知识和技术层面了解相关领域的知识基础（理论、方法、技术），在知识和态度层面运用自身的洞察力来观察外部环境以意识到研究过程的可变性，在知识、技能、态度层面能够充分记录研究和设计的结果，以促进该领域和其他领域的知识发展[42]。

法国工程师资格委员会（Commission des Titres d'Ingénieur，CTI）对工程教育课程学习成果进行认证，工程教育课程的自我评价指南规定了通过参加综合五年课程取得硕士学位的学生的预期学习成果。其将工程师培训的基本要素分为获取和掌握科学技术知识的能力、具体实践能力和软能力三类。获取和掌握科学技术知识的能力包括：①拥有广泛基础科学领域的知识，以及相关的分析和整合能力；②从一个（或多个）特定科学技术领域调动资源的能力；③能够掌握工程方法和工具，如识别、建模，解决不熟悉和定义不完整的问题，使用数字方法和计算工具，分析和设计系统，协作和进行远程工作实践；④设计、实施、测试和验证创新解决方案、方法、产品、系统和服务的能力；⑤开展基础或应用研究活动的能力，如建立实验装置等；⑥发现、评价和利用相关信息的能力。具体实践能力包括：①考虑企业问题的能力，使个人行为符合质量要求、竞争力和生产力要求、商业要求等；②确定道德和职业责任的能力，解决劳资关系、职业安全和健康以及文化多样性问题；③考虑环境问题的能力，遵守可持续发展原则；④应对社会挑战和需求的能力。软能力包括：①融入工作生活、领导和发展组织的能力，如具有责任感、能够进行团队合作、具有承诺和领导能力、开展项目管理、能够与专家和非专家进行沟通；②创业和创新的能力，通过个人项目以及公司内部的团队项目展现相关能力；③在国际和多元文化环境中工作的能力，掌握一种或多种外语，包容不同国家的文化，适应国际环境；④做出职业选择的能力，了解自己、自我评价、管理技能（特别是从终身学习的角度）[43]。

在欧洲工程教育认证网络（ENAEE）框架下制定的欧洲许可工程师项目（EUR-ACE），规定了六类学习成果作为工程师入职的最低要求：①知识和理解；②工程分析；③工程设计；④工程调查；⑤工程实践；⑥可转移技能。知识和理解的学习成果包括：理解工程领域的科学和数学原理及知识；对工程部门的关键方面和概念有系统的了解；对工程部门以及工程工作中涉及的前沿知识有系统的了解；拥有广泛的工程学科背景。工程分析的学习成果包括：运用工程知识，利用既定的方法来识别、制定和解决工程问题的能力；运用知识来分析工程产品、过程和方法的能力；选择和应用相关的分析和建模方法的能力。工程设计的学习成果包括：能够运用知识以及基于对知识的理解开发和实现工程设计目标，以满足指定的要求；对设计方法的理解，以及使用不同设计方法的能力。工程调查的学习成果包括：进行文献检索以及使用数据库和其他信息来源的能力；设计和进行适当实验，解释数据并得出结论的能力；车间和实验室技能。工程实践的学习成果包括：选择和使用适当设备、工具和方法的能力；结合理论和实践解决工程问题的能力；了解适用的技术和方法及其局限性；了解工程实践的非技术含义。可转移技能的学习成果包括：作为个人和团队成员进行有效的沟通；使用多种方法与工程界和整个社会进行有效沟通；表现出对健康、安全、法律问题以及工程实践的责任感，正确评价工程解决方案在社会和环境中的影响，并致力于遵守职业道德、工程实践责任和规范；表现出对项目管理和业务实践（例如风险和变更管理）的意识，并了解其局限性；认识到进行独立学习、终身学习的必要性，并有能力进行独立学习、终身学习[44]。EUR-ACE 学习成果是目前在欧洲工程教育认证网络（ENAEE）框架下制定的欧洲相互认可协议的基础。这些学习成果标准已经被德国、爱尔兰、葡萄牙、俄罗斯等多个欧洲国家采用，被用作课程开发和认证实践的指导方针。参与项目的成员国国民若在本国取得工程师资格认证，其工程师资格认证在其他成员国也能够被承认。此外，由于欧洲工程学会联合会（FEANI）同时认可其自身设立的工程课程标准和欧洲许可工程师项目（EUR-ACE）规定的学习成果标准，因此作为欧洲工程学会联合会的会员，来自33个欧洲高等教育地区（EHEA）的工程协会也均认可欧洲许可工程师项目（EUR-ACE）规定的学习成果标准。

因为 ABET 的 2015—2016 CAEP 标准和 ENAEE 的 EUR-ACE 学习成果这两组标准都已得到国际认可且高度兼容，所以 AHELO 项目有关工程学科的学习成果分类综合了 ABET 和 ENAEE 针对该项目的一组共同认可的学习成果标准。经济合作与发展组织的高等教育学习成果评价（AHELO）项目将有关工程学科学习成果分为通用技能、基础和工程科学能力、工程分析能力、工程设计能力、工程实践能力五部分，共包括了21项具体能力。通用技能包括：能够有效地作为个人和团队成员发挥作用；能够利用各种方法与工程界和社会进行有效沟通；能够认识到终身学习的需要和具有参与独立终身学习的能力；能够展示更广泛的工程多学科范围的认识。基础和工程科学能力包括：能够理解其工程分支的科学和数学原则的知识；能够系统理解工程分支的关键方面和概念；能够展示对工程分支的全面了解，包括新出现的问题。工程分析能力包括：能够应用知识，制定解决工程问题的方法；能够运用知识分析工程产品，理解工程产品生产过程和方法；能够选择和应用相关的分析和建模方法；具有进行文献检索和使用数据库及其他资料来源的能力；能够设计和进行适当的实验，解释数据和得出结论。工程设计能力包括：能够应用知识来开发工程设计，以满足客户的需求和相关工程标准规定的要求；能够理解并使用工程的设计方法。工程实践能力包括：能够选择和使用适当的设备、工具和方法；具有理论与实践相结合的、解决工程问题的能力；能够展示对适用技术和方法及其局限性的理解；能够理解工程实践的非技术性影响；能够展示车间和实验室技能；对包括健康、安全和法律问题在内的工程实践具有责任感，了解工程解决方案在社会和环境方面的影响，并致力于遵守工程实践的职业道德、责任和规范；能够展示项目管理和商业实践的知识，如工程风险评价和工程项目变更管理，并意识到工程项目的局限性[32]。

通过查询各个国家以及与工程教育相关的国际组织制定的针对各学历层次工程学生的学习成果评价标准并进行对比，能够发现虽然各个工程专业学习成果评价标准的能力分类和具体要求不同，但是基本上都按照洛林·W. 安德森的教育目标分类学中认知、情感、动作技能三大领域对工程专业学习成果评价体系的各项能力进行分类。例如欧洲许可工程师项目（EUR-ACE）规定的六组学习成果中，知识和理解可纳入认知的目标分类；工程分析、工程设计、工程调查、工程实践四项能力可纳入动作技能的目标分类；可转移技能可看作是情感方面的要求。美国工程与技术认证委员会（ABET）制定的工程专业认证标准（2015—2016 CAEP）没有对 10 项能力要求做具体的分类，但是 10 项能力要求包括了对认知、情感、动作技能三大领域的学习成果要求。英国工程委员会的高等教育专业鉴定（AHEP）的基础学习成果、专业学习成果对应认知目标，工程分析、工程设计、工程实践对应动作技能目标，经济社会背景知识对应情感目标。通过上述举例也可以发现各学习成果评价体系对于认知、情感、动作技能三大教育目标的侧重点和具体要求均有不同。欧洲许可工程师项目（EUR-ACE）的学习成果标准适用于所有成员国，因此 EUR-ACE 的学习成果标准具有兼容性，涵盖的能力要求范围较广，但在具体能力表述上较为宽泛。与此相比，法国、荷兰、瑞典的工程教育学习成果标准对具体能力的表述更为详细，同时根据本国的实际情况对部分能力要求进行删减或者补充。例如法国工程师资格委员会（CTI）的工程师培训要求中的软能力可以与 EUR-ACE 的学习成果标准的可转移技能相对应，同时法国 CTI 在软能力的具体要求中添加了"创新创业能力""跨文化交际能力"相关的表述。瑞典关于工程学位学习成果要求的技能部分整合了 EUR-ACE 学习成果标准的工程分析、工程设计、工程实践和可转移技能的要求，同时还要求学生在课程框架内完成一个 15 学分以上的独立工程实践相关的学位项目。对上述学习成果评价体系的解读有利于本研究制定企业需求导向下全日制工程硕士学习成果评价模型。

1.2.2 国内研究现状

近年来，国内学者在借鉴国外相关研究经验的基础之上，对学习成果的内涵有了新的认知，并将研究重点转向学习成果评价及其应用。此外，也有学者关注到了企业需求标准及其满意度，并从企业需求的视角展开了与学习成果相关的研究。

1.2.2.1 学习成果的内涵与发展

学习成果已成为我国高等教育领域的研究重点。黄海涛（2010）认为学习成果是评价主体运用各种测量工具和测量方法，持续收集、分析有关知识、技能等学生能力增殖和情感、态度变化情况的信息，并以这些信息为直接证据，对照学习成果的最初设定，进行评价、判断教育教学的成效，找出学生学习和教师教学及相关学生服务等各个环节中的问题并有针对性地加以改善，最终实现提高学生学习成果、促进学生个体发展的高等教育质量保障之目的[45]。李志义（2014）将成果导向教育理念下的学生学习成果定义为学生在一个阶段学习过程结束后能够取得的最大能力[46]。白华和周作宇（2018）将学习成果描述为"学生完成一系列课堂学习之后，能够证明自身在知识、技能以及价值观等维度的发展情况"[47]。申天恩与申丽然（2018）认为，学习成果应当涵盖不同层面，涉及具体的一堂课、教学单元、课程、研究项目以及学校，不同层次的成果呈金字塔结构，下一层成果是上一层或上几层成果的累加[48]。詹慧雪（2014）认为，学习成果是学生在完成一段学习经历后，如完成某一单位课时、学时数及课程、学程后，知道、了解并展现出的专业知识、技术、态度与行为，学生学习成果体现在认知、技能、情谊等方面，表现为知识与理解力、实际技能与行为、态度与价值观[49]。顾佩华等（2014）认为，虽然成果导向教育理念定义繁多，但共性较为明显，在成果导向教育理念的综合系统中，作为教育者首先要构想和设计学生毕业时应该获得和达到的能力，进而寻求适合的教育机构以保证学生达到预期目标[50]。彭湃（2019）认为大学生学习成果评价是由高校或专业教育评价机构中的人员，通过一定方法、工具、程序和标准设计而实施的，对大学生经由一定时间的学习所能达到的认知与非认知状态所开展的证据收集、结果解释和价值判断的活动[51]。

  学者对于学习成果的认知不断发展。申天恩与斯蒂文·洛克（2016）认为高等教育质量评价的产出论主张以学生学习成果为逻辑起点设计教育理念和教学体系，这也恰好印证了成果导向教育的观点[52]。刘声涛（2017）认为建立学生学习成果评价文化、确立学生学习成果体系、开发学生学习成果评价工具、视学生学习成果评价为完整过程等西方改革经验，能够为我国高等教育建设特别是"双一流"高校建设提供有力的参考[53]。张红峰（2018）建立了以创新核心素养为基础的高校学习成果三维分类框架，为高校培养创新型人才和成果评价提供了一种全新的思维模式[54]。应一也（2019）认为关于学习成果的研究经历了从关注教学策略的改进到关注教育质量的评价，再到关注教育的衔接与融通三个阶段，其研究重点分别为课程编制的科学性与教学策略的有效性、教学成效"产出性评价"以及理解、展示、评价已有学习成果[55]。

  通过以上对学习成果的界定不难发现，大学生学习成果是学生在接受高等教育后体现出的"学生发展"的"增值"。Hamrick（2002）认为"学生发展"是"学生在高等教育机构中，不断成长、进步，各方面能力得到提升的方式"[56]；Miller和Prince（1977）认为"学生发展"是"人的发展在高等教育中的具体应用，每一个处在发展阶段的人都面临着完成不断增加的复杂的发展任务，实现自己的人生目标，获得个人的独立"[57]。且这种"增值"是可测量的，体现在通过某门课程的学习，学到了什么；通过某专业的学习，在专业技能方面有哪些收获。同时也可以看出，我国关于学习成果的研究的着力点在于"产出性评价"，学者们或致力于探索学习成果评价的研究脉络，或主张借鉴国外的研究和实践经验以建立本土化的评价体系，但究其根本，学习成果评价始终与学习行为的结果密切相关。

1.2.2.2 学习成果评价的国际经验研究

学习成果评价是基于"学习成果"和"评价"两个子概念展开的，关于学习成果的评价与应用，或将"学习成果"视为基本指标纳入教育评价体系，或通过相关评价工具以"学习成果"为核心概念进行操作。张建功等（2013）选取了美国高校有代表性的四种学习成果评价模型，通过对模型比较及其相关评价案例的研究，发现它们具有以教育目标为评价起点、评价活动与学习过程相融合及多方利益主体参与评价的共性，但在适用对象、应用环境和具体操作上存在差异[58]。彭湃（2016）认为在高等教育国际化的背景下，学习成果评价及其国际比较尤为必要。经济合作与发展组织开展的 AHELO 项目是高等教育领域内学习成果评价与比较的一次重要尝试。AHELO 的工程学测评参考了工程教育的认证标准，特别关注毕业生的工程分析、设计与实践能力[59]。朱莲花、张聪、杨连生（2019）研究认为澳大利亚高校学习投入调查（Australasian Survey of Student Engagement，AUSSE）从学术挑战、主动学习、师生互动、丰富教育经历、学习环境的支持性以及学习与就业的融合等六个方面揭示了学习投入与成果之间的联系，为高等教育教学评价提供了新思路[60]。常桐善（2018）认为美国研究型大学所倡导的由内部驱动、涵盖基本能力指标的学习成果评价行动，有助于提升学生包括分析和批判思维能力在内的 15 项基本能力[61]。

国外学者对于学习成果评价的研究自 20 世纪 80 年代起开展，并将研究成果付诸实践，各国、各个地区甚至部分国际组织都陆续形成了自己的学习成果评价系统。近年来我国学者也开始关注学习成果评价的相关问题，国内学者对美国、加拿大、新西兰、欧盟等国家和地区以及国际组织制定的学习成果评价标准进行了理性探讨，对美国、加拿大的高校高等教育学习成果评价体系的发展、特征等进行了阐述，而对于新西兰、挪威、日本、欧盟等国家和地区的学习成果评价机制的探讨主要集中在成人教育、非学历认证这两个方向。黄海涛（2013）认为美国学校"学生学习成果评价"是以大学内部评价为主的多主体评价；关注学生能力提高和个人发展的产出性评价；注重测量数据的综合性评价；强调不断改善教学的持续性评价；凸显证据文化的绩效性评价[62]。张建功等（2014）基于美国高等教育中学生学习成果评价标准的历史沿革，比较分析了三大高等教育机构——高等教育标准促进委员会（CAS）、美国学院与大学协会（AAC&U）和美国教育考试服务中心（ETS）的相应标准，总结其特征为：能力和素质相一致的评价维度、理论与实践相统一的评价指标、定量和定性相结合的评价工具，并且认为我国可从学习期望、评价目标和实际应用三个方面完善高等教育评价标准[63]。陈凡（2016）分析了加拿大安大略省 6 所院校的实践案例，认为其主要采用以结果为导向的质量评价体系，采用课程、专业、学校逐层推进的方式，实施教、学、评一体化战略，对不同类型的学习成果内容进行评价[64]。陈凤（2019）对经济合作与发展组织开展的 AHELO 项目做出具体的分析和研究，认为 AHELO 项目存在项目参与率不足、欠缺多维度保障体系等问题，在丰富完善评价体系、提高项目实施成效性等方面可以做出改进[65]。MOOC 是网络开放教育创新发展的产物，也是备受人们欢迎的网络学习途径，MOOC 学习成果认证分为非学分认证和学分认证。樊文强认为 MOOC 学分认证由于受到教学测评、学习者身份识别、大学文化传统和学分管理制度等多种因素的限制，运作起来也并不顺畅。MOOC 的发展使大学具有越来越鲜明的虚拟结构特性，但不会出现将教学职能全部外包的纯粹型虚拟组织。MOOC 将对学历教育产生重大影响，基于 MOOC 开展混合式教学和创建基于 MOOC 平台的学分银行是 MOOC 影响高等学历教育的两条主要路径[66]。

1.2.2.3 学习成果评价工具的应用

在探讨理论的同时，我国积极地将国外学生学习成果评价的方法与工具应用于国内高校教育质量保障的研究。加州大学伯克利分校发起"研究型大学本科生学习经历调查"（Student Experience in the Research University，SERU）和成立研究型大学本科生学习经历调查国际联盟。南京大学、西安交通大学、同济大学和湖南大学加入了 SERU 国际联盟，与联盟内其他高校成员共享数据，开展教育质量以及学习成果评价科研活动。SERU 包含的指标有学生学业投入、学生生活与目标、校园氛围、教育技术的作用、全球化技能与认知等[67]。清华大学汉化了美国的"全国学生学习投入调查"（National Survey of Student Engagement，NSSE），形成了汉化后的 NSSE-China 量表，其基本保留了英文版原有的技术指标，目前已通过国内专家及教育机构认可。NSSE-China 包含的指标有：主动合作学习水平（ACL）、学业挑战度（LAC）、教育经验的丰富程度（EEE）、生师互动（SFI）和校园环境的支持度（SCE）[68]。2012 年，NSSE-China 更名为"中国大学生学习与发展追踪研究"（China College Student Survey，CCSS）。CCSS 项目组开发了适合不同类型院校人才培养过程的调查工具，包括"中国大学生学习性投入调查"（绿色问卷）、"中国大学生学习与职业发展调查"（黄色问卷）、"中国高校毕业生调查"（蓝色问卷）和"清华大学在校本科生追踪调查"（紫色问卷）。截至 2019 年，参与 CCSS 项目的合作院校已超过 150 所，覆盖全国 28 个省（直辖市、自治区），涵盖从普通本科院校到高等职业院校在内的各类院校。由此，CCSS 项目已成为我国目前规模最大、持续时间最长的高校学情调查项目[69]。美国教育考试服务中心（ETS）开发了针对大学生学习成果的标准化测试——ETS 水平轮廓测试（ETS Proficiency Profile，EPP）。2012 年，在 ETS 的授权下，北京航空航天大学课题组对 EPP 测试进行了汉化工作。EPP 测试包括对学生阅读、批判性思维、数学、写作四种能力的测试，全部测试共计 108 题，题目形式为多项选择题。北京航空航天大学课题组对 EPP 测试的汉化工作只针对批判性思维这一部分（共 27 题），因此，EPP 测试的汉化成果为 EPP（中国）批判性思维能力测试。EPP（中国）批判性思维能力测试的内容主要包括七个方面：分析、衡量矛盾的因果解释，评估假设与已知事实的一致性，为分析一项争论或结论而判断信息的相关性，判断一项感性理解是否被材料中的证据所支持，判断调查因果关系的程序是否合适，评估信息与已知事实、假设和方法的一致性，识别论据中的缺陷与矛盾等[70]。北京师范大学翻译了美国"大学生就读经验问卷"（College Student Experience Questionnaire，CSEQ），形成了中国大学生就读经验调查问卷（CCSEQ），所调查的内容包括：学生的背景信息、所参与的各类活动、对学校环境的感知以及学习收获的自我评价。具体的指标包括学生在知识技能、个人发展、职业准备、通识素养等方面的发展状况[47]。

除了使用国外较为成熟的学习成果评价调查问卷以及翻译国外调查问卷之外，国内高校也组织校内学者编制问卷，开展学习成果调查研究项目。全国研究生院院长联席会和华东师范大学学者基于联合资助的"我国研究生培养机制改革成效研究项目"编制出"全国研究生学习体验调查问卷"（National Survey of Graduate Experience，NSGE）。该问卷由三部分组成，分别为主观感受与体验评价、学习投入行为以及基本信息。其中主观感受与体验评价分为学习动机、学习态度、学习环境与学习收获四个方面，并通过李克特量表来了解研究生的学习体验信息[68]。北京大学教育学院鲍威教授于2006年主持开展"首都高等教育质量与学生发展监测项目"，从高等学校的投入、过程和产出三方面对首都高等教育质量现状进行了调查，调查将综合素质分为知识素养和能力两个方面，通过因子分析归纳出知识素养和能力的四个维度，即基本能力维度、专业素养维度、核心能力维度和公民意识维度[71]。厦门大学史秋衡教授开展了"大学生学习情况调查研究"，同时建立了国家大学生学情数据库（NCSS），问卷包括了大学生学习收获的调查，"学习收获"是指大学生对其大学期间在通用技能（沟通能力、信息处理与搜集能力、自我反思能力）和专业知识（专业基本理论、专业前沿知识、专业实践操作能力）两方面收获的主观评价[72]。华中科技大学主持的"本科生学习与发展调查"（SSLD）项目利用大数据技术对调查院校的本科生就读期望值、学校支持度、考核与反馈、学生投入度及学习效果进行全样本测量与分析，其中学习效果包括了学科知识、人文底蕴、创新意识、国际视野、其他综合能力五大类[73]。

上述学习成果调查问卷和项目的主要调查对象为大学本科在读学生，调查内容为基础通用知识、能力和态度，但比较遗憾的是国内高校和科研机构尚未开展全国性的关于全日制硕士研究生学习与发展的调查研究，也没有专门针对工程硕士这一学生群体开展大规模学情调查和编制学习成果调查问卷。

关于研究生学习成果的评价研究从研究生培养质量研究发展而来，国内学者从21世纪初开始关注我国研究生培养质量的研究，主要是从研究生某类型的能力如创新能力和科研能力以及研究生教育满意度等方面进行的相关研究，还对它们的影响因素（比如学生与导师关系、课堂环境等）进行了分析。近年来，部分学者也探索构建评价体系，对我国高校学生的学习成果现状进行研究。吴凡（2014）对我国"985工程"高校本科生学习成果进行了问卷调查，指出高校本科教育存在目标发展不均衡、培养力度不足、学生能力提升不够等问题[74]。汪雅霜等（2016）以输入—环境—产出（IEO）模型为理论框架对某研究型大学三年级学术型硕士研究生开展学习成果评价调查，发现硕士研究生有较高的学习成果评价；硕士研究生学习成果评价存在学科差异；本科学习经历影响硕士研究生学习成果评价；院校支持力度对硕士研究生学习成果评价的影响较大[75]。

前述学习成果评价的评价对象主要针对高校学生的综合素质或某项具体能力进行检测，未针对特定专业学生的学习成果进行检验，因此部分学者也开始利用自编问卷对特定专业研究生学习情况进行调查，构建特定专业学生学习成果评价的模型，从而开展实证研究。王瑾丽、柯乐乐、张宇华等分别选取部分院校对英语专业（教育/师范方向）本科生、全日制教育经济与管理硕士、全日制工程硕士进行了学习成果评价。王瑾丽（2015）对英语专业（教育/师范方向）本科生进行学习成果评价，认为英语专业知识与技能和教育教学知识与技能基本达到了培养目标的要求，但仍存在"口语表达能力"较弱以及对英语语言文化知识的掌握与应用能力不足等问题[76]。柯乐乐将全日制教育经济与管理硕士的学习成果评价体系分为2个一级指标、6个二级指标以及27个三级指标，其中一级指标为通用学习成果和专业学习成果。柯乐乐在对北京师范大学等10所样本学校教育经济与管理专业的研究生三年级学生评价中发现：不同学校教育经济与管理专业研究生在专业理论、知识、创新能力上有显著差异；不同学校教育经济与管理专业研究生入学和目前的能力水平各有优势；不同特征的教育经济与管理专业研究生在个别学习成果维度上有显著差异[68]。张宇华（2019）对广东省代表性高校全日制工程硕士学习成果实际情况进行调查，发现全日制工程硕士学习成果主要面临以下四个方面的问题：培养理念不完善、要素投入不均衡、学科互动不紧密、差异培养不充分；提出从转变培养理念、突出能力导向，强化要素投入、拓展实践平台，加强学科互动、树立典型标杆，注重群体差异、实施针对培养等四个方面进行改革完善[77]。

1.2.2.4 企业需求与学习成果相结合的研究

当今的时代是一个人才竞争异常激烈的时代，这意味着企业的成败取决于其寻找和培养高素质人才的能力。因此，企业界十分关注我国高等工程教育能否培养出与企业需求相匹配的工程人才，因为企业需要依靠能够适应不断变化的高层次人才来维持高竞争力，当今的人才因其团队合作能力、创造性和解决问题的能力、批判性思维和应用新的思维方式来解决问题和推动创新的能力而受到企业重视。但现今企业与高校作为人才的需求方和供给方，存在一定程度的结构性不匹配，高校的人才培养滞后于企业需求的更新，因此在对人才的培养和评价中，以企业需求为导向便显得更加重要。

现有研究已认识到了企业需求对于学生学习成果的重要意义。OBE（outcomes-based education）理念，是以学生学习成果为本的教育理念，该理念有三个原则：以学生为中心、反向设计和持续改进。人才培养目标、毕业要求和课程目标的建立，是 OBE 理念的第一个原则——反向设计的结果[78]。李志义（2014）则指出反向设计是从需求开始，由需求决定培养目标，由培养目标决定毕业要求，再由毕业要求决定课程体系。可以说，需求是人才培养方案制定的起点，以培养目标的形式体现[46]。杨毅刚等（2015）指出要想解决近年来在人才就业市场上高校和企业在创新人才上的供需矛盾，就需要高校面向企业需求去培养未来要输出到企业中的学生，要更加重视学生职业胜任的能力，着重培养学生在实际工作中真正需要的能力[79]。余天佐、刘少雪（2017）认为工业界视角下的工程教育学生学习成果分布于知识、技能与个人品质三个领域，工业界所重视的知识和技能之外的个人情感领域往往为传统教学所忽视[80]。钟登华（2017）认为要以"新工科"建设为契机，面向未来、谋划未来、引领未来、收获未来，探索创新型、综合化、全周期、开放式的人才培养理念，推动大学办学模式由学科导向转向产业需求导向，由专业分割转向跨界融合，由适应服务转向支撑引领[81]。郯海霞等（2019）认为企业导师应负责具体的实践教学和成绩评价，以实现高校与行业的横纵向交流[82]。于黎明等（2013）以法国企业对本国工程师培养过程的参与为例，论述了企业和高校在人才培养方面的共同目标和双赢局面，提出了企业全过程参与工程师培养以及围绕企业的正反馈闭环系统的理念[83]。顾佩华等（2017）回顾了 CDIO 在中国高校发展的历程，认为 CDIO 的推广使用人单位的需求成为设计专业培养目标、专业培养标准的核心之一，用人单位的反馈成了专业培养方案修订的主要依据之一。这不仅克服了传统工程教育课程体系科学化的弊病，而且改变了工程教育课程计划先理论、后实践的结构，有助于学生灵活运用学习成果，活化知识联结[84]。胡国宝等（2019）认为"新工科"人才培养目标定位旨在培养能够引领全球工程教育的人才，教学过程定位旨在营造能够培育新型工程人才的环境，工程实践定位旨在建立能够实现工程实践提升的体系，素质能力定位旨在造就能够全面适应工程巨变的能力，但高校培养的毕业生无法满足"新工科"人才培养的目标，因此需要培育工程学生的核心素养，包括深厚的科学文化素养、强大的心理素质、出色的工程技术能力、较强的批判性思维、一定的创新意识和超凡的工匠精神[85]。福建省认定了一批示范性产业学院，以深化产教融合、校企合作为目标，以共建、共管、共享、共赢、可持续为基本准则，搭建起校企、校行、校政、校地、闽台等多形式联合育人平台，形成了一批具有示范价值的育人成果[86]。

现有研究还关注了在教育实践过程中企业对于学生学习成果的具体要求。中国工程院"创新人才"项目组（2010）认为中国未来的创新型工程科技人才是科学知识、工程技术、实践经验、工程设计能力、创新意识与创新能力以及爱国主义和拼搏奉献精神有机结合的优秀人物和优秀群体,并从知识结构、能力结构、创新素质和创新精神四个方面分析新时代创新型工程科技人才的素质结构特征[87]。针对许多工科毕业生的现状与现代企业的用人要求差距甚大以及认知与责任教育缺乏等原因,汕头大学工学院在CDIO的基础上,提出了EIP-CDIO培养模式[50]。重庆大学副校长李茂国在《工程教育人才培养模式再认识》报告中,介绍了对工程教育人才培养模式的再认识,强调工程教育要满足社会需要,工程教育目的在价值取向上是社会本位,阐释了工程实践训练在工程教育和教学中的驱动作用,提出了"过程式教学""CDIO+R"等新概念[88]。赵婷婷、杨翊(2017)认为企业坚持"市场本位"的价值取向,工程技术人才为该单位带来的实际效益是其学习成果和专业素质的评价依据[89]。王章豹、张宝(2019)认为未来卓越工程师需要具备扎实的自然科学和工程科学基础知识、精深的工程技术专业知识、较广博的人文社科知识、良好的职业道德以及分析和解决复杂工程问题的能力[90]。余晓等(2013)认为工程实践能力由工程设计能力、工程应用能力、工程操作能力、工程商务能力和工程沟通能力五个方面构成;在产学契合度方面,高校培养方向与企业需求依然存在显著差异,但契合程度已经较高,平均接近于80%的水平[91]。吴婧姗等(2019)对七家智能技术驱动型企业开展深度调研,并基于工程需求分析构建了未来工程人才核心能力的基本框架,包括基本职业能力、工程专业能力、可持续发展能力3个主维度和12个子维度,研究发现数字思维、建模仿真与跨界融合是企业智能化转型中最受关注的能力项[92]。董伟等(2020)根据社会需求和布卢姆教育目标分类理论,从认知、情感、技能三个维度对工程人才可雇佣性能力进行分析,认为跨学科能力、学习能力、实践能力是企业工程人才认知维度的能力要求;敬业精神、人际沟通能力、团队协作能力是企业工程人才情感维度的能力要求;数据分析能力、信息技术能力、产品设计和开发能力是企业工程人才技能维度的能力要求[93]。

1.2.2.5 与学习成果相关的工程教育标准

与美国、英国等西方发达英语国家相比,我国工程教育认证标准制定稍显滞后,并且在新标准制定内容上借鉴了西方国家较成熟的工程教育认证标准体系,尤其是美国工程与技术认证委员会(ABET)现行认证标准。ABET全面接受了OBE理念,并将其贯穿于工程教育认证标准的始终。由此可知,我国工程教育认证标准的制定也充分体现了OBE理念。中国工程教育认证协会于2012年7月颁布了《工程教育认证标准》,对原标准进行了修订,将原指标进行了排序,对内容进行了调整。通过新、旧标准同美国ABET认证标准(EC2000)的对比,可以看出,在实际等效的前提下,新标准的设置大致与美国ABET的标准框架类似,包括了学生、培养目标、毕业要求、持续改进、课程体系、师资队伍、支持条件等7项指标[94],体现了以学生为中心的理念,落脚于学生学习成果。

2016年6月，我国正式加入国际上最具影响力的工程教育学位互认协议之一"华盛顿协议"，通过认证协会认证的工科专业，其毕业生学位可以得到"华盛顿协议"其他成员组织的认可。按照"华盛顿协议"的要求，中国工程教育专业认证协会（CEEAA）制定了《工程教育认证标准（2015版）》，规定了12项具体能力要求。①工程知识：能够将数学、自然科学、工程基础和专业知识用于解决复杂工程问题。②问题分析：能够应用数学、自然科学和工程科学的基本原理，识别、表达并通过文献研究分析复杂工程问题，以获得有效结论。③设计/开发解决方案：能够设计针对复杂工程问题的解决方案，设计满足特定需求的系统、单元（部件）或工艺流程，并能够在设计环节中体现创新意识，考虑社会、健康、安全、法律、文化以及环境等因素。④研究：能够基于科学原理并采用科学方法对复杂工程问题进行研究，包括设计实验、分析与解释数据、通过信息综合得到合理有效的结论。⑤使用现代工具：能够针对复杂工程问题，开发、选择与使用恰当的技术、资源、现代工程工具和信息技术工具，包括对复杂工程问题的预测与模拟，并能够理解其局限性。⑥工程与社会：能够基于工程相关背景知识进行合理分析，评价专业工程实践和复杂工程问题解决方案对社会、健康、安全、法律以及文化的影响，并理解应承担的责任。⑦环境和可持续发展：能够理解和评价针对复杂工程问题的工程实践对环境、社会可持续发展的影响。⑧职业规范：具有人文社会科学素养、社会责任感，能够在工程实践中理解并遵守工程职业道德和规范，履行责任。⑨个人和团队：能够在多学科背景的团队中承担个体、团队成员以及负责人的角色。⑩沟通：能够就复杂工程问题与业界同行及社会公众进行有效沟通和交流，包括撰写报告、设计文稿、陈述发言、清晰表达和回应指令，并具备一定的国际视野，能够在跨文化背景下进行沟通和交流。⑪项目管理：理解并掌握工程管理原理与经济决策方法，并能在多学科环境中应用。⑫终身学习：具有自主学习和终身学习的意识，有不断学习和适应发展的能力[95]。

为了提高我国工程教育质量，推动工程教育改革，为政府、行业和社会培养先进的工程人才，提升中国工程教育国际竞争力，教育部、中国工程院于2013年制定了《卓越工程师教育培养计划通用标准》，标准分为本科、硕士和博士三个层次，其中本科工程型人才有11项具体能力要求，工程硕士人才、工程博士人才分别有13项具体能力要求[96]，有关工程硕士人才能力标准的具体表述见第二章。相比《工程教育认证标准》，《卓越工程师教育培养计划通用标准》增加了硕士层次和博士层次的标准，能力标准的表述更加详实具体，同时为促进政策的落实给予了必要的支持。

2018年5月，国务院学位办公室颁布了《关于制订全日制工程硕士研究生培养方案的指导意见》，意见对工程硕士提出的要求包括：①拥护中国共产党的领导，热爱祖国，遵纪守法，具有服务国家和人民的高度社会责任感、良好的职业道德和创业精神、科学严谨和求真务实的学习态度和工作作风，身心健康；②掌握所从事行业领域坚实的基础理论和宽广的专业知识，熟悉行业领域的相关规范，在行业领域的某一方向具有独立担负工程规划、工程设计、工程实施、工程研究、工程开发、工程管理等专门技术工作的能力，具有良好的职业素养；③要掌握一门外国语[97]。

为了切实保障专业学位人才培养质量，全国专业学位研究生教育指导委员会在《中华人民共和国学位条例》及其暂行实施办法有关规定的基础上，针对专业学位特点，编写了《专业学位类别（领域）博士、硕士学位基本要求》一书。其中，就获得工程硕士专业学位应具备的基本素质、掌握的基本知识、接受的实践训练、具备的基本能力和学术论文基本要求等方面做出了明确的规定。各类学科的基本要求各有不同，但总的要素要求基本相同，具体见表1-1。

表1-1 我国全日制工程硕士培养标准描述

基本要求	具体描述
基本素质	恪守学术道德规范，养成良好的学术素养和职业精神，具有高度的社会责任感
基本知识	基础知识：高等代数、计算方法等数学物理相关知识；自然辩证法、信息检索、管理与法律法规等人文知识
	专业知识：专业相关原理、概念和前沿；工程实践的相关原理、技术、技能和方法；企业信息化、企业管理和技术经济等管理类知识
实践训练	强调学生通过课程实验、企业实践和课题研究等形式，培养实际操作能力，对工程实践活动形成独到的见解和技术应用与改造等方法
基本能力	获取知识能力：通过信息检索获取所需知识，了解领域热点和动态并具备自主学习和终身学习的能力
	应用知识能力：应用所学的专业知识和基础知识解决工程实践问题；选择恰当的材料、设备和工具；利用创造性思维开展创新实践、创新开发和创新研究
	组织协调能力：能够组织和领导项目团队展开工程实践；能进行有效的沟通
学术论文	选题严谨、贴合实际；论文脉络清晰，用词准确，表达规范，涵盖了工程热点问题，有较强的工程实践性

资料来源：全国专业学位研究生教育指导委员会. 专业学位类别（领域）博士、硕士学位基本要求[M]. 北京：高等教育出版社，2015：98-309.

《工程教育认证标准》《专业学位类别（领域）博士、硕士学位基本要求》以及《卓越工程师教育培养计划通用标准》均是高校工程硕士学习成果评价的重要参照标准，但这三个标准各有侧重点。有学者对我国两个工程人才培养标准进行了比较，林健（2013）分析了两者的异同，"卓越计划"提出的卓越工程师培养的总体目标要高于工程专业认证标准要求的培养目标，"卓越计划"有由国家、行业和学校层面标准构成的标准体系，"卓越计划"的学校标准是工程教育认证所没有要求的，"卓越计划"的行业标准不等同于工程教育认证标准中的"通用标准+专业补充标准"。"卓越计划"本科层次通用标准与工程教育认证标准中的毕业要求的关系有三：一是前者涵盖了后者的全部内涵；二是前者在较大程度上拓展和强化了后者的各项要求；三是前者增加了"现代工程意识"和"危机处理能力"两条标准[98]。

1.2.3 研究述评

随着高等教育受重视程度的提高，学界对高等教育质量的重要依据——学生发展质量展开了激烈的探讨和深入的分析，其中普遍用于衡量学生发展质量的指标就是学习成果。从前面的文献综述可以发现，在学习成果研究初期，国内外学者主要关注的是高等教育理论的研究，是对学习成果和学习成果评价内涵的描述。进入21世纪之后，学者的关注点逐渐转变为对学习成果要素的探究，并开发了学习成果评价和应用的工具。无论是内涵剖析还是要素解构，学习成果及其评价都是重要的内容，都是推动高等教育健康发展的中心。国内外学者对学习成果的内涵和评价要素的界定各有不同，这为学习成果评价体系的完善起到了一定的推动作用。但同时也可以发现国内外学者的研究视角主要是从学生个体发展出发，对学习成果的定义也多集中在学生通过学习获得或培养的能力上，鲜少考虑用人单位的现实需求，忽略了全日制工程硕士缺乏社会实践经验和可能与社会需求脱节的先天性弱点。

现有研究呈现出三方面发展态势。①研究主题由理论阐述转向实践应用，对学习成果的研究始于内涵特征、评价指标等理论探讨，现在发展到标准构建、工具选择及具体应用。②研究范围由国外转向国内。现有研究在借鉴国外学生学习成果评价成熟经验的基础上，逐步转向将其运用到国内具体实践中。③研究方法由定性研究转向定量研究：从概念界定、评价模式等定性研究，逐步转向成果测评、人才需求等定量研究。以上文献为本研究提供了一系列具有重要价值的学术洞见，但仍存在三方面的不足。①缺少针对全日制工程硕士学习成果评价的本土化研究。已有研究多是介绍、借鉴国外经验及探究本科生学习成果评价，尚未发现针对全日制工程硕士的本土化运用。②缺少企业需求与学生学习成果的融合研究。已有研究多从整体角度分析企业对高校毕业生的需求状况，鲜有基于企业需求的全日制工程硕士学习成果评价的相关研究。③缺少定性与定量相结合的综合研究。围绕学生学习成果的相关研究主要为定性研究，而针对企业人才需求的相关研究则多为定量研究，二者均缺乏定性与定量相结合的综合应用。

1.3 研究内容和方法

1.3.1 研究内容

本研究以企业需求导向下全日制工程硕士学习成果评价为研究对象，基于研究目标，具体开展：①基于胜任能力理论，甄别企业对工程人才的能力需求标准；②基于上述标准及能力导向评价理论，构建学习成果评价模型；③以我国华东、华北、中南、西南、西北和东北六大区域的 27 所"985 工程"院校、25 所"211 工程"院校和 24 所其他高等院校的全日制工程硕士研究生及相关企业为调研对象，运用评价体系进行实证分析；④针对存在问题，提出相应的提升策略。研究的总体框架如图 1-1 所示。

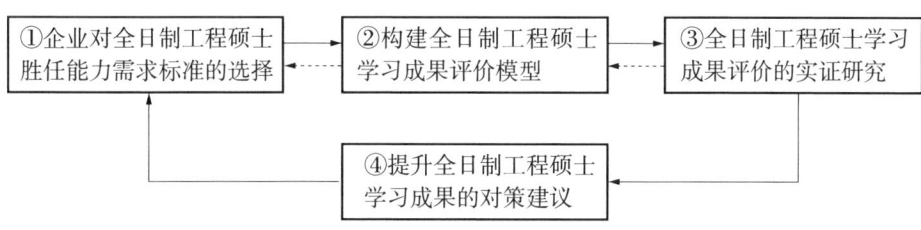

图 1-1 研究的总体框架

1.3.1.1 企业对全日制工程硕士胜任能力需求标准的选择

（1）标准初步拟定。①ABET 标准借鉴。参照美国具有权威性及代表性的工程与技术认证委员会（ABET）最新修订的工程专业认证标准（2015—2016 CAEP）中规定的硕士层次工程专业应达到的基本标准，特别是标准中有关学习成果的内容[99]。②卓越计划标准参考。参照教育部、工程院 2013 年联合发布的《卓越工程师教育培养计划通用标准》中规定的"工程硕士人才培养通用标准"[96]。③美国三大高等教育机构的评价标准参考。参照美国三大高等教育机构——高等教育标准促进委员会（CAS）、美国学院与大学协会（AAC&U）和美国教育考试服务中心（ETS）的评价体系。④标准初步拟定。综合 ABET 标准、卓越计划的相关标准以及美国三大高等教育机构的评价体系，经过小规模专家访谈，初步拟定工程人才胜任能力标准。

（2）拟定标准修正。根据胜任能力相关理论和操作要求，修正步骤如下。①行为事件访谈。选取具有代表性的 30 家大中型企业，由每家企业推选优秀和普通全日制工程硕士毕业生各 1 名，对 60 名人员逐一开展行为事件访谈，从中提炼出被访谈者所表现出的各种胜任能力要素。②典型企业调查。综合初步拟定的标准及①中所获取的胜任能力要素，设计"企业全日制工程硕士胜任能力需求标准调查问卷"；

选取北京、上海、广州、武汉、重庆、沈阳、西安等7个区域中心城市中接收全日制工程硕士毕业生较多的企业进行问卷调查。③需求标准提取。采用SPSS主成分分析法对问卷数据进行因子分析，对分析结果中特征值大于1的公因子进行命名，视为胜任能力标准维度，并确定各维度对应的具体内容，由此得到企业对全日制工程硕士胜任能力的需求标准。

1.3.1.2 企业需求导向下全日制工程硕士学习成果评价模型构建

（1）理论选择。为充分体现全日制工程硕士的专业属性，本研究对比了成果导向评价模型、能力导向评价模型、绩效指标评价模型以及电子档案袋评价模型，结合学习成果相关模型的使用范围和条件，拟采用美国学习成果评价委员会（NILOA）提供的能力导向（competency-based）评价理论以及由此理论衍生而来的能力导向评价模型[100]。

（2）操作步骤。按照能力导向评价理论的操作步骤，将1.3.1.1（2）中经SPSS因子分析所得标准的各维度确定为"一级指标"，再根据各维度的具体内容及学生学习成果内涵提取"二级指标"，并对各二级指标设置若干"三级指标"，由此构建评价模型。具体见图1-2。

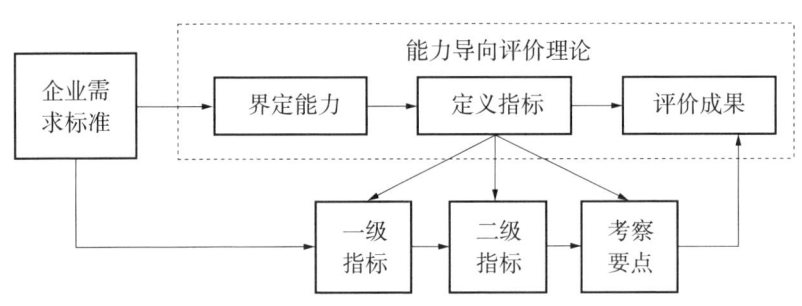

图1-2 学习成果评价模型构建思路

（3）权重确定。为保证指标权重的科学性与客观性，拟采用专家评价法与层次分析法相结合的综合评价法确定各指标权重。①专家评价。根据指标体系的层级结构，构建"全日制工程硕士学习成果评价指标二元对比评分表"，邀请工程教育专家、全日制工程硕士研究生导师及相关管理人员等进行打分，汇总处理相关数据。②层次分析。依托所获取的专家评价数据，按照层次分析法进行指标间的两两比较计算，确定各级指标的优先顺序和权重系数。

1.3.1.3 全日制工程硕士学习成果评价的实证研究

（1）问卷调查。根据全日制工程硕士学习成果评价模型，设计"企业需求导向下全日制工程硕士学习成果评价方案"（简称"评价方案"），方案设计思路详见图1-3。根据"评价方案"分别设计针对学生和企业的调查问卷。①学生学习成果调查。按照社会学调查方法，分东北、华北、华东、中南、西北、西南选取我国27所

"985工程"院校、25所"211工程"院校和24所其他高等院校的全日制工程硕士研究生为调研对象，针对学生的学习成果进行问卷调查。②企业用人反馈调查。选取接收上述调研高校全日制工程硕士毕业生的代表性企业，调查范围涵盖我国华东、华北、中南、西南、西北和东北六大区域的不同类型和不同规模的365家企业，就企业对全日制工程硕士的用人反馈情况进行问卷调查。

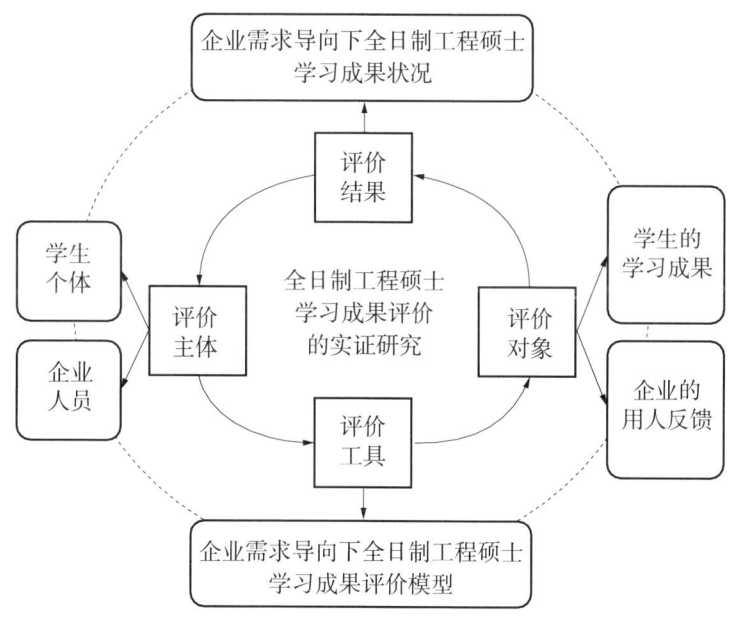

图1-3 评价方案设计思路

（2）结果分析。通过分析和比较学生评价结果与企业反馈结果间的差异，探究我国高校全日制工程硕士学习成果的现状和主要问题，并剖析产生问题的缘由。了解全日制工程硕士对自身学习成果的主观评价结果以及用人单位对招聘学生的学习成果评价之间的异同，分别确定学生自主评价以及企业评价中得分较高和得分较低的能力，为全日制工程硕士教育提供发展和改革思路。

（3）案例研究。根据调查分析结果，选取高校学生与企业学习成果评价结果差异值最大的区域进行案例分析，并对调查结果进行补充完善，能够得出我国各区域高校在培养全日制工程硕士的能力方面的教育差异，从较为完整的我国高校学习成果评价总体情境脉络中梳理归纳各区域全日制工程硕士研究生培养的现状。

1.3.1.4 提升全日制工程硕士学习成果的对策建议

探究企业需求导向下我国全日制工程硕士学习成果存在的主要问题，针对存在的问题，结合我国全日制工程硕士培养的实际情况，拟从课程设置、专业实践、跨学科培养和思政教育四个方面提出提升全日制工程硕士学习成果的对策建议，以期为高校持续改进全日制工程硕士培养工作提供依据，为企业有效参与工程教育改革提供途径，为政府相关部门推进工程教育质量提升提供参考。

1.3.2 研究方法

本研究主要采用以下形式开展研究。

1. 文献研究法

文献研究法是通过对文献进行查阅、分析、整理从而找出事物本质属性的研究方法。调查前期课题组成员针对调查主题的核心概念，充分利用图书馆以及中国知网、万方等网上资源，系统地查阅、搜索专业文献，广泛搜集国内外学习成果评价标准、应用、评价等相关研究文献，通过对现有文献的归纳和梳理，明晰企业对全日制工程硕士胜任能力的需求标准，界定全日制工程硕士学习成果的内涵和外延。此外，为夯实研究基础，本研究通过文献研究法了解学习成果评价研究领域已有的成果和政策，学习、借鉴相关理论方法以及国内外学习成果评价的成功经验，扩大理论知识储备，拓宽研究广度，加深研究深度。

2. 访谈法

本研究主要采用行为事件访谈法和专家访谈法开展相关研究。

（1）行为事件访谈法。对30家代表性企业的60名全日制工程硕士毕业生进行行为事件访谈，界定企业对全日制工程硕士胜任能力的需求标准。通过行为事件访谈法，了解受访者过去招聘全日制工程硕士、与他们共事等工作经历以及他们耳闻目睹的有关事件，并且了解他们对全日制工程硕士胜任能力的意义解释，有助于在此基础上修正全日制工程硕士学习成果评价量表。

（2）专家访谈法。专家访谈法是采用函询或深度访问的方式，反复征求专家意见，并经过客观分析和多次询问逐步使各种意见趋于一致的调查方法。访谈工程教育专家、全日制工程硕士研究生导师及工程硕士专业学位管理人员等专家学者，了解他们对全日制工程硕士学习成果评价的建议。通过专家访谈法，了解受访者对于全日制工程硕士胜任能力评价标准和全日制工程硕士学习成果的想法，包括他们的价值观念、情感感受和行为规范，为研究提供指导，同时为研究学习成果评价获得一个比较广阔、整体的视野，从多重角度对全日制工程硕士学习成果评价进行比较深入、细致的描述。

3. 层次分析法

层次分析法将决策问题分解为不同的层次结构，用求解判断矩阵特征向量的办法，求得每一层次的各元素对上一层次某元素的优先权重，再以加权和的方法递阶归并各备择方案对总目标的最终权重，适用于具有三级分层评价指标的学习成果评价体系。本研究构建了全日制工程硕士学习成果评价指标二元对比评分表，并据此设计了"全日制工程硕士学习成果评价指标二元对比问卷"，基于德尔菲技术，邀请来自苏州诚万城自动化技术有限公司、中国印钞造币总公司、芬欧汇川（中国）有限公司（UPM）、中国石化总公司、广州造纸有限公司、中国海诚工程科技股份有限公司、巴斯夫中国有限公司、清华大学、西北工业大学、华南理工大学等不同领域的10位学者与行业专家，就评价指标体系中各层指标的相对重要程度进行评判，就问卷量表中一级、二级、三级指标的相对重要程度进行评判，根据标度法，通过四轮访谈和打分最终归纳出了两两比较的判断矩阵，最终确定学习成果评价指标权重。

4. 问卷调查法

本研究以高校全日制工程硕士以及接收全日制工程硕士毕业生的相关企业为调查对象，以获取企业对全日制工程硕士能力需求情况与学生实际学习成果现状。高校调查范围涵盖我国华东、华北、中南、西南、西北和东北六大区域的27所"985工程"院校、25所"211工程"院校和24所其他高等院校。企业调查范围涵盖我国华东、华北、中南、西南、西北和东北六大区域的不同类型和不同规模的365家企业。本研究采用李克特量表衡量全日制工程硕士对自身学习成果的情况、用人单位对全日制工程硕士学习成果情况的评价，因为李克特量表使用范围比其他量表要广，可以用来测量其他一些量表所不能测量的某些多维度的复杂概念或态度，同时李克特量表的五种答案形式方便回答者标出自己的位置。通常情况下，李克特量表比同样长度的量表具有更高的信度。

5. 案例分析法

根据全日制工程硕士学习成果评价结果，以高校全日制工程硕士与企业学习成果评价结果差异值最大的区域为具体研究对象，进行全面系统的调查研究、综合评价和分析，既关注不同区域全日制工程硕士学习成果评价的总体情况，又关注同一区域内不同类型高校的全日制工程硕士学习成果评价的特殊性，进而梳理同一区域高校学习成果评价的共性规律和异性特点，从而为解决全日制工程硕士学习成果评价问题提供经验。

1.4 研究思路和技术路线

1.4.1 研究思路

本研究紧扣当前工程教育质量的热点问题，基于胜任能力理论和能力导向评价理论，首先对学习成果评价、工程专业学习成果标准等相关文献资料进行梳理，参照美国三大高等教育机构——高等教育标准促进委员会（CAS）、美国学院与大学协会（AAC&U）和美国教育考试服务中心（ETS）的评价体系，美国工程与技术认证委员会（ABET）对于工程硕士认证的通用标准以及我国卓越计划《卓越工程师教育培养计划通用标准》，初步拟定工程人才胜任能力标准。根据初步拟定的工程人才胜任能力标准，参考专家的意见设计出初始的调查问卷。其次，通过行为事件访谈和典型企业调查对初始问卷进行预试，获得企业对全日制工程硕士胜任能力的需求标准，修正后形成最终的调查问卷。再次，采用专家评价法与层次分析法相结合的综合评价法确定各指标权重，结合能力需求标准，构建企业需求导向下全日制工程硕士学习成果评价模型。选择我国华东、华北、中南、西南、西北和东北六大区域的27所"985工程"院校、25所"211工程"院校和24所其他高等院校，向这些高校的全日制工程硕士发放问卷，同时选择我国六大区域的不同类型和不同规模的365家企业发放问卷，开展实证研究。最后，回收问卷，对问卷数据进行分析，按照不同区域、高校类型、专业类别、年级和性别等维度对全日制工程硕士学习成果的调查情况进行深入分析，按照不同区域、企业类型、企业规模分析企业对全日制工程硕士学习成果的反馈，将高校全日制工程硕士学习成果与企业的用人反馈情况进行分类对比，并对两者的差异进行分析，探究造成校企学习成果评价差异的主要原因，有针对性地提出提升全日制工程硕士学习成果的具体对策。其中：

理论研究，见本书的第二章和第三章。内容包括企业对全日制工程硕士胜任能力需求标准的选择和全日制工程硕士学习成果评价模型的构建。首先，对全日制工程硕士胜任能力需求标准的构成要素进行界定和分析，初步拟定胜任能力需求标准后根据专家意见和企业调查的结果不断修正胜任能力需求标准。其次，对比美国高校较为常用的四种学习成果评价模型，选择能力导向评价模型作为评价模型，在此基础上构建全日制工程硕士学习成果评价模型，采用专家评价法与层次分析法相结合的综合评价法确定各级指标的优先顺序和权重系数。

实证研究，见本书的第四章。选择我国有代表性的"985工程"院校、"211工程"院校和其他高等院校的全日制工程硕士以及我国六大区域的不同类型和不同规模的企业为研究对象，分别向研究对象发放高校版和企业版的"企业需求导向下全日制工程硕士学习成果评价问卷"，回收问卷后采用描述性统计、多重比较、T检验分析方法对问卷结果进行分析。

对策研究，见本书的第五章。本部分在以上研究的基础上，探究企业需求导向下我国全日制工程硕士学习成果存在的主要问题，并针对存在的问题，结合我国全日制工程硕士培养的实际情况，提出了相应的对策和建议。

1.4.2 研究的技术路线

研究的技术路线具体见图1-4。

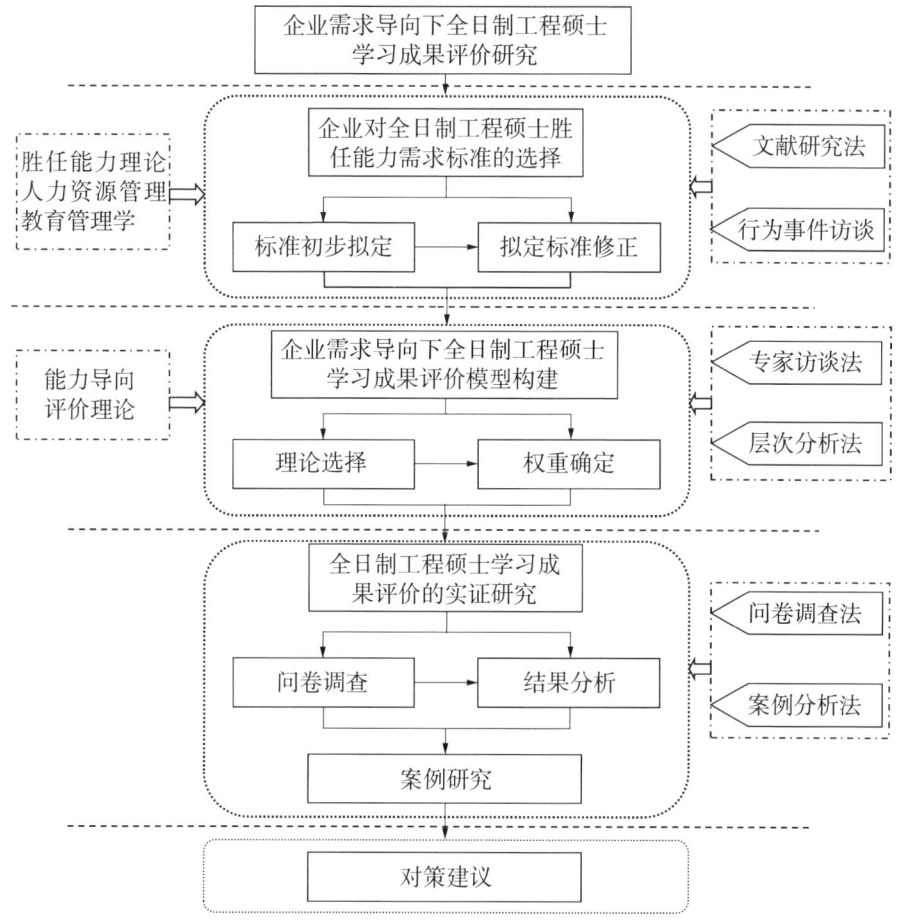

图1-4 研究的技术路线

1.5 可能的创新点

本研究创新之处表现在如下三个方面。

1.5.1 研究问题的现实性

学习成果评价是全日制工程硕士教育改革的重要环节,没有学习成果评价,就难以检测全日制工程硕士的实际教育效果。全日制工程硕士属于专业学位硕士,专业学位硕士的培养目标是以专业实践为导向,培养具有扎实理论基础,并适应特定行业或职业实际工作需要的应用型高层次专门人才。但近年来用人单位对于全日制工程硕士的能力产生疑问,认为全日制工程硕士的培养、教育效果达不到他们的要求,因此结合企业的实际需求检测"高校全日制工程硕士的能力是否达标"至关重要。本研究将企业对全日制工程硕士胜任能力的需求标准嵌入到能力导向评价中，构建其学习成果评价模型并研究其现状、问题及成因，是融合胜任能力理论和学习成果理论的一种有益尝试。

1.5.2 研究视角的新颖性

国内对于专业学位硕士的学习成果评价研究主要以专业学位硕士自评、从事专业学位硕士教育的教师评价、从事专业学位管理工作的高校管理人员评价为主，工程硕士毕业后的主要去向是相关企业，原有的评价对象未将企业这一重要的"利益相关者"纳入评价对象范围，是导致专业学位硕士学习成果评价缺乏企业参与的重要原因，使专业学位硕士学习成果评价脱离企业需求，不利于未来专业学位硕士教育的发展和改革。针对以往研究主要针对高校内部培养的实际情况，本研究紧贴全日制工程硕士的职业属性和未来归宿，换位思考，直面企业需求，为高校培养和企业需求的无缝对接提供思路和对策。

1.5.3 研究对象的独特性

国内学者从 21 世纪初开始关注我国研究生培养质量的研究，在这个过程中学生学习成果评价研究作为我国研究生培养质量研究领域的一个分支发展起来，但大部分学者关注研究生培养过程、培养模式，关于研究生的学习成果评价的研究则较少，同时对专业学位硕士特别是工程硕士的学习成果进行测量、比较、分析的国内学者数量更少，这为本研究提供了较大的研究空间。本研究以企业需求导向下全日制工程硕士学习成果评价为研究对象，相关发现将对已有主要针对本科教育的研究形成有益补充。

第 2 章　全日制工程硕士胜任能力需求标准的选择

2.1　全日制工程硕士胜任能力需求的理论选择

全日制工程硕士学习成果评价需要一定的能力标准，本研究拟选择胜任能力理论作为全日制工程硕士胜任能力需求标准的理论依据。下面将对胜任能力理论的主要内容以及该理论与本研究的适切性及实际应用等进行具体论述。

胜任能力又称为胜任特征、胜任特质，是指个体为完成特定的工作或目标所具备的一系列不同素质要素的组合，这些要素包括了可衡量、可观察、可指导的内在特征、知识技能、自我形象与社会角色等。胜任能力的最早雏形可以追溯到古罗马时代对一名好的罗马战士的属性描述——胜任剖面图。20 世纪初，管理科学之父泰勒的"时间动作分析"被普遍认为是胜任特征研究的发端。20 世纪 70 年代，心理学家麦克莱兰（David McClelland）通过行为事件访谈方法调查了 50 名美国新闻署（United States Information Agency，USIA）官员，并得出结论：能够带来优秀绩效的胜任特征并非人们熟知的管理技能，而是"跨文化的人及敏感性、政治判断力和对他人的积极期待"等潜在的个性特征。随后，他在《美国心理学家》杂志上发表文章提出应"为胜任而非智力进行测试"（testing for competence rather than for intelligence），真正意义上提出了胜任能力（competency）这一概念，并将胜任能力定义为能够在特定的行为环境和岗位中带来区别性绩效水平的个人特征，认为成就动机、人际理解、团队影响力才是真正影响个人绩效的能力特征[101]。

之后，国内外的学者对胜任能力进行了一系列的探讨。学者们最开始关注的是领导的胜任力，后来也有部分学者关注到员工的岗位胜任力，并建立了相应的胜任力模型，其中比较受关注的是冰山模型和洋葱模型。冰山模型指出人的胜任力由特质、动机、自我认知、社会角色、知识和技能六个要素构成。水面上的冰山部分即显性胜任力，是胜任者的基本素质要素；水面下的冰山部分则称为隐性胜任力，是能将某一工作中有卓越成就者和表现平平者区分开来的个人深层次特征[102]。洋葱模型是从另一个角度对冰山模型的解释，它将冰山模型重新划分为三层，如同洋葱的结构，洋葱表层是知识和技能，中间层是态度、价值观以及自我形象，里层是个性、动机[103]。美国管理协会将胜任力定义为在工作中达成优良绩效相关的知识、动机、特质、自我形象、意向、社会角色，以及与工作有关的技能[104]。Mansfield

认为胜任力是精确技能与特性行为的描述[105]。而 Sandberg 在表述胜任力时认为其更偏向在工作时人们所使用的知识和技能[106]。

我国学者在胜任力的定义方面参考了国外学者的相关研究成果。时勘等借鉴了冰山模型关于胜任力的表述，认为胜任特征是能把某职位中表现优异者和表现平平者区别开来的个体潜在的、较为持久的行为特征[107]。王重鸣等认为胜任力是导致高管理绩效的知识、技能、能力以及价值观、个性、动机等，即管理胜任力[108]。安鸿章认为胜任特征指根据岗位的工作需要，确保该岗位的人员能够顺利完成岗位工作的个人特征结构，它可以是动机、特质、态度或价值观、自我形象、某领域知识、认知或行为技能，且能显著区分优秀与一般绩效的个体特征的综合表现[109]。彭剑锋认为胜任力是驱动一个人产生优秀绩效的个体特征的集合，它反映的是可以通过不同方式表现出来的个人的知识、技能、个性和内驱力等。胜任力是判断一个人是否胜任某项工作的起点，是决定并区别绩效差异的个人特征[110]。近年来胜任力理论被广泛应用到个人能力的评价中，以评价个人的能力是否达到预期的目标。

直至今日，对于胜任能力的内涵尚没有统一的定义，有些定义偏重个人特征，有些偏重人的行为，但对于胜任能力的界定却有共同的特点：一是在个体胜任力特征中，个性、动机、自我认知等要素是胜任力的核心，更能决定个体绩效；二是胜任能力可以被测量或是被计数；三是胜任能力与组织氛围、工作环境等有着密不可分的关联。

很多企业认为工程硕士在毕业时并不具备企业想要的知识和技能，这反映了工程硕士具有的能力和企业需求的能力之间的差距，因此高等工程教育所培养的工程硕士不能满足企业的需求。不仅是企业界持有这种观点，工程硕士也有这种想法，他们表示自己还没有准备好进入工程界工作。出现技能差距的原因包括高等工程教育课程与企业对毕业生能力的需求不匹配、应届毕业生的工作经验不足、高等工程教育的目标跟不上企业需求的变化等等，因此高校应该加强与企业界的沟通交流，共同确定全日制工程硕士胜任能力，让企业参与课程开发和学习成果评价，使高等工程教育学习成果与企业需求相匹配。国家有关部门也意识到了职业胜任能力评价的重要性，2013 年《关于深化研究生教育改革的意见》提到"学术学位注重学术创新能力评价，专业学位注重职业胜任能力评价"，突出了学术学位和专业学位的区别，显示了国家对于"专业学位毕业生是否具备胜任能力"问题的关注，强调了人才培养质量评价要坚持在学培养质量与职业发展质量并重。因此，本研究将以胜任能力理论为基础，从企业对全日制工程硕士的能力需求出发，应用胜任能力理论，综合初步拟定的标准及行为事件访谈中所获取的胜任能力要素，设计"企业全日制工程硕士胜任能力需求标准调查问卷"，选取北京、上海、广州、武汉、重庆、沈阳、西安 7 个区域中心城市中接收全日制工程硕士毕业生较多的企业进行调查，具体剖析基于企业需求的全日制工程硕士毕业生应该具备的胜任能力，尝试构建基于企业需求的全日制工程硕士学习成果评价模型并进行实证研究，以期为提升全日制工程硕士学习成果和教育质量提供理论和实践依据，相关成果将针对性地解决全日制工程硕士培养与企业现实需求相脱节的现实问题，为经济社会发展培养高层次应用型人才，从而促进高等教育成果更加适应社会的变化，更加符合企业的需求。

2.2 全日制工程硕士胜任能力标准的选取

20世纪80年代起，学生学习成果评价开始引起美国高等教育界的关注，经过多年的发展，美国的学生学习成果评价标准趋于成熟，因此本研究参考美国三大高等教育机构——高等教育标准促进委员会、美国学院与大学协会、美国教育考试服务中心的评价体系，美国工程与技术认证委员会（ABET）的标准以及我国的卓越工程师教育培养计划通用标准，拟定企业对全日制工程硕士胜任能力的需求标准以及相关指标。

2.2.1 美国三大高等教育机构学习成果评价体系及其标准

美国是首先运用学习成果分类进行学习成果评价的国家，目前美国众多教育机构和高校已对学生学习成果评价进行了探索，其学生学习成果评价标准发展较为完善，各式各样的评价项目及活动不断涌现，相应的评价标准和评价工具等也得以快速发展。其中评价标准既有共同特征，也存在差异，它们作为评价体系的重要组成部分，不仅反映了评价目标的要求，也是评价顺利开展的重要条件。美国高等教育中的学生学习成果评价标准发展至今，已逐步形成维度明确、指标具体和工具多样的较为完善的体系。尤其是美国三大高等教育机构——高等教育标准促进委员会（CAS）、美国学院与大学协会（AAC&U）和美国教育考试服务中心（ETS）都拥有成套的评价体系。

1. 高等教育标准促进委员会

高等教育标准促进委员会（CAS）是美国高等教育专业协会的一个联盟，其目的是促进成员使用其专业标准来发展、评价和改善学生学习、课程和服务的质量。CAS成立于1979年，其权威来自该委员会的声望和传统影响力，以及会员在制定高质量实践要求方面的共识。它制定和颁布标准，以提高学生在高等教育中的整体学习经验的质量，特别关注学生的学习参与。CAS标准为美国众多高校的学位项目和教育服务的评价和问责提供了方向和策略，提高学生的学习责任感是该标准的首要目标。CAS认为学习成果评价必须是有意义、可管理、可测量的。有意义意味着学习成果评价结果与部门或部门的使命或目标相一致，可管理意味着学习成果评价结果实际上是可以实现和评价的，可测量意味着学生能清楚地说明自己如何知道自己取得了学习成果。2003 年,它把关注重心从高等教育投入转到学生学习成果上,并提出 16 条学习成果评价维度。2008 年,CAS 重新修订评价标准,把原来的 16 条评价维度整合成 6 大类(表 2-1)。学生学习和发展成果模型通过确定学习和发展成果维度进一步定义、阐明了 6 大类学习成果维度,允许评价机构基于使命和优先事项使用更集中、更具有针对性的评价方法。CAS 现有标准强调人际能力与个人发展的区别,要求人道主义与公民参与相结合,并将全球视角与技术能力的指标纳入重要的学生学习和发展成果[111]。CAS 的学生学习成果评价标准分为知识的获取、构建、整合及应用,认知复杂性,个人发展,人际能力,人道主义和公民参与以及实践能力,这六个学生学习和发展成果领域是 CAS 通用标准最重要的部分。知识的获取、构建、整合及应用的评价指标分为理解学科知识、联想知识、观点、经验,构建知识以及应用知识到日常生活。认知复杂性包括批判性思维、自省式思考、有效推理以及创造性。个人发展包括真实的自我评价、自我认知及自我尊重,同一性发展,道德承诺与正直以及精神意识。人际能力的指标为丰富的关系、有效沟通、独立性、合作性以及有效领导力。人道主义和公民参与的具体指标为理解和欣赏文化及个人差别、全球视角和社会责任感。实践能力包括制定并实现目标、技术能力、管理职业发展、维持健康、令人满意且有意义地生活。对于评价工具的选择,CAS 认为不同的评价维度适合用不同的方法进行测量,例如定量评价工具大部分以调查和测试为主,调查和测试由选择题、对错题、填空题等部分组成,能够快速、轻松地收集到来自众多学生的数据,常用于对学生进行阶段性的测评[112]。测量"知识的获取、构建、整合及应用"维度的定性评价工具电子档案袋(eportfolio)是记录学生朝着目标前进的过程的一种方法,可以是纸质的,也可以是电子形式的,用于展示学生的演讲、课程论文、实践报告等各种学习结果,为学生提供反思的机会,允许教师和其他学生在浏览电子档案袋后提供反馈意见,在学生毕业后也可作为材料存入学生档案。测量"实践能力"维度的定性评价工具焦点小组法(focus group)是教师跟进学生能力养成过程的方法,允许学生与教师面对面进行测试或在线完成,焦点小组的主持人需要有较强的组织能力,使自己能够被参与者信任。焦点小组法相当于对参与者做一次深度访谈,因此能够深入地检测学生实践能力的某一项指标的具体情况,但无法覆盖所有指标,而且收集和分析数据可能非常耗时。CAS 对于评价维度、评价指标、评价工具的具体要求体现了 CAS 坚持的教育原则:学生是由环境塑造的,环境提供了多样性的学习机会,学生对学习负有最终的责任,同时以公正和尊重差异的方式包容多样性和消除文化障碍。教育在蓬勃发展的同时,为学生提供适当挑战和必要支持环境,教育工作者在职业和个人生活中也应该担负起自身的道德责任。

表 2-1 CAS 的学生学习成果评价标准

评价维度	评价指标	评价工具 定量	评价工具 定性
知识的获取、构建、整合及应用	理解学科知识；联想知识、观点、经验；构建知识；应用知识到日常生活	大学基础学科学习考试	电子档案袋（eportfolio）
认知复杂性	批判性思维；自省式思考；有效推理；创造性	公开辩论法	现象研究法
个人发展	真实的自我评价、自我认知及自我尊重；同一性发展；道德承诺与正直；精神意识	统计抽样法、实验法	案例研究法、现象研究法
人际能力	丰富的关系；有效沟通；独立性；合作性；有效领导力	语句完成测验、统计抽样法、清单法（inventory）	电子档案袋、访谈法、案例研究法
人道主义和公民参与	理解和欣赏文化及个人差别；全球视角；社会责任感	剖面测试（profile test）、语句完成测验	案例研究法、可视化叙述法（visual narrative）
实践能力	制定并实现目标；技术能力；管理职业发展；维持健康；令人满意且有意义地生活	假设检验法、大学生期望问卷调查、大学生经验问卷调查	访谈法、种族志研究（ethnographic design）、案例研究法、焦点小组法（focus group）

注：此表根据 CAS 的学生学习成果评价框架[113]整理而成。

2. 美国学院与大学协会

美国学院与大学协会（AAC&U）是代表美国 1100 多所高校的全国性教育机构，旨在促进和提升面向全美学生的博雅教育。AAC&U 倡导博雅教育的经济价值和公民价值，认为博雅教育与学生职业抱负有较强的相关性，同时认可它在培养学生终身学习、公民参与和个人职业成功方面的重要作用。作为最早关注学生学习成果的机构之一，AAC&U 认为目前学习成果评价存在三大障碍：模糊的目标、定量的评价意识和对结果误用的担忧，其根源在于教育者对学生学习期望问题讨论过少，没有制定一致的评价标准。只有通过共同讨论，不断修订和完善统一的评价标准，才能扫除评价障碍[114]。AAC&U 根据众多高校的评价经验，对相关评价标准及工具加以整合归纳，从而建立起自身的学生学习成果评价标准（表 2-2）。AAC&U 学习成果定义了从博雅教育中获得的知识和技能，提供了指导学生不断取得学业进步的学习成果框架,希望学生为新时期的职业挑战做好准备。AAC&U 将学生学习成果评价标准分为基本技能、综合能力、跨文化知识与行为、终身学习基础与技能、公民责任及参与五大部分。其中,基本技能由写作能力、口头表达、批判思维、数理能力组成。综合能力包括集成学习、信息素养、团队合作和伦理分析。跨文化知识与行为的具体指标为全球化学习意识,公民参与及社会责任感,民主意识、立场和实践,跨文化适应能力。终身学习基础与技能由独立学习新知识、思考学习过程、参与专业协会的活动、阅读课外资料以及参加课外培训或读研组成。公民责任及参与包括服务意识、理论应用于服务、团体归属感和责任感、批判性思考。AAC&U 将这种评价方法称为 VALUE(valid assessment of learning in undergraduate education),其提供了必要的工具来评价学生的真实工作,通过对学生在不同学习途径和机构中的真实学习和工作进行评价,以确定学生是否达到毕业成绩,以及雇主和教师认为重要的学习成果[115]。在评价工具方面,AAC&U 综合运用各种标准化测试、评分表、报告等多种形式开展评价工作。全球化学习评分矩阵旨在帮助学生测量自身对公民学习和民主参与的看法和行动,包括了一个具有公民意识的个人的基本文化维度,如公民精神、公民素养和公民行动等,因此能够较好地测量学生公民学习和民主参与的广度和深度。广度指个人对支持公民学习和民主参与的项目、政策和程序的了解、参与情况,深度描述了个人为公民学习和民主参与付出努力的程度。AAC&U 制定的学习成果评价方法是一种以学生为基础、由教师驱动的评价学生学习成果的方法,学生提交他们在不同的学习途径和学习领域中已经完成的作品,教师团队和来自各种类型和规模的机构的其他教育专业人员根据评价标准对学生所提交的作品进行评价,这种评价方法正被美国众多高校用于帮助各机构展示、分享和评价学生逐步提高的综合性学习成就。

表 2-2　AAC&U 的学生学习成果评价标准

评价维度	评价指标	评价工具
基本技能	写作能力;口头表达;批判思维;数理能力	写作能力测试、有效演讲评价法、批判思维评分表、定量推理评价法
综合能力	集成学习;信息素养;团队合作;伦理分析	集成学习评分表、信息素养在线测试、团队合作小组评价、伦理分析评分指南
跨文化知识与行为	全球化学习意识;公民参与及社会责任感;民主意识、立场和实践;跨文化适应能力	他国文明评分表、全球化学习评分矩阵
终身学习基础与技能	独立学习新知识;思考学习过程;参与专业协会的活动;阅读课外资料;参加课外培训或读研	学习评价指导法、课程任务及项目、学生调查

续表 2-2

评价维度	评价指标	评价工具
公民责任及参与	服务意识；理论应用于服务；团体归属感和责任感；批判性思考	服务性学习评分表、服务性学习心得报告

注：此表根据 AAC&U 的学生学习成果评价框架[114]整理而成。

3. 美国教育考试服务中心

美国教育考试服务中心（ETS）是一家非营利性的研究、发展和评价机构，其成立的目标是成为长期支持、研究、改进服务教育的非营利机构，旨在通过与其他高等教育评价机构合作，帮助高校提高学生的学习水平。近年来高等教育快速发展，ETS 认为高等教育能够为学生创造机会，改变学生的生活，让学生能够发掘自己的潜力，因此尝试将更多的学习者与更广泛的高质量的教育内容、证书和学位项目联系起来。在研究多家教育机构的评价项目和高校教育项目的基础上，ETS 总结出了四个具有高度概括性的学生学习成果评价维度，且有针对性地选取相应的标准化评价工具（表 2-3）。ETS 的学生学习成果评价模型由通识教育技能和职业素质、特定领域技能、学生参与度和软技能四部分组成。通识教育技能和职业素质的具体指标为批判思维、数理能力以及读写能力。特定领域技能包括专业知识和专业技能。学生参与度分为高校实践、实证研究文献学习和师生互动三部分。软技能则由团队合作以及建立人脉组成。所谓标准化评价工具，是指以一定标准化形式为载体，具有明确的评价目的，以及详细的评价对象、内容形式、结果层级、评分规则、所需时间、检验样本和操作成本等[116]。ETS 认为要测量大学教育给学生学习带来的价值，必须解决三个衡量标准：学生投入衡量标准（上大学之前的学生能力达到了什么水平）、学生产出测量（大学毕业后他们的能力如何），以及在高等教育生涯的不同阶段（例如完成学士学位教育的第一年、获得副学士学位）衡量学生接受高等教育后拥有的技能和知识的变化。ETS 鼓励教师在完成阶段性教学任务之后评价学生对知识的回忆和理解，如引导学生列出与一个重要术语、名称或概念密切相关的几个观点，为学生提供一个空的或部分完成的大纲，并给学生有限的时间来填空，以此了解学生掌握要点的程度。工作键评价是 ETS 所运用的独特评价工具，为教育机构和雇主评价个人的工作准备情况和必要的工作技能提供评价程序，包括基础工作键评价和工作键团队评价，两种评价工具的侧重点有所不同。基础工作键评价衡量学生在就业情况下应用基本技能的熟练程度。而工作键团队评价则假设学生是工作团队中的一员，通过测试学生对于团队工作环境中各种情境的反应来测试学生的团队合作意识和团队工作任务的完成情况。ETS 认为其评价框架可为各高校提供参考，最终的学习成果评价标准可以由各高校根据实际情况确定，例如注重文科教育的学院可能对通识教育技能和职业素质中的批判思维和读写能力指标更感兴趣；研究型大学可能会在学位教育项目中强调学科领域知识和技能的测量以及关注学生参与度维度中的实证研究文献学习。此外,社区学院为了满足社区对非传统学生高等教育机会的需求,可能选择评价学生知识和技能随时间变化的结果,而不是与其他机构一样对比学生在具体科目中的绝对成绩。

表2-3 ETS的学生学习成果评价标准

评价维度	评价指标	评价工具
通识教育技能和职业素质	批判思维;数理能力;读写能力	大学基础学科学习考试、大学学术能力评量、大学学习评价、学术水平及过程评价、信息素养标准化评价、工作键评价
特定领域技能	专业知识;专业技能	领域成就测试、专业领域测试
学生参与度	高校实践;实证研究文献学习;师生互动	社区大学学生参与度调查、全国性学生参与度调查
软技能	团队合作;建立人脉	工作键团队评价

注:此表根据ETS的学生学习成果评价框架[116]整理而成。

4. 美国三大高等教育机构学习成果评价标准比较

综上所述,按照学生学习成果内涵所包含的认知能力、实践能力和软能力,对以上三大教育机构的评价维度作进一步归类,不能归入的则称为其他能力。从表2-4中可以发现:尽管不同机构在具体评价维度上存在差异,但大致都可归入认知能力、实践能力和软能力三大类别。当然,由于发展历史、评价目标及服务对象的不同,各自维度又表现出不同的特点,凸显出一定的其他能力,如CAS针对个体,设有个人发展维度;而AAC&U为提升全美学生的博雅教育,设有终身学习基础与技能维度。由此可见,美国高等教育中的学生学习成果评价标准较为完整而灵活地诠释了学生学习成果的内涵。

表2-4 美国三大高等教育机构学习成果评价标准的比较

机构	CAS	AAC&U	ETS
认知能力	知识的获取、构建、整合及应用;认知复杂性	基本技能	通识教育技能和职业素质;特定领域技能
实践能力	实践能力	公民责任及参与	学生参与度
软能力	人际能力;人道主义和公民参与	综合能力;跨文化知识与行为	软技能
其他能力	个人发展	终身学习基础与技能	

5. 美国三大高等教育机构学习成果评价标准的特征

结合美国高等教育学生学习成果评价标准的历史沿革,通过比较和分析上述三大机构的学生学习成果评价标准,可以发现学生学习成果评价标准具有以下三个方面的特征。

(1) 能力和素质相一致的评价维度。在美国高等教育学生学习成果评价标准的发展历程中,评价标准经历了从只关注学科知识,到同时注重认知成果和个人素质,再到重视学生全面发展的跨越,逐步形成了完善的标准体系。作为学生发展理论(student development theory)重要支撑的社会心理理论和认知结构理论,也分别从素质和认知的角度诠释了学生的个体差异[117]。此外,学生学习成果也通常被界定为认知能力、实践能力及软能力的结合。由此可以看出,要实现对学生学习的全面评价,应从能力和素质两个方面设定评价标准,而美国的众多高等教育机构在制定自身的学生学习成果评价标准时,基本体现了能力和素质相一致的评价要求。例如,CAS 的评价维度涵盖了学科知识、认知结构、个人素质、人际关系、社会责任感等内容;AAC&U 集合众高校的评价实例,从学术能力、综合能力、全球化意识、终身学习等方面制定评价维度;ETS 则直接把评价维度划分成专业技能与软技能。

(2) 理论与实践相统一的评价指标。评价指标通常是对评价维度的解释和扩展,其合理性直接制约着评价维度的有效性。一般来讲,评价指标要与评价目标密切相关,且必须能提供所需要的信息[113]。20 世纪 80 年代起,回应外部问责和教育改进一直是美国学生学习成果评价的两个重要目的,近年来后者越来越受到美国高等教育界的重视。从教育改进的角度出发,学生学习成果评价应注重学生把理论应用于实践的能力,并把这一要求体现在具体评价指标的确定中。通过分析表 2-1 至表 2-3,不难发现评价指标的确立都遵循了理论与实践相结合的原则,如 CAS 在构建知识的获取、构建、整合及应用这一维度时,将指标之一设为"应用知识到日常生活";AAC&U 在构建公民责任及参与这一维度时,将指标之一设为"理论应用于服务";ETS 则在评价学生参与度时提到"高校实践"。

(3) 定量和定性相结合的评价工具。长期以来,人们多采用定量分析法开展教育评价。相比定量分析法,教育评价中许多有待深入挖掘的问题也适合用定性分析法[118]。事实上,只有充分发挥二者的长处,实现定量分析与定性分析的有机配合,才能更为准确深入地把握评价的要点与核心。通过对上述三大机构评价标准中具体评价工具的对比分析,不难发现基本上所有的评价工具都可以被归类到定量分析法或定性分析法。例如,CAS 非常明确地从定量和定性的角度为其评价标准匹配合适的评价工具;AAC&U 虽然没有直接说明评价工具的属性,但与 CAS 进行对比后,可清楚地判断出它的评价工具也属定量和定性分析的范畴;ETS 采用的则是以定量分析为主、定性分析为辅的标准化评价工具。

可以看到美国高等教育机构对专业学位研究生的学习成果提出了整体的评价框架和思路,但是它们所提出的测量标准毕竟不是针对全日制工程硕士这一具体专业学位研究生提出的,所以无法准确涵盖全日制工程硕士所需要的能力,因此有必要进一步分析工程教育学习成果标准。我国的硕士研究生教育借鉴了美国的教育经验，两国在硕士学制、课程结构等方面有许多相同之处。另外，我国在加入了工程教育学位互认协议《华盛顿协议》之后制定的《中国工程教育认证通用标准》以《华盛顿协议》规定的学习成果标准为蓝本，《华盛顿协议》规定的学习成果标准与美国的学习成果标准更为相近，因此本研究选择美国的工程教育学习成果作为主要借鉴对象。美国工程与技术认证委员会（ABET）及其建立的标准是美国乃至世界范围内最为常用的工程学习成果标准之一，《卓越工程师教育培养计划通用标准》规定了各类工程型人才培养应达到的基本要求，是我国工程硕士能力评价的最新标准，因此选择美国工程与技术认证委员会（ABET）及其建立的标准和我国"卓越工程师教育培养计划"的《卓越工程师教育培养计划通用标准》进行对比分析，并在借鉴这两种标准的基础上，参考美国三大高等教育机构的学习成果评价体系，初步拟定全日制工程硕士胜任能力需求标准。

2.2.2 工程与技术认证委员会（ABET）的标准及其借鉴

工程与技术认证委员会（ABET）的前身是成立于1932年的工程师专业发展委员会（the Engineers' Council for Professional Development，ECPD）。1932年，美国土木工程师协会、美国采矿和冶金工程师协会、美国机械工程师协会、美国电气工程师学会、美国工程教育促进会、美国化学工程师学会、国家工程审查委员会等七个工程学会联合创立了该组织，联合确定了ECPD的最初发展方向和发展重点。1936年，ECPD评价了其第一个工程学位课程。10年后，委员会开始评价工程技术学位项目。到1947年，ECPD已经认可了133所院校的580个本科工程课程。1980年，ECPD更名为工程与技术认证委员会（Accreditation Board for Engineering and Technology，ABET）。

工程与技术认证委员会（ABET）是一个非营利性的非政府机构，专门为已经被国家以及地区教育权威机构认可的学位授予机构提供自然科学、计算、工程和工程技术领域项目的专业认证，ABET认证确保学院、大学的学位项目或课程符合专业的质量标准，学生通过参加学位项目和学习课程能够达到毕业要求。迄今为止，已有41个国家的846所学院和大学的4307个项目获得ABET认证。每年有超过175 000名学生从ABET认证的项目毕业，自1932年以来，数百万毕业生获得了ABET认证课程的学位[119]。

在20世纪的大部分时间里，ABET的认证标准都规定了认证课程的所有主要要素，包括课程、教职员工和设施应该达到的标准。然而，在20世纪90年代中期，工程界开始集体质疑这种严格的质量保证要求的有效性，因为这些要求主要基于校方的教育投入而不是学生的学习情况或学习成果。因此ABET为了应对工程界对于高等工程教育的质疑和外部环境的变化，在工程界、工程教育界等多方的参与和共同努力下，于 1997 年推出了新的工程认证标准（EC2000）。就 EC2000 而言，ABET 的主要要求是工程教育项目计划必须以连贯的质量计划为指导，从机构的使命、各个工程计划的学习成果、绩效指标的实施以及质量保证体系等方面保证学生实际上取得了学习成果。通过消除早期认证标准的不灵活性，ABET 开展项目创新，同时鼓励各高校在 ABET 标准上创新校内评价过程和不断推动项目改进。EC2000 不仅强调学生专业知识的储备和高校教学过程的改进，而且特别关注工程教育的产出即学生应具备的能力和素质，强调认证工程专业所培养的毕业生必须具备数学、自然科学和工程学知识的应用能力，具备实验方案设计和数据分析的能力、与多学科团队进行合作的能力，以及具备职业道德和社会认知的能力等 11 项能力。基于 EC2000 工程认证标准，ABET 为工程教育认证评审引入了"2018—2019 工程专业认证通用标准"，工程专业认证通用标准被认为是工程教育认证评审的操作手册。对学生学习成果的评价标准和评价过程的持续改进，是确保高校工程教育项目质量、为高校毕业生进入全球劳动力市场做好准备的关键，因此 ABET 也在不断更新学习成果认证标准。由于最新的学习成果认证标准仍在修改和试行阶段，因此本研究选择 2018—2019 工程专业认证通用标准进行分析。通过详细剖析 2018—2019 工程专业认证通用标准，本研究将剔除该标准中与学习成果不相关的要素，主要包括教师队伍和设施与机构支持的标准，提取出所有与学生学习成果相关的认证标准，并进行汇总，如表 2-5 所示。

根据 ABET 对各学习成果认证标准的归纳，理学与工学知识应用能力是指学生应用数学、基础科学（基础科学包括生物、化学和物理科学）和工程知识的能力。工程实践能力是指学生利用所有可获得的资源和设备去制定并进行适当的工程实验与实践，并具备了解释数据的能力。工程设计能力是指学生在经济、社会、政治、环境、伦理、卫生和安全、工艺性和持续性等条件下，根据需要设计一个系统、一个部件或者是一个过程的能力。工程问题应对能力是指学生识别、规划工程问题，并解决它的能力。跨学科团队协作能力是指学生在跨学科综合实践中开展工作的能力。工程认识能力是指学生理解工程在全球、经济和社会环境中的影响力所需要的雄厚的教育基础。工程技术运用能力是指学生在工程实践中运用各种技术、技能和工程工具的能力。职业和伦理责任感代表学生对职业和伦理责任的认知。前沿问题意识指学生对当代问题的知识和认识。人际沟通能力要求学生不仅掌握学科内容，还具备较高水平的人际交流技能。终身学习能力要求学生正确认识并积极参与终身学习。其中，理学与工学知识应用能力、工程实践能力、工程设计能力、工程问题应对能力属于基础层次的共同标准，跨学科团队协作能力、工程认识能力、工程技术运用能力、职业和伦理责任感、前沿问题意识、人际沟通能力、终身学习能力属于高级层次的共同标准[120]。

表 2-5 工程与技术认证委员会学习成果认证标准汇总

学习成果相关标准	评价维度	标准描述
基础层次的共同标准	理学与工学知识应用能力	应用数学、基础科学和工程知识的能力
	工程实践能力	能够利用所有可获得的资源和设备去制定并进行适当的工程实验与实践,具备了解释数据的能力
	工程设计能力	在经济、社会、政治、环境、伦理、卫生和安全、工艺性和持续性等条件下,根据需要设计一个系统、一个部件或者是一个过程的能力
	工程问题应对能力	识别、规划工程问题,并有解决它的能力
高级层次的共同标准	跨学科团队协作能力	在跨学科综合实践中开展工作的能力
	工程认识能力	理解工程在全球、经济和社会环境中的影响力所需要的雄厚的教育基础
	工程技术运用能力	在工程实践中运用各种技术、技能和工程工具的能力
	职业和伦理责任感	对职业和伦理责任的认知
	前沿问题意识	对当代问题的知识和认识
	人际沟通能力	学生不仅掌握学科内容,还具备较高水平的人际交流技能
	终身学习能力	正确认识并积极参与终身学习

资料来源:工程与技术认证委员会(ABET)官方网站(https://www.abet.org/)。

2.2.3 我国的卓越工程师教育计划标准及其参考

"卓越工程师教育培养计划"(下称"卓越计划")是教育部贯彻落实《国家中长期教育改革和发展规划纲要(2010—2020年)》和《国家中长期人才发展规划纲要(2010—2020年)》而实施的重大改革项目,旨在为我国工程界培养一批创新能力强、适应社会经济发展需要的高质量各学科领域的工程技术人才。经卓越计划专业委员会审定,教育部、中国工程院印发了《卓越工程师教育培养计划通用标准》,规定了卓越计划各学科领域工程型人才培养应达到的基本要求,标准分为本科、硕士和博士三个层次,其中本科工程型人才有 11 项具体能力要求,工程硕士人才、工程博士人才分别有 13 项具体能力要求[96],因本研究的研究群体是全日制工程硕士,因此主要关注工程硕士层面的能力要求,有关工程硕士人才的能力标准的具体表述见表 2-6。

表2-6 卓越工程师教育培养计划通用标准

序号	能力标准
1	具有良好的工程职业道德、追求卓越的态度、爱国敬业和艰苦奋斗精神、较强的社会责任感和较好的人文素养
2	具有良好的市场、质量、职业健康和安全意识,注重环境保护、生态平衡和可持续发展
3	具有从事工程开发和设计所需的相关数学、自然科学、经济管理等人文社会科学知识
4	掌握扎实的工程原理、工程技术和本专业的理论知识,了解新材料、新工艺、新设备和先进生产方式以及本专业的前沿发展现状和趋势
5	具有创新性思维和系统性思维的能力
6	具有综合运用所学科学理论、分析与解决问题的方法和技术手段,独立地解决较复杂工程问题的能力
7	具有开拓创新意识和进行产品开发和设计的能力,以及工程项目集成的基本能力
8	具有工程技术创新和开发的基本能力和处理工程与社会和自然和谐的基本能力
9	具有信息获取、知识更新和终身学习的能力
10	熟悉本专业领域技术标准,相关行业的政策、法律和法规
11	具有良好的组织管理能力、较强的交流沟通、环境适应和团队合作的能力
12	具有应对危机与突发事件的基本能力和一定的领导意识
13	具有国际视野和跨文化环境下的交流、竞争与合作的基本能力

资料来源:中华人民共和国教育部官网(http://www.moe.gov.cn/)。

有学者将卓越计划中硕士层次工程师培养的通用标准归纳为13项标准,分别是:基本素质、良好意识、基础知识、专业知识、思维能力、分析解决问题能力、创新意识与开发设计能力、创新开发与自然和谐能力、学习能力、技术标准与政策法规、管理与沟通合作能力、危机处理能力与领导意识、国际交流合作能力[121]。从卓越计划的13项标准可以看出,虽然这13项标准对工程硕士的人才培养提出的要求各有侧重,但卓越工程师教育培养计划通用标准整体上与美国工程与技术认证委员会(ABET)2018—2019工程专业认证通用标准有较多相似之处,其中:1、2主要描述社会责任层面,1侧重于个体责任层面,2侧重于社会责任层面,1、2对应职业道德与社会责任感;3、4、10着重描述了专业知识层面的要求,可以表述为工程认识能力;5、6、9主要强调知识整合能力,5侧重于综合理解能力,6侧重于集成应用能力,9侧重于信息素养;7、8、11、12、13重点对合作学习方面进行规定,对应的是团队协作能力，7、8 简要描述了工程分析、设计与实践能力，其中 7 侧重于工程设计能力，8 侧重于工程分析能力，11、12、13 主要规定了工程合作方面的能力。

2.2.4 全日制工程硕士胜任能力的初步拟定

通识教育（general education，又译为普通教育、一般教育），既是大学的一种理念，也是一种人才培养模式。其目标是培养完整的人（又称全人），即培养具备远大眼光、通融识见、博雅精神和优美情感的人，学生需要综合、全面地了解人类知识的总体状况（包括主要知识领域的基本观点、思维方式和历史发展趋势）[122]。CAS、AAC&U 和 ETS 制定的是通识教育的学习成果标准，对应的是高校学生应该具有的一般能力，因此 CAS、AAC&U 和 ETS 评价体系中大部分能力的定义、内涵描述都具有类似的特点。ABET 标准和卓越计划标准这两个工程类学习成果评价标准规定的是工程专业学生所需的专业能力，其能力标准更接近工程界对学生的能力要求，两个标准中提及的各项能力以一般能力为基础，但与工程相关的能力要求占比较大。本研究在对比高等教育标准促进委员会（CAS）、美国学院与大学协会（AAC&U）和美国教育考试服务中心（ETS）评价体系，美国工程与技术认证委员会（ABET）对工程硕士认证的通用标准以及我国卓越计划《卓越工程师教育培养计划通用标准》的基础上，对学习成果评价要素进行本土化解构，在满足我国经济社会发展需求的同时，回应高等工程教育未来诉求，初步拟定了全日制工程硕士胜任能力标准。

工程与技术认证委员会（ABET）对于工程硕士认证的通用标准中的理学与工学知识应用能力同时包含了 CAS 知识的获取、构建、整合及应用中的理解学科知识，联想知识、观点、经验，构建知识并应用到日常生活和 AAC&U 基本技能中的数理能力，综合能力中的集成学习、信息素养以及 ETS 通识教育技能和职业素质中的数理能力、特定领域技能中的专业知识和专业技能。同时理学与工学知识应用能力要求与卓越计划标准的基础知识、专业知识要求大致相同，主要描述了学生应具有的人文学科基础知识以及相关的专业基础知识，并要求学生能够将理论联系实际。因此这五类学习成果评价体系中对于工程基础知识学习和应用方面的能力要求可以归纳为理学与工学知识应用能力。ABET 标准的工程认识能力同时包含了 CAS 的认知复杂性，AAC&U 基本技能中的批判思维、综合能力中的伦理分析以及 ETS 通识教育技能和职业素质中的批判思维，卓越计划标准的学习能力和思维能力要求大致相同，强调学生应该对工程问题具有自己的思考和见解，因此这五类学习成果评价体系中对于工程思维方面的能力要求可归纳为工程认识能力。ABET 标准的工程设计能力与卓越计划标准的创新意识与开发设计能力、创新开发与自然和谐能力要求大致相同，因此这两类学习成果评价体系中对于工程设计方面的能力要求可以归纳为工程设计能力。CAS 评价体系的实践能力、ABET 标准的工程实践能力和工程技术运用能力与卓越计划标准的危机处理能力和领导意识均强调工程专业学生对工程实践能力的掌握，因此这三类学习成果评价体系中对于工程实践方面的能力要求可以归纳为工程实践能力。ABET 标准的工程实践能力和工程技术运用能力与卓越计划标准的分析解决问题能力、危机处理能力和领导意识都对学生运用工程知识解决实际问题的能力提出了要求，因此这两类学习成果评价体系中对于解决工程问题方面的能力要求可以归纳为工程问题应对能力。ABET 标准的工程实践能力和工程技术运用能力与卓越计划标准的工程技术创新和开发的基本能力均出现与"工程创新"相关的表述，因此这两类学习成果评价体系中对于工程创新方面的能力要求可以归纳为工程创新能力。ABET 的跨学科团队协作能力，AAC&U 基本技能中的团体合作、公民责任及参与的团体归属感和责任感和 ETS 软技能中的团队合作、建立人脉均提到了团队合作相关的表述，CAS 的人际能力、ABET 的人际沟通能力、卓越计划标准的管理与沟通合作能力都更加强调学生应具有人际沟通能力，由于实际工作生活中团队合作和人际沟通关系密切，因此这五类学习成果评价体系中对于人际沟通、团队合作方面的能力要求可以合并为团队协作能力。CAS 个人发展的道德承诺、人道主义和公民参与的社会责任感，AAC&U 跨文化知识与行为的公民参与及社会责任感，民主意识、立场和实践，公民责任及参与的服务意识都强调了学生作为公民的社会责任感；ABET 标准的职业和伦理责任感与卓越计划标准的基本素质、良好意识、创新开发与自然和谐能力，不仅对学生的社会责任感提出了要求，而且对他们的职业道德做出了规定，因此这五类学习成果评价体系中对于社会责任感、职业道德方面的能力要求可以合并为职业道德与社会责任感。AAC&U 的终身学习基础与技能、ABET 标准的终身学习能力以及卓越计划标准的学习能力均提到学生应该坚持终身学习，因此这三类学习成果评价体系中对于终身学习方面的能力要求可以归纳为终身学习能力。ABET 标准的前沿问题意识以及卓越计划标准的学习能力、思维能力均有与前沿问题意识相关的表述，因此这两类学习成果评价体系的相关表述可以归纳为前沿问题意识。CAS 人道主义和公民参与的理解和欣赏文化及个人差别、具有全球视角，AAC&U 的跨文化知识与行为的全球化学习意识、跨文化适应能力以及卓越计划标准的国际交流合作能力都突出了学生在跨文化背景下应奉行和平、包容、理解的行为准则，因此这三类学习成果评价体系中对于跨文化交际方面的能力要求可以归纳为国际化能力。

根据我国全日制工程硕士专业的学科特性，参考美国学习成果评价标准、我国现行工程专业能力评价文件和文献梳理，本研究确定了 11 项全日制工程硕士胜任能力，作为全日制工程硕士学习成果评价指标体系的二级指标，主要包括理学与工学知识应用能力、工程认识能力、工程设计能力、工程实践能力、工程问题应对能力、工程创新能力、团队协作能力、职业道德与社会责任感、终身学习能力、前沿问题意识、国际化能力等，具体见表 2-7。

表 2-7 全日制工程硕士胜任能力标准汇总

序号	能力分类	CAS	AAC&U	ETS	ABET	卓越计划
1	理学与工学知识应用能力	√	√	√	√	√
2	工程认识能力	√	√		√	√
3	工程设计能力				√	√
4	工程实践能力	√			√	√
5	工程问题应对能力				√	√
6	工程创新能力				√	√
7	团队协作能力	√	√	√	√	√
8	职业道德与社会责任感	√	√		√	√
9	终身学习能力		√		√	√
10	前沿问题意识				√	√
11	国际化能力	√	√			√

2.3 企业对全日制工程硕士胜任能力需求标准的修正

为确保本研究相关变量测量量表的科学性和有效性，在正式发放调查问卷之前进行了行为事件访谈和典型企业调查，根据访谈结果对量表的问题项进行修正，通过典型企业调查问卷数据的信度效度分析和探索性因子分析的方法再次对量表的问题项进行调整，以保证正式调研工作的顺利开展。

2.3.1 行为事件访谈

行为事件访谈法（behavioral event interview，BEI）由美国哈佛大学教授麦克利兰开发，主要运用关键事例访谈法等方法，通过被访谈者对实际工作生活中遇到的正反面事例的详细描述，发现领域的杰出者具有的共同特质，归纳领域杰出者的胜任特征，从而建立岗位胜任模型。根据初步拟定的全日制工程硕士胜任能力需求标准，本研究选取具有代表性的 30 家大中型企业，由每家企业推选优秀和普通全日制工程硕士毕业生各 1 名，对 60 名人员逐一开展行为事件访谈（访谈提纲详见附录 1），从中提炼出被访谈者所表现出的各种胜任能力要素，询问他们认为企业需要全日制工程硕士员工具备的能力中具体包含哪些维度和对应要素，同时了解被访谈者对目前即将进入工作岗位的全日制工程硕士最缺乏的能力要素的看法，请被访谈者具体讲述代表事例。

本研究根据现实情况，将连续三次及以上获得绩效考核"优秀"评级的全日制工程硕士毕业生定义为优秀全日制工程硕士毕业生，将连续三次及以上获得绩效考核"合格"评级的全日制工程硕士毕业生定义为普通全日制工程硕士毕业生，并对

30名优秀全日制工程硕士毕业生和30名普通全日制工程硕士毕业生进行行为事件访谈。本研究采用现场采访以及线上视频采访相结合的采访方式,并将采访提纲提前发给被访者,且告知整个采访过程将会被全程录音记录。通过访问被访者在职业生涯中觉得最成功(最满意)和最不成功(最遗憾)的三件事,并用STAR法对关键事件进行引导和深度描述,具体包括:情境(situation),即要求被访谈者描述事件是在怎样的情境下发生的;任务(task),即要求被访谈者回答在事件中的任务或目的是什么;行动(action),即要求被访谈者回答针对事件采取了怎样的行为;结果(result),即要求被访谈者回答采取这种行为产生的结果如何。

采访结束后,将所得的60份录音利用讯飞语音转文字进行文本转化,再对转化的内容进行分析,提取各项胜任要素进行编码记录,并对优秀组和普通组各要素指标的分数进行统计分析,找出两组的共性与差异性特征,表2-8所示是对优秀组和普通组进行频次和总分的差异性分析的结果。

表2-8 不同绩效组胜任力差异比较

编码条目	平均频次		平均频次 T检验	总分		总分 T检验
	优秀组	普通组		优秀组	普通组	
理学与工程知识应用能力	2.59	1.60	5.063***	5.07	3.20	5.063***
人文科学素养	2.12	2.13	-0.053	4.24	4.25	-0.053
工程认识能力	1.50	1.16	3.611***	3	2.31	3.611***
工程实践能力	1.75	1.18	5.751***	5.24	3.53	5.751***
工程创新能力	1.77	1.17	6.537***	3.54	2.33	6.537***
前沿问题意识	1.59	1.08	6.159***	4.78	3.24	6.159***
工程问题应对能力	1.97	1.50	3.593***	5.91	4.49	3.593***
国际化能力	2.30	1.45	8.644***	9.2	5.78	8.644***
团队协作能力	1.91	1.13	6.924***	3.83	2.25	6.924***
终身学习能力	2.41	1.41	6.023***	7.24	4.24	6.023***
信息甄别能力	1.74	1.35	4.555***	3.48	2.71	4.555***
职业道德和社会责任感	1.52	1.17	3.452***	3.04	2.33	3.452***
工程设计能力	2.61	1.39	4.991***	5.22	2.78	6.302***
社会服务意识	2.50	1.76	5.145***	5	3.51	5.145***
政治参与意识	2.14	1.95	1.22	4.28	3.9	1.22
系统分析能力	1.38	1.41	-0.282	2.76	2.82	-0.282

注:* 代表 $P<0.05$,** 代表 $P<0.01$,*** 代表 $P<0.001$。

结果显示,不同绩效组在"人文科学素养""政治参与意识""系统分析能力"

3项条目的频次和总分无显著性差异,其余条目中两组样本的差异均在0.001的水平上,具有统计学意义,因此检验共获得13项胜任力项目。

以行为事件访谈得到的全日制工程硕士胜任能力标准为基础,本研究按照科学性、全面性和可操作性原则,参考高等教育标准促进委员会(CAS)、美国学院与大学协会(AAC&U)和美国教育考试服务中心(ETS)评价体系、美国工程与技术认证委员会(ABET)对于工程硕士认证的通用标准以及我国《卓越工程师教育培养计划通用标准》,并在此基础之上整理出了企业所需求的13项全日制工程硕士胜任能力维度对应的具体问卷题项,具体见表2-9。

表2-9 企业所需求的全日制工程硕士胜任能力标准

维 度	量表题项	来 源
理学与工学知识应用能力	您认为他们掌握了工程相关原理、概念、政策和法规	卓越计划
	您认为他们掌握了与工程开发设计相关的数学、自然科学、经济管理等知识	ABET、卓越计划
	您认为他们掌握了哲学、历史等人文社科知识	ABET、卓越计划
工程认识能力	您认为他们了解新材料、新工艺、新设备	卓越计划
	您认为他们掌握了分析工程产品的流程和方法	ABET、卓越计划
	您认为他们掌握了准确评价自身的能力	CAS、ABET、卓越计划
信息甄别能力	您认为他们掌握了对信息的检索、分类、重组和利用的能力	CAS、AAC&U、ETS、卓越计划
	您认为他们掌握了甄别信息质量的能力	卓越计划
工程设计能力	您认为他们具备完整的设计方案表达能力	CAS、AAC&U、ETS、卓越计划
	您认为他们具备对设计方法的理解和运用能力	ABET、卓越计划
	您认为他们掌握了综合运用多学科知识进行产品开发和设计的能力	ABET、卓越计划
工程实践能力	您认为他们掌握了在项目实施过程中运用工程原理解决问题的能力	ABET、卓越计划
	您认为他们掌握了在项目实施过程中选择和使用恰当的材料、设备和工具的能力	ABET、卓越计划
	您认为他们掌握了严格执行工程标准的能力	卓越计划
	您认为他们掌握了科学论证和评价工程项目的能力	ABET、卓越计划
	您认为他们掌握了时间管理能力	卓越计划

续表 2-9

维 度	量表题项	来 源
工程问题应对能力	您认为他们能够对突发情况做出迅速有效的应对	卓越计划
	您认为他们掌握了在项目实施过程中主动发现问题的能力	ABET、卓越计划
	您认为他们掌握了对工程项目进度和风险进行有效管控的能力	ABET、卓越计划
	您认为他们掌握了识别工程环境的变化并对工作做出调整的能力	卓越计划
	您认为他们具备综合利用跨学科知识理解和解决工程问题的能力	ABET、卓越计划
工程创新能力	您认为他们掌握了在工程项目执行过程中形成独到的见解、技术应用和改造等方法,并将其加以运用的能力	ABET、卓越计划
	您认为他们掌握了创新开发的能力	ABET、卓越计划
	您认为他们掌握了从组织管理上优化配置、提高效率和降低成本的能力	卓越计划
团队协作能力	您认为他们能与团队成员和谐愉快地合作	CAS、AAC&U、ETS、ABET、卓越计划
	您认为他们掌握了妥善处理工作过程中出现的分歧和矛盾的能力	CAS、AAC&U、ETS、ABET、卓越计划
	您认为他们具备全局性、整体性思维	卓越计划
	您认为他们具备组织和领导项目团队,激励团队成员以调动其积极性、主动性和创造性的能力	CAS、AAC&U、ETS、卓越计划
职业道德与社会责任感	您认为他们具备良好的职业操守	ABET、卓越计划
	您认为他们具备注重环境保护和可持续发展的意识	CAS、AAC&U、ETS
	您认为他们掌握了了解社会问题、理解和尊重社会关系的能力	CAS、AAC&U、ETS
	您认为他们掌握了维护职业的尊严和荣誉的能力	CAS、AAC&U、ETS、ABET、卓越计划
	您认为他们具备对自己的工作精益求精、追求卓越的态度	卓越计划

续表 2－9

维度	量表题项	来源
社会服务意识	您认为他们掌握了参与社区服务和志愿服务的能力	CAS、AAC&U、ETS、卓越计划
社会服务意识	您认为他们具备参与公民义务的投票、选举的意愿和能力	CAS、AAC&U、ETS、卓越计划
终身学习能力	您认为他们掌握了工程知识的终身学习能力	AAC&U、ABET、卓越计划
终身学习能力	您认为他们掌握了面向企业需求的专业知识学习能力	ABET、卓越计划
终身学习能力	您认为他们掌握了进行知识更新的能力	CAS、AAC&U、ETS、卓越计划
前沿问题意识	您认为他们具备寻找解决问题的能力	ABET、卓越计划、专业要求
前沿问题意识	您认为他们掌握了系统分析和阐述问题的能力	ABET、卓越计划
前沿问题意识	您认为他们掌握了认清市场现状、了解市场需求的能力	ABET、卓越计划
前沿问题意识	您认为他们具备系统分析和阐述问题的能力	CAS、AAC&U、ETS
国际化能力	您认为他们掌握了国际交流、学习的能力	CAS、AAC&U、ETS、卓越计划
国际化能力	您认为他们掌握了在正视文化差异的基础上开展国际竞争与合作的能力	CAS、AAC&U、ETS、卓越计划
国际化能力	您认为他们正视不同的国家、民族、性别、语言等差异	CAS、AAC&U、ETS、卓越计划

2.3.2 典型企业调查

2.3.2.1 量表设计

为了顺利开展典型企业调查，本研究综合初步拟定的标准及行为事件访谈中所获取的胜任能力要素，设计"企业对全日制工程硕士胜任能力的需求标准调查问卷"。调查问卷将胜任力评价维度具体划分为 45 个题项，采用 Lickert 5 点计分法进行问卷设计，评价分数代表相关企业对于全日制工程硕士胜任能力的需求程度。本研究就问卷调查结果展开因子分析，旨在为拟定企业对全日制工程硕士胜任能力的需求标准提供更为科学的依据。

2.3.2.2 调查对象与样本信息

为保证样本的地域性和代表性，本研究选取了北京、上海、广州、武汉、重庆、沈阳、西安 7 个区域中心城市中接收全日制工程硕士毕业生较多的 145 个相关企业进行了问卷调查，问卷的发放和回收通过实地走访和网络发放等形式进行。本研究共向企业发放 145 份问卷，回收问卷 124 份，其中有效问卷 106 份，有效率为 85.48%。

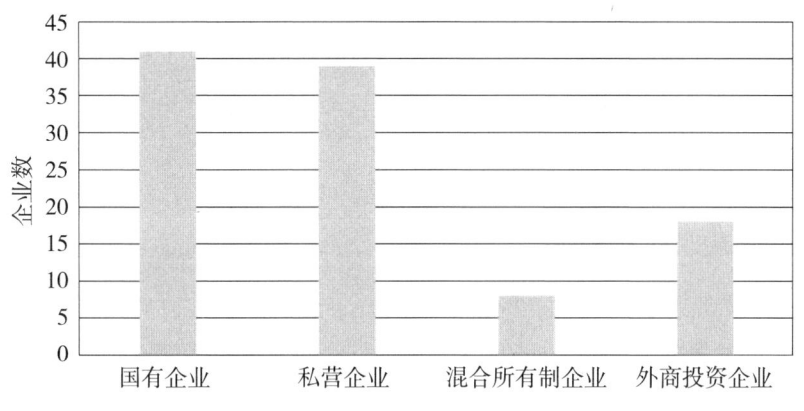

图 2-1 调查企业的情况

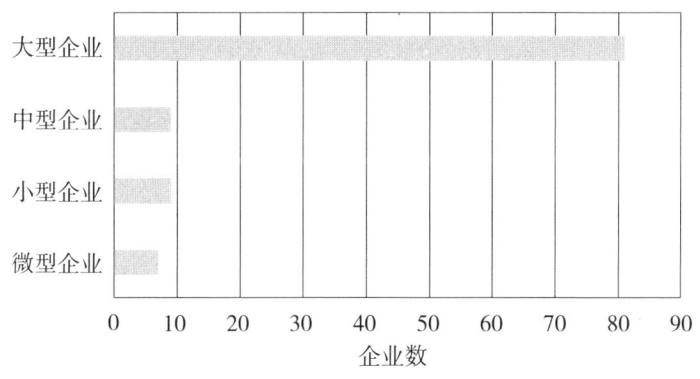

图 2-2 调查企业的规模情况

从图 2-1 和图 2-2 所示的样本信息可以看出，参与本次问卷调查的企业，以国有和私营两种性质为主，企业规模普遍较大。其中，国有企业 41 家，占总数的 38.7%；私营企业 39 家，占总数的 36.8%，混合所有制企业 8 家，占总数的 7.5%；外商投资企业 18 家，占总数的 17.0%。大型企业 81 家，占总数的 76.4%；中型企业、小型企业、微型企业数量均小于 10，三类合计占总数的 23.6%。

2.3.2.3 信度检验

信度检验，即检验问卷结果是否可靠。本研究通过 SPSS 软件的 α 信度系数法检验问卷的内部一致性系数（Cronbach's α）。变量的 Cronbach α 系数通常以 0.7 为分界值，而对于一般的基础研究或应用研究，信度要求达到 0.8。本次调研数据的整体 Cronbach's α 系数为 0.932，说明该量表的内部一致性理想，测量模型具有良好的信度。

2.3.2.4 效度检验

效度，即正确反映待测量概念的特性或功能的程度。效度主要包括内容效度、结构效度和准则效度。本研究通过测量 KMO（Kaiser-Meyer-Olkin）值并进行 Bartlett 球形检验来确定结构效度。一般而言，KMO 的测量值越接近 1.0 则说明题项间的相关性越强；Bartlett 球形检验的显著水平越小（<0.5）则说明原始变量之间的相关关系越强。本研究的 KMO 值为 0.824，Bartlett 球形检验观测值为 3542.710，显著性水平接近 0.000。因此，问卷具有良好的结构效度。

2.3.3 需求标准确定

为了全面系统分析和研究问题，必须综合考虑学习成果的具体测量指标，这些指标能从不同的侧面反映所研究的对象的特征，但在某种程度上存在信息的重叠，具有一定的相关性。因此，本研究采用因子分析法，根据降维思路，在保证最少信息丢失的前提下，将众多原有指标综合成相对较少的、相互间线性关系不显著的因子，即能够反映原有变量绝大部分信息的综合指标，试图在力保数据信息丢失最少的原则下，对这种多变量的截面数据表进行最佳综合简化，即对高维变量空间进行降维处理。研究指标体系的少数几个线性组合所构成的综合指标将尽可能多地保留原来指标变异方面的信息。该方法的优点在于，确定的权重是基于数据分析得到的指标之间的内在结构关系，受主观因素影响较小，并且得到的各因子相互独立；此外，该方法不对原有变量进行取舍，而是根据原有变量的信息重新组合，简化数据分析，得出的因子变量更具实践性和解释性，命名清晰度更高，进而提升了分析结果的客观性和确定性。因此，本研究通过因子分析法，对原始问卷中的 45 个基本题项进行分析，进而对初步构建的指标体系进行修正和完善。

2.3.3.1 因子分析

因子分析，即从指标体系中提取若干公因子，这些公因子分别对应若干评价指标，由此可以确定指标体系的基本结构。因子分析的基本思想是把每个研究变量分解为几个影响因素变量，将每个原始变量分解成两部分因素，一部分是由所有变量共同具有的少数几个公因子组成的，另一部分是每个变量独自具有的因素，即特殊因子。开展因子分析之前，首先需要进行适应性检验，即 KMO 检验和 Bartlett 球形检验，以确定是否可以采用该方法处理数据。通过上一节效度分析结果可知，KMO 值为 0.824（>0.6），表明各公因子与题项的相关性较强；Bartlett 球形检验的显著性水平接近 0.000（<0.05），故拒绝指标间不相关的原假设，表明变量间不完全独

立，相关性显著。因此，本研究数据通过 KMO 检验和 Bartlett 球形检验，适合进行因子分析。

将样本数据导入 SPSS 中，通过分析—降维—因子分析按钮将样本数据进行分析，结果表明，前 11 个因子变量的特征值均大于 1，并且经过方差极大值旋转以后，累积方差贡献率为 74.965%，如表 2-10 所示，这说明前 11 个因子变量综合蕴含了原始 45 个题项中所能表达的足够信息，因此选取 11 个公因子。

表 2-10 总方差分解

成分	初始特征值			旋转平方和载入		
	合计	方差的 %	累积 %	合计	方差的 %	累积 %
1	16.811	35.767	35.767	5.938	12.634	12.634
2	4.762	10.132	45.899	4.657	9.909	22.543
3	2.596	5.523	51.422	4.348	9.250	31.794
4	1.810	3.850	55.273	4.095	8.712	40.506
5	1.680	3.575	58.848	3.496	7.438	47944
6	1.650	3.511	62.359	3.184	6.774	54.718
7	1.414	3.008	65.367	2.444	5.199	59.917
8	1.264	2.689	68.056	2.191	4.662	64.579
9	1.138	2.422	70.477	1.998	4.252	68.831
10	1.072	2.280	72.758	1.443	3.071	71.901
11	1.038	2.208	74.965	1.440	3.064	74.965

通过主成分分析方法，提取公因子，由表 2-11 可以看出旋转在 11 次迭代后收敛，依照成分值大于 0.500 的准则，将题项进行降维，形成了 11 个公因子。其中，部分原有题项在公因子上的载荷均小于 0.5、在不同公因子上均有载荷或公因子上包含题项过少，选择删除，最终形成 9 个公因子。随后也会在信度分析中进一步检验删除后的可靠性水平。

表 2-11 旋转迭代结果

题项	成分										
	1	2	3	4	5	6	7	8	9	10	11
11	0.804										
12	0.668										

续表 2-11

题项	成分										
	1	2	3	4	5	6	7	8	9	10	11
13	0.631										
14	0.616										
15	0.585										
16	0.580										
17	0.544	0.526									
18	0.533										
19	0.531										
29		0.759									
30		0.726									
31		0.648									
32		0.644									
33		0.609									
34		0.546									
35											
1			0.773								
2			0.704								
3			0.661								
4			0.625								
5			0.526								
6											
7											
20				0.718							
21				0.704							
22				0.666							
23				0.612							
24	0.538			0.569							
25				0.507							
36					0.844						

续表 2-11

题项	成分										
	1	2	3	4	5	6	7	8	9	10	11
37					0.832						
38					0.751						
39					0.625						
42						0.747					
43						0.604					
44						0.590					
45											
26							0.747				
27							0.571				
28							0.562				
8								0.820			
9								0.709			
10								0.576			
40									0.838		
41									0.820		

注：①提取方法：主成分。②旋转法：具有 Kaiser 标准化的正交旋转法。③α 旋转在 11 次迭代后收敛。

通过对量表题项的分析可知，对旋转成分矩阵的 9 个因子进行命名，得到 9 项全日制工程硕士胜任能力，分别为：工程实践能力、集成创新能力、专业胜任能力、合作能力、综合理解能力、个人责任、规划能力、基础知识、社会责任。

本研究通过对优秀工程硕士毕业生和普通工程硕士毕业生开展行为事件访谈归纳出 13 项全日制工程硕士胜任能力，再通过对典型企业问卷调查进行因子分析，对全日制工程硕士胜任能力以及下设的具体题项进行重新归纳，得到 9 项全日制工程硕士胜任能力。胜任能力理论关注"被评价对象是否符合岗位要求"，全日制工程硕士胜任能力是反映企业对全日制工程硕士能力要求的标准，用全日制工程硕士胜任能力对工程硕士的学习成果进行评价能够了解高校现在是否正在培养真正符合企业岗位需求的工程人才，同时也符合企业需求导向的学习成果评价这一研究主题。已有研究将胜任能力理论运用到专业硕士研究生培养质量评价[123-124]、工程硕士培养质量评价[125-126]以及职业胜任力与企业需求匹配度研究等[127]，因此，本研究尝试构建以全日制工程硕士胜任能力为基础的学习成果评价模型。

学位资格框架（degree qualifications profile，DQP）是由美国露明纳基金会（Lumina Foundation）提出的学习成果评价工具。自2011年提出以来，学位资格框架得到了学院与大学协会（AAC&U）、美国州立学院及大学协会（AASCU）、美国学习成果评价委员会（NILOA）等机构的积极支持，全美已经有大约400所高校使用了学位资格框架。加州州立大学东湾分校（California State University，East Bay）、查尔斯顿大学（The University of Charleston）使用学位资格框架评价生物科学、健康科学、工程管理等专业的研究生学习成果，取得了较好的效果，美国各地高等教育机构的学习成果评价实践已经证明DQP在学习成果评价中的有效性。国内学者也开展了美国DQP框架中国化的探索与实践，基于DQP构建专业课程体系、制定课程规范以及设计课程学习成果评价标准[128-129]。DQP提出了专门知识、广泛且融合的知识、应用与合作学习、智力技能、公民与全球学习等五项学习成果评价要素，并对其进行了定义。专门知识是指特定学科或研究领域的专业知识，包括该领域的术语、工具、技术、主要特征、核心理论和实践。广泛且融合的知识是指广泛、综合的英语、数学、科学、历史、社会科学、语言和艺术等领域的知识。应用与合作学习是指学生能够在实际工程环境中展示他们所学到的东西。智力技能是指传统和非传统的认知操作，包括分析探究、使用信息资源、讨论不同的观点、伦理推理、定量应用和流利的口头表达、书面沟通，始终强调从不同的学科（文化、技术、政治等）提出、参与和解释想法和论点的能力。公民与全球学习是指学生了解不同的立场，并在地方、国家和全球层面应对社会、环境和经济挑战。DQP认为五项学习成果评价要素在实际使用中具有灵活性，特别是专门知识和广泛且融合的知识具有较强的关联性，各评价机构可以在实际制定学习成果标准时将专门知识和广泛且融合的知识合并为知识类的学习成果评价要素[130]，因此本研究借鉴DQP学习成果评价要素分类框架，将专门知识、广泛且融合的知识合并之后命名为专业及基础知识；保留应用与合作学习、智力技能这两项学习成果评价要素；将公民与全球学习命名为公民社会责任，初步拟定了全日制工程硕士学习成果评价的四项要素。

结合对DQP学位资格框架的参考，本研究将第三因子和第八因子共同命名为专业及基础知识，第一因子、第四因子和第七因子共同命名为应用与合作学习，第二因子和第五因子共同命名为智力技能，第六因子和第九因子共同命名为公民社会责任，最终形成全日制工程硕士学习成果评价指标体系的4个一级指标。其中：专业及基础知识主要考察学生习得的专业胜任能力和基础知识；应用与合作学习主要考察学生的工程应用能力，包括规划能力、合作能力以及工程实践能力；智力技能能够评价更广泛的知识应用和跨学科知识整合，侧重于考察学生的集成创新能力和综合理解能力；公民社会责任则侧重考察公民对于个体责任和社会责任的区分和履行。4个一级指标分别对应四项学习成果要素，学习成果要素汇总见图2-3。

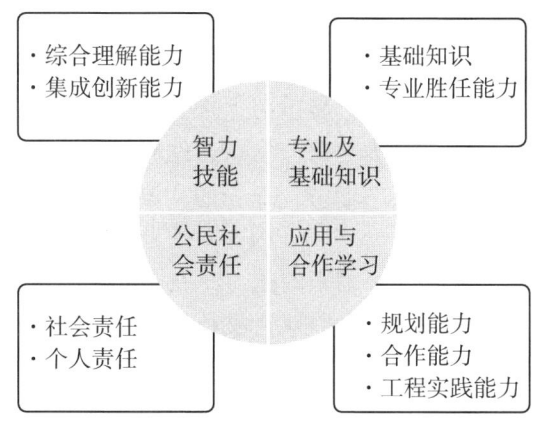

图 2-3 基于企业需求的学习成果要素汇总

四类学习成果及其构成要素分析如下：

专业及基础知识。专业及基础知识是指全日制工程硕士通过学习所获得或具备的与专业相关的原理、概念、历史沿革等以及对习得知识的评价，对应学生的认知领域教育目标的达成程度，即对学生习得知识的考察，由专业胜任能力和基础知识两个要素构成。学生的专业及基础知识来自规定的思想政治理论课、基础理论课和专业课等课程。专业胜任能力是学生能够在特定的工程实践环境和工程岗位中带来区别性绩效水平的个人特征、在与工程相关基础知识方面的学习表现，以及与工程实践相关的基础能力，如学生运用工程知识解决工程问题的能力，掌握的工程学科或研究领域的专门知识，包括该领域的术语、工具、技术、主要特征、核心理论、概念、政策和法规等。基础知识指的是学生的人文科学素养，以及与工程专业相关的基础知识，学生需要了解英语、数学、科学、历史、社会科学、语言和艺术等领域的广泛综合知识，以及与工程专业相关的科学、文化和社会知识，如果用具体的例子举例，那么学生应该能够阅读工程类的英文文献，能够运用知识较好地完成实践训练，能够用清晰的、有逻辑的演讲和书面表达针对工程问题表达自己的见解等。其中，专业胜任能力包括"您认为他们掌握了工程知识的终身学习能力"在内的 7 道题目，基础知识包括"您认为他们掌握了哲学、历史等人文社科知识"在内的 3 道题目。

应用与合作学习。应用与合作学习是指学生将学到的知识运用在复杂的工程实际情境中，同时在问题解决的过程中表现出团队协作等能力，通过应用知识，学生能够展示他们所学的知识。其主要包括规划能力、合作能力、工程实践能力三个要素，它们代表的是学生在工程实践中所表现出来的对工程环境和问题解决的分析能力、解决方案和思路的设计能力、具体的工程操作能力和在工程操作过程中所展现出来的组织管理和沟通协作的能力等。学生应该具有使用高级分析方法的能力，理解先进工程理论的能力，进行工程研究的能力，将先进的工程理论应用于工程系统设计的能力，在负责工程实践的组织的管理框架内有效工作的能力。学生也应该能够在各种专业环境中进行有效沟通，包括与上司、重要客户、工程监督人员等进行有效的交流。其中，工程实践能力包括"您认为他们掌握了在项目实施过程中选择和使用恰当的材料、设备和工具的能力"在内的9道题目，合作能力包括"您认为他们能够与团队成员和谐愉快地合作"在内的6道题目，规划能力包括"您认为他们掌握了认清市场现状、了解市场需求的能力"在内的3道题目。

智力技能。智力技能指的是学生能够打破传统教学中单一的知识体系，把来自不同学科的知识进行整合，利用跨学科知识、思维、工具和技能，将其结合来解决实际问题的能力。当今的工程实践显现出越来越强的复杂性，解决工程实践问题不仅要运用工程专业的知识，更需要综合运用多学科知识，因此学生能够对跨学科知识进行整合显得至关重要。其主要包括综合理解能力和集成创新能力。综合理解能力指学生能够对当前遇到的问题进行判断和评价，综合运用多学科知识设计可行的解决方案，如学生运用数学学科的原理分析复杂的计算问题，并应用工程原理和其他相关学科来设计解决方案。集成创新能力指学生不拘泥于定式思维，而是跳出原有的工程实践的一般框架，运用多学科知识创新问题的解决方法，设计、实施和评价基于工程实践的解决方案，以满足工程规定范围内的特定要求。其中，集成创新能力包括"您认为他们掌握了国际交流、学习的能力"在内的7道题目，综合理解能力包括"您认为他们掌握了进行知识更新的能力"在内的4道题目。

公民社会责任。公民社会责任是指学生在工程实践中表现出来的基于工程思维、工程伦理的社会责任和个体责任。社会责任是指学生对国家和社会的责任感，他们能够遵守法律法规和社会公序良俗，学生的行为应当符合国家利益和社会公共利益，主动参与与社会要求相适应的社会实践活动。学生了解不同的立场，并对地方、国家和全球层面的社会、环境和经济挑战做出回应。个体责任主要指作为工程团队的一员，对团队和从事的职业具有责任感，在进行工程实践过程中也考虑到工程对个人、团队、社会的影响，认识到工程人员的专业责任，并在工程实践中根据法律和道德原则做出明智的判断，作为团队的成员或领导者，能够有效地从事与工程标准和规范相适应的活动。其中，社会责任包括"您认为他们掌握了参与社区服务和志愿服务的能力"在内的2道题目，个人责任包括"您认为他们掌握了维护职业的尊严和荣誉的能力"在内的4道题目。

专业及基础知识是基础，决定了应用与合作学习、智力技能和公民社会责任的深度和广度，习得和掌握专业及基础知识的质量决定了后三者的实践表现，同时后三者的表现也是对专业及基础知识的实践与强化。开展应用与合作学习、发挥智力技能是过程，通过应用专业及基础知识与他人合作、发挥自身的智力技能的方式可完成工程实践中的具体任务。公民社会责任是内核，价值观决定了行动的方式。公民社会责任这一思维方式会影响专业及基础知识、应用与合作学习、智力技能的实践过程,实践也会对公民社会责任认知产生影响。

2.3.3.2 信度检验

1. 专业及基础知识的信度分析

本研究将一级指标专业及基础知识划分为专业胜任能力和基础知识 2 个二级指标,共包括 10 个具体题项,如表 2-12 所示。专业胜任能力、基础知识的 Cronbach's α 系数分别为 0.850 和 0.769,具有良好的信度。根据旋转迭代结果,删除"您认为他们具备寻找解决问题的能力""您认为他们掌握了与工程开发设计相关的数学、自然科学、经济管理等知识"两个题项,专业胜任能力的 Cronbach's α 系数为 0.843;删除题项"您认为他们具备完整的设计方案表达能力",基础知识的 Cronbach's α 系数为 0.700。因此,一级指标专业及基础知识具备良好的信度。

表 2-12 专业及基础知识量表的信度分析

量表题项	题项-总体相关系数	题项删除后的 α 值	Cronbach's α 值
专业胜任能力			0.850
1. 您认为他们掌握了工程知识的终身学习能力	0.782	0.836	
2. 您认为他们了解新材料、新工艺、新设备	0.650	0.855	
3. 您认为他们掌握了工程相关原理、概念、政策和法规	0.686	0.849	
4. 您认为他们具备良好的职业操守	0.606	0.861	
5. 您认为他们具备面向企业需求的专业知识学习能力	0.602	0.855	
6. 您认为他们具备寻找解决问题的能力	0.643	0.861	
7. 您认为他们掌握了与工程开发设计相关的数学、自然科学、经济管理等知识	0.626	0.732	
基础知识			0.769
8. 您认为他们掌握了哲学、历史等人文社科知识	0.552	0.743	
9. 您认为他们掌握了在项目实施过程中运用工程原理解决问题的能力	0.633	0.655	
10. 您认为他们具备完整的设计方案表达能力	0.625	0.664	
专业胜任能力			0.843
1. 您认为他们掌握了工程知识的终身学习能力	0.756	0.780	
2. 您认为他们了解新材料、新工艺、新设备	0.646	0.814	
3. 您认为他们掌握了工程相关原理、概念、政策和法规	0.656	0.810	
4. 您认为他们具备良好的职业操守	0.618	0.822	
5. 您认为他们具备面向企业需求的专业知识学习能力	0.595	0.825	

续表 2-12

量表题项	题项-总体相关系数	题项删除后的 α 值	Cronbach's α 值
基础知识			0.700
8. 您认为他们掌握了哲学、历史等人文社科知识	0.500	0.743	
9. 您认为他们掌握了在项目实施过程中运用工程原理解决问题的能力	0.497	0.655	

2. 应用与合作学习的信度分析

本研究将一级指标应用与合作学习划分为工程实践能力、合作能力和规划能力 3 个二级指标，共包括 18 个具体题项，如表 2-13 所示。工程实践能力、合作能力和规划能力的 Cronbach's α 系数分别为 0.915、0.908、0.760，具有良好的信度。根据旋转迭代结果，删除题项"您认为他们具备对设计方法的理解和运用能力"，以及删除不适合该维度的题项"您认为他们能够对突发情况做出迅速有效的应对"，工程实践能力的 Cronbach's α 系数为 0.896。根据旋转迭代结果，删除题项"您认为他们具备组织和领导项目团队，激励团队成员以调动其积极性、主动性和创造性的能力"，以及删除不适合该维度的题项"您认为他们掌握了系统分析和阐述问题的能力"，合作能力的 Cronbach's α 系数为 0.878。因此，一级指标应用与合作学习具备良好的信度。

表 2-13 应用与合作学习量表的信度分析

量表题项	题项-总体相关系数	题项删除后的 α 值	Cronbach's α 值
工程实践能力			0.915
11. 您认为他们掌握了在项目实施过程中选择和使用恰当的材料、设备和工具的能力	0.779	0.900	
12. 您认为他们掌握了严格执行工程标准的能力	0.685	0.908	
13. 您认为他们掌握了科学论证和评价工程项目的能力	0.770	0.901	
14. 您认为他们能够对突发情况做出迅速有效的应对	0.722	0.904	
15. 您认为他们掌握了在项目实施过程中主动发现问题的能力	0.699	0.907	
16. 您认为他们掌握了对工程项目进度和风险进行有效管控的能力	0.716	0.906	
17. 您认为他们具备对设计方法的理解和运用能力	0.667	0.908	

续表 2-13

量表题项	题项-总体相关系数	题项删除后的 α 值	Cronbach's α 值
18. 您认为他们掌握了在工程项目执行过程中形成独到的见解、技术应用和改造等方法，并将其加以运用的能力	0.656	0.909	
19. 您认为他们掌握了创新开发的能力	0.681	0.907	
合作能力			0.908
20. 您认为他们能与团队成员和谐愉快地合作	0.774	0.887	
21. 您认为他们掌握了从组织管理上优化配置、提高效率和降低成本的能力	0.764	0.890	
22. 您认为他们掌握了妥善处理工作过程中出现的分歧和矛盾的能力	0.840	0.877	
23. 您认为他们具备全局性、整体性思维	0.679	0.901	
24. 您认为他们具备组织和领导项目团队，激励团队成员以调动其积极性、主动性和创造性的能力	0.746	0.892	
25. 您认为他们掌握了系统分析和阐述问题的能力	0.679	0.901	
规划能力			0.760
26. 您认为他们掌握了认清市场现状、了解市场需求的能力	0.589	0.681	
27. 您认为他们掌握了分析工程产品的流程和方法	0.569	0.705	
28. 您认为他们掌握了时间管理能力	0.620	0.645	
工程实践能力			0.896
11. 您认为他们掌握了在项目实施过程中选择和使用恰当的材料、设备和工具的能力	0.772	0.871	
12. 您认为他们掌握了严格执行工程标准的能力	0.662	0.885	
13. 您认为他们掌握了科学论证和评价工程项目的能力	0.760	0.874	
15. 您认为他们掌握了在项目实施过程中主动发现问题的能力	0.673	0.884	
16. 您认为他们掌握了对工程项目进度和风险进行有效管控的能力	0.688	0.883	
18. 您认为他们掌握了在工程项目执行过程中形成独到的见解、技术应用和改造等方法，并将其加以运用的能力	0.681	0.882	
19. 您认为他们掌握了创新开发的能力	0.685	0.899	

续表 2-13

量表题项	题项-总体相关系数	题项删除后的 α 值	Cronbach's α 值
合作能力			0.878
20. 您认为他们能够与团队成员和谐愉快地合作	0.785	0.825	
21. 您认为他们掌握了从组织管理上优化配置、提高效率或降低成本的能力	0.712	0.856	
22. 您认为他们掌握了妥善处理工作过程中出现的分歧和矛盾的能力	0.815	0.813	
23. 您认为他们具备全局性、整体性思维	0.644	0.878	

3. 智力技能的信度分析

本研究将一级指标智力技能划分为集成创新能力和综合理解能力 2 个二级指标，共包括 11 个具体题项，如表 2-14 所示。集成创新能力和综合理解能力的 Cronbach's α 系数分别为 0.859、0.834，具有良好的信度。根据旋转迭代结果，删除题项"您认为他们掌握了对信息的检索、分类、重组和利用能力"，以及删除不适合该维度的题项"您认为他们具备注重环境保护和可持续发展的意识""您认为他们正视不同的国家、民族、性别、语言等差异"，集成创新能力的 Cronbach's α 系数为 0.756。因此，一级指标智力技能具备良好的信度。

表 2-14 智力技能的信度分析

量表题项	题项-总体相关系数	题项删除后的 α 值	Cronbach's α 值
集成创新能力			0.859
29. 您认为他们掌握了国际交流、学习的能力	0.737	0.822	
30. 您认为他们具备注重环境保护和可持续发展的意识	0.755	0.824	
31. 您认为他们掌握了了解社会问题、理解和尊重社会关系的能力	0.680	0.832	
32. 您认为他们掌握了在正视文化差异的基础上开展国际竞争与合作的能力	0.463	0.871	
33. 您认为他们正视不同的国家、民族、性别、语言等差异	0.674	0.832	
34. 您认为他们掌握了综合运用多学科知识进行产品开发和设计的能力	0.576	0.846	
35. 您认为他们掌握了对信息的检索、分类、重组和利用的能力	0.587	0.846	

续表 2-14

量表题项	题项-总体相关系数	题项删除后的 α 值	Cronbach's α 值
综合理解能力			0.834
36. 您认为他们掌握了进行知识更新的能力	0.704	0.772	
37. 您认为他们掌握了准确评价自身的能力	0.709	0.769	
38. 您认为他们掌握了系统分析和阐述问题的能力	0.672	0.787	
39. 您认为他们掌握了识别工程环境的变化并对工作做出调整的能力	0.575	0.827	
集成创新能力			0.756
29. 您认为他们掌握了国际交流、学习的能力	0.686	0.621	
31. 您认为他们掌握了了解社会问题、理解和尊重社会关系的能力	0.510	0.723	
32. 您认为他们掌握了在正视文化差异的基础上开展国际竞争与合作的能力	0.509	0.737	
34. 您认为他们掌握了综合运用多学科知识进行产品开发和设计的能力	0.543	0.708	

4. 公民社会责任的信度分析

本研究将一级指标公民社会责任划分为社会责任和个人责任 2 个二级指标，共包括 6 个具体题项，如表 2-15 所示。社会责任、个人责任的 Cronbach's α 系数分别为 0.852、0.824，具有良好的信度。根据旋转迭代结果，删除题项"您认为他们具备综合利用跨学科知识理解和解决工程问题的能力"，个人责任的 Cronbach's α 系数为 0.788。因此，一级指标公民社会责任具备良好的信度。

表 2-15 公民社会责任量表的信度分析

量表题项	题项-总体相关系数	题项删除后的 α 值	Cronbach's α 值
社会责任			0.852
40. 您认为他们掌握了参与社区服务和志愿服务的能力	0.743	0.811	
41. 您认为他们具备参与公民义务的投票、选举的意愿和能力	0.743	0.816	
个人责任			0.824
42. 您认为他们掌握了维护职业的尊严和荣誉的能力	0.662	0.772	
43. 您认为他们具备对自己的工作精益求精、追求卓越的态度	0.634	0.792	

续表 2-15

量表题项	题项-总体相关系数	题项删除后的 α 值	Cronbach's α 值
44. 您认为他们掌握了甄别信息质量的能力	0.675	0.767	
45. 您认为他们具备综合利用跨学科知识理解和解决工程问题的能力	0.658	0.778	
个人责任			0.778
42. 您认为他们掌握了维护职业的尊严和荣誉的能力	0.672	0.645	
43. 您认为他们具备对自己的工作精益求精、追求卓越的态度	0.610	0.721	
44. 您认为他们掌握了甄别信息质量的能力	0.595	0.722	

经过上述的因子分析和信度检验，删除专业胜任能力中的 2 个题项、基础知识中的 1 个题项、工程实践能力中的 2 个题项、合作能力中的 2 个题项、集成创新能力中的 3 个题项和个人能力中的 1 个题项，二级指标没有发生变化，具体题项由原来的 45 个变成 34 个。经调整后的模型取得了良好的效度，修正后的模型即全日制工程硕士学习能力评价模型，如表 2-16 所示。

表 2-16 全日制工程硕士学习成果评价题项表

学习成果	具体要素	题项
专业及基础知识（P）	专业胜任能力（PC）	PC1 您认为他们掌握了工程相关原理、概念、政策和法规
		PC2 您认为他们了解新材料、新工艺、新设备
		PC3 您认为他们掌握了面向企业需求的专业知识学习能力
		PC4 您认为他们掌握了工程知识的终身学习能力
		PC5 您认为他们具备良好的职业操守
	基础知识（PB）	PB1 您认为他们掌握了哲学、历史等人文社科知识
		PB2 您认为他们掌握了在项目实施过程中运用工程原理解决问题的能力
应用与合作学习（A）	规划能力（AG）	AG1 您认为他们掌握了认清市场现状、了解市场需求的能力
		AG2 您认为他们掌握了分析工程产品的流程和方法
		AG3 您认为他们掌握了时间管理能力
	合作能力（AC）	AC1 您认为他们能与团队成员和谐愉快地合作
		AC2 您认为他们具备全局性、整体性思维
		AC3 您认为他们掌握了从组织管理上优化配置、提高效率和降低成本的能力
		AC4 您认为他们掌握了妥善处理工作过程中出现的分歧和矛盾的能力

续表 2–16

学习成果	具体要素	题项
应用与合作学习（A）	工程实践能力（AP）	AP1 您认为他们掌握了科学论证和评价工程项目的能力
		AP2 您认为他们掌握了在项目实施过程中选择和使用恰当的材料、设备和工具的能力
		AP3 您认为他们掌握了严格执行工程标准的能力
		AP4 您认为他们掌握了在项目实施过程中主动发现问题的能力
		AP5 您认为他们掌握了对工程项目进度和风险进行有效管控的能力
		AP6 您认为他们掌握了在工程项目执行过程中形成独到的见解、技术应用和改造等方法，并将其加以运用的能力
		AP7 您认为他们具备创新开发的能力
智力技能（I）	综合理解能力（IP）	IP1 您认为他们掌握了进行知识更新的能力
		IP2 您认为他们掌握了系统分析和阐述问题的能力
		IP3 您认为他们掌握了准确评价自身的能力
		IP4 您认为他们掌握了识别工程环境变化并对工作做出调整的能力
	集成创新能力（IC）	IC1 您认为他们掌握了了解社会问题、理解和尊重社会关系的能力
		IC2 您认为他们掌握了国际交流、学习的能力
		IC3 您认为他们掌握了在正视文化差异的基础上开展国际竞争与合作的能力
		IC4 您认为他们掌握了综合运用多学科知识进行产品开发和设计的能力
公民社会责任（S）	个人责任（SP）	SP1 您认为他们掌握了维护职业的尊严和荣誉的能力
		SP2 您认为他们具备对自己的工作精益求精、追求卓越的态度
		SP3 您认为他们掌握了甄别信息质量的能力
	社会责任（SS）	SS1 您认为他们掌握了参与社区服务和志愿服务的能力
		SS2 您认为他们具备参与公民义务的投票、选举的意愿和能力

第 3 章 企业需求导向下全日制工程硕士学习成果评价模型选择及指标体系构建

3.1 全日制工程硕士学习成果评价的模型分析及选择

美国很多高校在学校内部建立起符合自身特点的学习成果评价模型,为世界各国高校开展学习成果评价提供了经验。为合理借鉴美国高校学生学习成果评价的相关经验,本研究以美国高校常用的四种学生学习成果评价模型为切入点,通过剖析不同评价模型的特点及其适用性案例,研究它们的共性和异性,从而为构建科学合理的全日制工程硕士评价提供参考和借鉴。

3.1.1 学习成果评价模型的对比分析

全日制工程硕士学习成果评价是考量全日制工程硕士实际学习成果和评价工程硕士教育质量的重要依据。美国众多的评价机构,如美国学院与大学协会(AAC&U)、美国州立学院与大学协会(AASCU)、美国高等教育认证委员会(CHEA)等在学生学习成果评价方面均取得了一定成果,促使学习成果评价得到更多的关注[131]。然而,这些评价机构大多致力于发展具体评价方法、研究评价作用、探索评价原则等,较少关注高校的评价模式及其评价结果的使用问题,缺乏对各高校评价实践的整体把握和分析。美国学习成果评价委员会(NILOA)为了促进各高校相互交流学习成果评价经验,对各高校评价学生学习成果的有效方法进行归纳,并提供了若干标准化的评价模型。参照 NILOA 现有的标准化模型,美国很多高校在学校内部建立起符合自身特点的学习成果评价模型,用以指导和规划评价工作的脉络及走向,并在实际的操作中不断加以完善,确保高校有目标、有依据、有条理地进行评价,从而推进教育质量的持续提升。

由于学生的学习成果受到个人因素和学校环境的双重影响,学术界对学习成果内涵及要素的界定难以形成统一认识。根据 NILOA 对学习成果的定义,必要的学习成果构成要素包括人文及物理自然知识、智力及实践技能、个人及社会责任、学习整合及应用能力,通俗来说即高等教育的投入成果体现为学生的价值增值[132]。学生学习成果评价是系统地收集、评审并使用致力于优化学生学习和发展的教育项目信息的过程[133],基本的组成部分涉及学生学习成果陈述、评价计划、评价资源、当前评价活动、学生学习的证明、学生学习证明的运用六个方面[134]。评价工具和方法的差异取决于所传递信息的不同,通常分为间接评价和直接评价两种类型,前者涉及学生调查、校友调查和学生成就指标等,后者涉及测试、学生作品、教学项目等[131]。对于高校而言,可从学校和项目两个层面开展学习成果评价,不同层面的评价侧重不同的评价工具和方法,据了解,92%的美国高校在学校层面上至少采用了一种评价方法,超过60%的高校采用了三种或更多种方法[131]。经过多年的发展,逐渐形成了四种较为成熟且具有较好实践效果的学习成果评价模型:成果导向评价模型、能力导向评价模型、绩效指标评价模型以及电子档案袋评价模型。现对这四种学习成果评价模型进行比较分析。

3.1.1.1 成果导向评价模型

高校运用成果导向评价模型(图3-1)的目的在于提供高质量的学位项目,确保学生的专业潜能达到最大化,从而取得所在领域应具备的技能。该模型的操作思路表现为基于可测量的学习成果设计教学项目,并辅以调查毕业生的就业表现。评价要素包括专业知识、实践技能、学习应用能力、个体价值观,具体包括:①学校与教师、雇主共同探讨成功所需因素,定义学习成果内容和设计课程;②教师评价学生的学习成果并记录学生个人的学习成就;③公布学习成果评价结果,利用结果改进教学;④调查校友的教育观点和职业成就。评价参与主体主要包括校内评价机构及其人员、教师、雇主、校友。

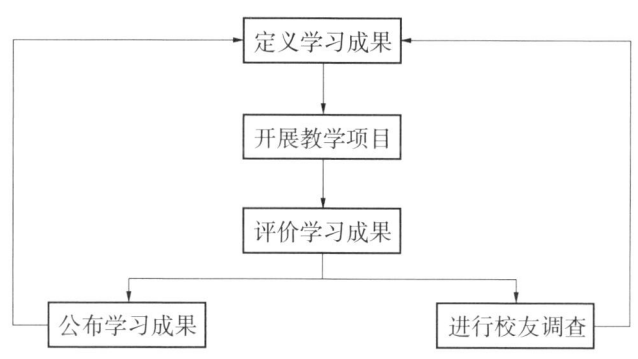

图3-1 成果导向评价模型

卡佩拉大学(Capella University)是一所开展远程教育的私立综合性大学,开设的课程均为在线教育课程,提供本科、硕士、博士、文凭课程四种学位类型,在校就读的学生以研究生为主,且大部分为在职就读学生,基于其学生的构成和课程的类型,卡佩拉大学采用成果导向型的评价模型对学生的学习成果进行评价。基于成果的评价模型以结果和目标为核心,服务、活动和课程的设计都是为了达到这些结果和目标,基于成果的评价模型的产生源于卡佩拉大学对自身教学情况的反思,卡佩拉大学主要通过为学生提供在线教育课程,对学生进行知识的输出,虽然卡佩拉大学近年来增加了课程、活动和服务的数量，但是他们不知道这些课程、活动和服务如何影响学生以及其他利益相关者的学习和生活，因此卡佩拉大学设计了基于成果导向的评价模型。卡佩拉大学认为其下设的各个学院开设的课程与毕业生的职业生涯相关并且努力证明这一点，因此卡佩拉大学的学术项目是建立在具体的、可衡量的期望或学习成果上的，这些学习成果包含了学生在所选择的领域取得成功所需的技能，卡佩拉大学也发布了有关职业成果的报告——关于毕业生在职业上表现如何的研究。负责学习成果评价的教师与雇主合作，了解成为本领域的成功者应当具有的成果产出，这定义了每门课程的学习成果，课程的设计就是为了达到"使学生成为本领域的成功者"的效果。这种做法增加了学校信息沟通的透明度，避免信息不对称，对于准备在卡佩拉大学就读的学生来说，他们能够知道每个专业甚至每门课程的学习成果，以及在完成课程后自己需要达到哪些标准才能够通过测验，所以他们会了解为什么要选这门课，在这门课程中自己应该学到什么，以及如何将其应用到自己的职业生涯中。

以卡佩拉大学的信息技术专业理学硕士为例，卡佩拉大学为信息技术专业理学硕士制定的预期学习成果目标有八项标准：将相关理论、实践和技术应用于 IT 解决方案的开发；分析问题和机会，找出最佳的信息技术解决方案；设计和构建最佳的信息技术解决方案；将法律、道德和专业标准应用于客户互动和 IT 解决方案的开发；将全球和文化因素融入问题解决和信息技术实践；将团队合作和解决问题的战略融入信息技术实践；与众多受众有效沟通技术问题和解决方案；能够自我反省和制定专业发展规划，支持计算专业职业发展。卡佩拉大学的教育专家根据教师、雇主、校友的反馈，为信息技术专业理学硕士开设了信息技术、企业网络和云计算、网络安全、分析学、项目管理、统计方法、编程技术、全球网络政策等课程。与传统的学生相比，在线学习者可能有不同的需求、期望，因此卡佩拉大学的教务工作者们努力满足这些需求和期望。其中一种方法是使用标准化调查来衡量学习者的满意度，因此卡佩拉大学的学生还会参与美国国内的标准化调查，其中就包括全国学生学习投入调查（NSSE）、在线学习者优先级调查（priorities survey for online learners，PSOL）等。这些标准化调查有助于评价本校学生的整体学习成果表现，并将其与其他高校的学生进行比较。学生的评分基于他们在每项标准中的表现，学生的个人主页会显示个性化的成果图表，显示学生在每个具体指标上的学习进展，这有助于确定学生的学习优势和需要给予更多关注的领域。教师会根据学生的作业完成情况、工程实践经历、学生参与美国国内的标准化调查后得出的评价结果，综合评价每个学生的学习成果，并在每个学期末公布本学期学生的整体学习情况，并根据整体学习情况确定下一学期的课程安排，动态调整信息技术专业硕士的课程。卡佩拉校友职业成就调查的结果可以帮助改进信息技术专业硕士课程、项目和服务，并让有意就读卡佩拉大学信息技术专业的学生了解校友如何使用他们的学位在工程实践上获得成就。卡佩拉大学学生体验满意度的调查可以让人们了解校友对卡佩拉大学的看法，以及他们在校期间获得的一般技能和能力[135]。

成果导向评价模型的重点是由学校、教师与雇主共同定义学习成果内容和设计课程。课程设计团队由在工程专业具有实际专业经验的教师、专门从事成人教育的教师、课程设计方面的教育专家、教育分析专家和教育测量专家组成，课程设计团队在制订课程计划时会考虑到学生、教师的反馈以及雇主的建议，为学生设定一个合理的学习成果目标，为了达到预期学习成果目标设计相应的课程。教师在课程结束后会给学生布置课程作业，根据课程作业的结果评价每个学生在展示学习成果方面的熟练程度。教师会根据学生课程作业的完成情况评价学生的学习成果，并根据学生整体的学习成果评价情况动态调整下一个教学周期的教学课程和教学内容，从而不断改善学习体验。高校会定期进行校友的教育观点和职业成就的相关调查，主要收集毕业生的职业成就、他们在课程中学到的东西以及他们对高校的总体满意度等最新信息。高校公布校友的教育观点和职业成就等相关调查结果能够为即将入学以及正在就读的学生提供学习的参考，学生能够看到毕业生毕业后取得的进步。

3.1.1.2 能力导向评价模型

能力导向评价模型（图3-2）的操作思路是基于确定的能力标准设计学位项目，从实践和理论双重角度来培养和衡量学生专长，主要包括专业知识、技能和应用能力等要素。具体操作为：①界定当前社会行业对毕业生的能力需求；②定义和描述这些能力的确定性评价指标；③根据这些能力指标划分学科和进行课程规划；④根据预设的能力指标和目标评价学生的实际学习完成情况。在此过程中要遵循两项基本原则：一是可以选择判断持续性评价和总结性评价；二是评价还必须区分学习时间和评价时间[136]。评价的参与主体可以是校内评价机构的相关人员、教师、企业雇主、学生、家长等。

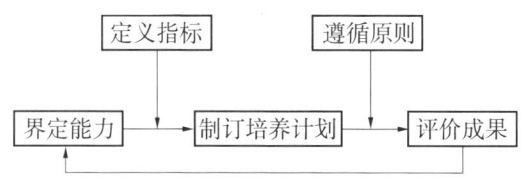

图3-2 能力导向评价模型

西部州长大学（Western Governors University，WGU）是位于美国西部的一所私立非营利性的网络大学，该高校提供学士、硕士教育，采用基于能力的培养方法，致力于培养高能力的毕业生，其教育标准符合西北学院和大学联合委员会（Northwest Commission on Colleges and Universities，NWCCU）的认证要求和专业测试标准。西部州长大学的目标是创造一个适合各种类型学习者的学习环境，把提高学生能力作为实现教育的最终目标,并认为传统的学时学分并不能完全体现学生的学习成果。许多高校采用传统的学分制,学分制是一种投入性的指标,用于衡量教师或学生在与课程相关的工作或活动中所花费的时间,但学分制无法衡量学生在完成课程后取得的学习成果。学分制假定学生在某门课程上花费了特定的时间,而且同时假定获得了满足毕业要求学分的毕业生已经拥有了学位所要求的学习成果,但是实际上毕业生不一定能够真正达到学位的要求。为了能够改善学分制的不足,众多高校在教学过程中引进了形成性评价,形成性评价是一种新兴的评价方式,它有利于改善教—学—评的过程,为学生提供导向和反馈,使学生能够反思和采取准确的行动,从而促进学生学习效果的最优化。在以能力为导向开展评价活动的学位课程中,教师或学生花在学习活动上的时间被认为不足以衡量学生的学习成果,因为能力并不代表投入,但学生评价可以衡量学习成果。以能力为导向开展评价活动建立在这样一种理念之上,即更重要的是关注结果——学生知道什么和能做什么,而不是关注投入,比如学生如何学习,在哪里学习,或者学生需要多长时间学习。

西部州长大学授予学位的依据不是学分和课堂教学时间(线上或线下),而是学生在特定学科领域的技能和知识(能力)。西部州长大学认为采用能力导向的评价模型可以让学生学到职业工作所需要的东西,学生获得的文凭意味着他们已经掌握了工作场所需要的基本技能和知识,同时希望学生能够充分利用已经掌握的知识和自身的经验,去创造最适合自己的最佳学习过程,因此 WGU 采用能力单位来衡量学生的学习情况。虽然能力单位(competency units,CUs)基本上与传统大学的学分相同,但是因为 WGU 衡量的是能力而不是课堂上的时间,所以他们称之为能力单位而不是学分。WGU 每门课程需要 2~4 个 CUs,学生需要大约 120 个 CUs 才能获得本科学位,要申请硕士学位的学生需要获得 30~36 个 CUs。以该校的网络安全和信息保障理学硕士为例,网络安全和信息保障理学硕士专业培养信息安全专业人员,他们需要通过提供预防、检测和应对网络攻击所需的工具、技术和标准来保护组织在网络空间的运营,因此希望学生具有建立持久的网络安全和信息保障项目的能力,同时要求学生将所有课程领域的技能和知识整合到一个项目中,以解决重大的现实世界网络安全问题。该专业根据能力指标为学生规划了安全系统分析与设计、网络设计与管理、网络安全管理、安全、黑客、取证和网络入侵共 6 个课程分类,要求就读学生在就读期间在开设的 6 个课程分类中选择 9 门课程进行学习,每门课程被赋予 2~4 个 CUs,教师基于学生能够通过的能力测试来衡量他们的进步,而不是学分积累或课程成绩。学生每通过一个阶段的能力测试,就证明他已经掌握了这个阶段应该掌握的技能和知识。与传统的评分系统相比,通过一门课程意味着学生在此阶段拥有了相当于"B"级或以上的能力[137]。

与其他美国高校按照学分向学生收取费用不同的是,WGU 并非按照能力单位付费，而是每六个月收取一次学费。不管学生在一个学期里完成了多少课程和能力单位的学习，只要学生能证明他们已经掌握了本阶段所要求掌握的知识和技能，他们就能结束本阶段的学习，开始下一阶段的学习，而不是等到学期结束时才完成课程学习。这意味着如果学生能学得更快，花更多的时间在功课上，或者依靠他们以前的工作或学校经验中的知识通过评价测试，学生就能尽快完成课程的学习，提早获得学位。西部州长大学的学位课程由一系列课程组成，每门课程包含了每个学科领域的能力发展的所有必要组成部分，在课程开始前西部州长大学会给学生提供课程指南，其中包括学习资源（参考书目或网络资源链接）、课程讲师的联系方式、学院学习社区能够提供的支持、学习计划模板等。学生在进行课程学习前会跟导师们制订学习计划，学习计划包含了学习中可能会遇到的问题、可用的学习资源种类、通过课程评价需要达到的条件，学生能够根据自己的能力控制自己的学习速度，去适应最终评价的要求。能力导向评价模型的灵活性使它能够适用于所有类型的学生，学生们不需要完成所有的课程，也不需要按照既定的顺序浏览材料，他们可以在任何时候选择参与学习成果的评价测试。西部州长大学在实际教学过程中采用了运用云计算、大数据技术的在线学习平台，增强了师生的互动性，在线平台可以帮助学生对自己的局限性和潜力做出反应，并通过自动分配评价测试项目和收集评价数据，提高教师的工作效率。同时负责具体评价工作的评价委员会利用各种评价方法来衡量学生掌握的专业技能和知识，这些评价要求学生证明他们能理解基础概念，并能在实际情况中运用概念等相关知识。虽然评价程序和内容并不是以学校设置的课程为核心，但是 WGU 的评价程序仍然采用严格的标准，其评价计划委员会是由测试专家主导，校内评价机构的相关人员、教师、企业雇主、学生、家长组成的委员会。评价可以采用多种形式，包括由多项选择题、配对题和其他题型组成的计算机考试，在学生研究领域内的特定主题的研究论文，涉及解决实际问题的课程作业，与专业相关的实践项目和案例研究报告。学生完成评价过程后，教师根据评价结果给学生打分并得出关于每个学生能力水平的有效结论。

3.1.1.3 绩效指标评价模型

高校运用绩效指标评价模型（图 3-3）的目的在于培养学生掌握基础知识和基本技能，利用学校资源使学生的知识追求达到最大化。该模型的操作思路表现为基于学习成就指标评价各类型学生的学习进步情况。评价要素包括基础知识、基本技能、智力。具体的操作方法分为两种：①对力求获得学位的学生，以获得的奖励（学位或证书）为评价依据；②对不追求学位的学生，以下两种情况可以判定他们取得了较好的学习成果，一是改变想法并最终获得学位或证书，二是在所有本科课程中有75%以上的课程取得了较高的评分。评价参与主体主要包括校内评价机构的相关人员、教师、学生。

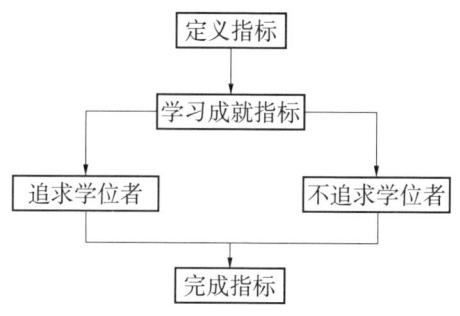

图 3-3 绩效指标评价模型

以阿拉斯加大学安克雷奇分校（University of Alaska Anchorage，UAA）为例，阿拉斯加大学安克雷奇分校在近70年的发展历程中，由最初的社区学院升级为综合性大学，而它的部分学生群体是已经工作的职业人士，他们并不期望获得学位，而只是希望参加该校的相关教育课程。对于期望获得学位的学生和只希望参加课程提升知识的学生，阿拉斯加大学安克雷奇分校采取了不同的学习成果评价方法。其首先确定了所有学生必须拥有的四种核心能力：与他人进行有效沟通的能力，创造性和批判性思维，跨文化理解能力，个人、专业和社区层面的责任。其中，有效沟通的能力指学生掌握的在不同的环境下进行有效沟通所必需的知识和技能；创造性和批判性思维指学生对问题、工作和事件进行批判性探索所必需的知识和技能，以便创造性地设计、评价和实施解决复杂问题或实现预期目标的策略；跨文化理解能力指学生在各种文化背景下有效、适当地进行跨文化互动所必需的知识和技能；个人、专业和社区层面的责任指学生实现个人成功、追求专业上的卓越和促进社区参与所必需的知识和技能。这四种能力是所有学生在阿拉斯加大学安克雷奇分校就读期间需要掌握的核心能力。除了核心能力之外，阿拉斯加大学安克雷奇分校根据学生的求学目的、修读的专业和年限制定不同的学习成果标准。学生通过参与各类课程、实习、学术会议和参与学生俱乐部的活动等掌握这些能力。以该校工程学院的机械工程专业为例，机械工程专业的本科生需要在每门课程获得C级及以上的成绩才能够算完成本课程的学习。而针对机械工程专业的硕士有两种评价方式。对于期望获得学位的硕士除了要修满毕业所必需的学分外，还需要选择以论文形式或非论文形式完成毕业实践要求。而且选择以论文形式完成毕业实践要求的学生需要获得候选资格，在论文答辩前至少提前一个学期向学校研究生委员会提交书面论文报告，证明论文的设计是可行的；完成的论文必须描述该作品如何与学生研究领域相关联以及论文为学生的研究领域的知识体系做出何种贡献。选择以非论文形式完成毕业实践要求的学生需要参加至少一项工程实践项目，并撰写项目总结报告。该项目必须解决一个实际工程问题，且学生在分析项目问题和解决方案时必须对相关文献进行全面回顾，在当前技术水平的背景下加以解释。另外，项目报告必须证明学生已经掌握与硕士课程直接相关的知识和技能。机械工程理学硕士的毕业生将获得一年的教育学分，从而在阿拉斯加州获得专业工程师执照。学院根据学生是否获得学位以及与专业相关的技术证书，对追求学位的学生进行学习成果评价。对于不追求学位的学生，学院会根据学生们的课程选修情况和各门课程成绩综合评价其学习成果。

除了各学院会对本学院的学生学习成果进行评价，该校设有学生事务办公室，学生事务办公室致力于支持本校基于证据的决策文化，并为学生事务评价项目和数据需求提供咨询支持。学生事务办公室通过有组织的研究和评价工作，以及挖掘和分析院校和学生的表现数据，协助有关部门进行评价工作，以促进学生的学习、发展和成才[138]。但与学院的评价过程不同的是，学生事务办公室的评价对象是全体在校学生，评价内容是学生的通用能力。学生事务办公室提供了一个通用的评价框架，以支持阿拉斯加大学安克雷奇分校学生的整体学习和发展，并且优先考虑自我意识、平衡的生活选择、全球公民身份和创造性应用等领域。通过精心设计的评价计划、学习成果的衡量以及向利益相关者发布有见地的关键发现，展示了该校对基于证据的评价文化的认可和持续改进的承诺，并且按照相关规定，每年发布针对学生学习成果的年度考核报告。年度考核报告包括评价清单和学习成果两项内容——评价清单主要是对一年内进行的所有评价项目的说明，学习成果是本学年优先考虑的主要学习成果。该校识别并公布其每个学位、证书或证书课程的预期学习结果，定期和持续评价学生的学习情况，以验证学生学习成果，并根据高校的使命评价学生学习成果，其中包括但不限于有效的沟通、全球意识、文化敏感性、科学和定量推理、批判性分析和逻辑思维、解决问题和信息素养，这些都包含在所有学士、硕士、博士学位项目或普通课程的评价项目内。

3.1.1.4　电子档案袋评价模型

高校运用电子档案袋评价模型（图3-4）的目的在于培养学生的理性批判思维以及社会责任感。该模型的操作思路表现为基于学习评价的电子技术载体，收集学生的数字化学习作品，持续性关注学生的学习过程。模型的评价要素主要包括知识、特长、理性思维、社会责任感。其具体操作为：①为不同课程设定学习成果目标，必要时根据目标重新设计课程；②建立电子档案袋，并为学生提供评价指导和反馈提示；③选取合适的评价指标，以图表、视频等多媒体的形式，采集学生每天的学习成果；④评价学生学习作品并调整目标[139]。评价参与主体主要包括校内评价机构相关人员、教师、学生。

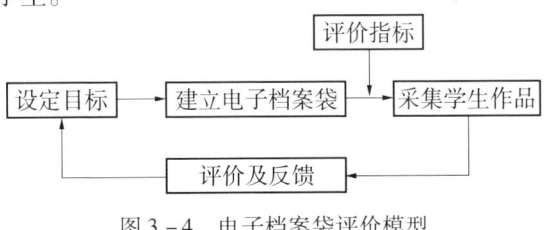

图3-4　电子档案袋评价模型

拉瓜迪亚社区学院（LaGuardia Community College，LAGCC）是美国纽约城市大学下属的一所公立社区学院，也是全美三大社区学院之一，为学生提供副学士学位教育以及成人继续教育，学生可以从60多个专业、证书、课程和70个继续教育项目中进行选择，其教育模式符合美国中部各州高等教育评审会（Middle States Commission on Higher Education，MSCHE）的认证标准。副学士学位是美国高等教育制度下特有的一种学位制，其学制为两年，副学士学位课程可分为两个方向：一个是职业方向的课程，另一个是理论方向的可供转学的课程。参加副学士学位教育的学生在完成两年的课程后可以申请转到四年制大学继续就读直至获得学士学位。拉瓜迪亚社区学院主要提供副学士学位教育以及成人继续教育。拉瓜迪亚社区学院要求学生用新的方式运用课堂上学到的知识，以此培养思考和解决问题的能力。它确定了所有学生必须拥有的三个核心竞争力和三项沟通能力：三个核心竞争力包括调查和解决问题、全球化学习、综合学习能力；三项沟通能力包括书面表达能力、口头表达能力、数字化沟通能力。对于有意愿转入四年制大学继续就读的学生来说，就读期间以作品集的形式展示具体的学习成果能够帮助他们申请转学学校，对于接受继续教育的职业人士，展示具体的实践作品能够帮助他们找到更好的工作以及升职加薪。因此，为了培养学生的核心竞争力和沟通能力，更好地展示学生就读期间的学习成果，拉瓜迪亚社区学院采用电子档案袋的学习成果评价模型对学生学习情况进行评价，并且在学校网站主页上展示来自各学院不同专业的学生的电子档案袋，准备申请该高校的申请者能够直观地了解在完成课程的学习后学生能够达到的水平以及产出的成果，也方便在校学生之间进行交流和学习。学生选择能够代表自己真实水平的作品上传至电子档案袋中，电子档案袋能真实地记录学生在学习过程中的成长足迹，督促学生经常展开自我评价、反思学习方法，培养他们学习的自主性和自信心，促进其综合素质的发展。拉瓜迪亚社区学院设有机构研究和评价办公室（Office of Institutional Research and Assessment，OIRA），其提供准确、可靠和及时的信息和分析，使数据驱动决策，同时帮助学生取得成功。机构研究和评价办公室通过促进和协调学院的战略规划以及机构、部门计划和各学系层面的评价活动，支持整个学院的持续改进工作。这个评价程序是在过去20年教师和员工持续努力的基础上形成的，评价框架使用学生的作品来说明学生在拉瓜迪亚社区学院的学习情况。拉瓜迪亚社区学院帮助学生制作属于他们的电子档案袋，电子档案袋以学生个人网站的形式呈现，它可以记录学生在拉瓜迪亚社区学院的学习经历和就读期间取得的学习成果。在入学第一年的研究课程中，学生使用模板创建个人的电子档案袋，在学习过程中持续更新自己的学习情况和学习成果。当学生学习专业课程时，他们会使用自己的电子档案袋来展示项目和作业，根据自己的学习情况规划将来的学习目标和职业目标，并为自己的未来做准备，发展相关的核心技能。电子档案袋的内容包括学生的专业简历、获得证书和奖项、学生个人陈述、教师的评价、实践项目合作伙伴的评价、课程展示的资料等内容，可以比较全面地反映学生个人的综合能力和素质。拉瓜迪亚社区学院的学习成果评价方式并不局限于电子档案袋，社区学院还使用由第三方机构提供的直接测量评价工具如社区学院学生参与度调查（community college student survey of engagement，CCSSE）、远程学习效果调查、拉瓜迪亚大学学生对首选教学模式、大学选择和服务需求态度调查等作为辅助评价工具。

以生物学科学副学士为例，生物学科学副学士的培养目标是通过所设课程和严格的实验项目，使学生了解以假设为基础的科学和实践研究，学生通过综合课程学习生物学知识、经验和技能，为转入四年制大学并最终毕业或进入医学院做好准备。课程由4门必修通识课程、4门选修通识课程以及若干门专业课程组成，如果学生打算转学纽约城市大学的学士课程，除了完成必修和选修的通识课程之外，他们还需要参加额外课程的学习[140]。学生可以在学校网站上获取自己的学位地图（degree map），学位地图是一种常见的分析学习目标的可视化课程管理工具，它以学生为中心将预设的学习成果、课程或项目等用矩阵图表的形式表示，可以直观反映所学课程、学习成果预设和评价要素之间的关系，帮助修改学习成果定义、填补教学及评价过程中的缺口以及消除不必要的重复[141]。学生可以通过查看学位地图了解自己如何、何时参与不同的学科学习，以及何时需要参与学习成果评价。在学习过程中，学生可以将自己的课程论文、实验数据、实验报告等以 Word 文档或 PDF 文档、视频、海报的形式上传至个人网页，丰富自己的电子档案袋资料。学习成果评价是教师使用来自学生作业的数据来形象化、研究和改进学生在学院学习的主要过程，教师可以浏览学生电子档案袋的作品集，也可以与其在线分享优秀的电子作品集。学生的个人网页有数据可视化的模块——学生个人的数据面板，它向教师展示学生的学习成果数量和上传时间等关键数据，教师可以在线浏览学生的个人数据面板，监督学生的学习过程。

不同的评价模型适用不同的对象，例如：成果导向评价模型适用重视在校生学习成绩和毕业生就业去向的高校；能力导向评价模型适用强调学生实践能力培养和就业技能提升的高校；绩效指标评价模型适用关注学生在校表现和课堂学习的高校；电子档案袋评价模型则适用看重学生的学习过程以及学习作品的高校。学习成果目标的不同也导致评价模型在运用上存在显著差别，例如，成果导向评价模型的核心在于评价学习成果和就业表现，以定义成果计划为起点，同时开展教学任务和评价工作，辅以校友调查；能力导向评价模型的核心在于评价学生的综合能力，以能力界定为起点，根据不同的能力要求制订培养计划；绩效指标评价模型的核心在于定义学习成就指标，对不同类型的学生采用不同的衡量指标；电子档案袋评价模型的核心在于采集学生的学习作品，选取合适的评价指标，在管理系统中建立电子档案袋。

综上所述，四种学习成果评价模型都体现出完整性和专业性的特点，比较情况如表3-1所示。

表 3-1　四种学习成果评价模型的比较

评价模型	目标	思路	参与主体	评价要素	操作方法
成果导向	提供高质量学位项目，发挥学生专业潜能	基于学习成果设计教学项目，辅以校友调查	校内评价机构的相关人员、教师、雇主、校友	专业知识、实践技能、学习应用能力、个体价值观	如图 3-1 所示
能力导向	提供成功所需的知识和技能，形成竞争优势	基于能力标准设计学位项目，培养学生专长	校内评价机构的相关人员、教师、雇主、学生	专业知识、专业技能、学习应用能力	如图 3-2 所示
绩效指标	提供基础知识和基本技能，使知识追求最大化	基于学习成就指标评价学生学习进步	校内评价机构的相关人员、教师、学生	基础知识、基本技能、智力	如图 3-3 所示
电子档案袋	培养学生理性批判思维、社会责任感	基于学习评价电子载体收集学生学习作品	校内评价机构的相关人员、教师、学生	知识、特长、理性思维、社会责任感	如图 3-4 所示

3.1.2　评价模型的共异性辨析

上述四种评价模型分别从学习成果的不同角度构建出相应的评价脉络和方向，体现了不同的评价思想，具有一定的共性及个性表现。

3.1.2.1　评价模型的共性

美国高校评价模型的选取或建立通常基于事先设定好的评价原则，根据评价体现教育价值、关注评价过程以及评价涉及整个教育群体等评价原则[142]，结合上述四种评价模型的具体情况，发现它们具有以下共同特征：

（1）以高校教育目标为评价起点。学生学习成果评价并不是学生学习的终点，而是作为提高学习绩效和改进教育质量的工具[142]。评价模型的建立以高校教育目标为起点，将教育目标与评价目标有效结合起来，选择能够匹配教育目标的评价方法，始终围绕实现教育目标和提升教育质量开展评价实践。这样一方面可使高校明确评价方向，把评价活动融入教学工作，提高评价工作的效率；另一方面也可通过教育目标的实现与否检验评价工作的成效，并根据评价结果，对教育目标做出必要的调整。如美国的卡佩拉大学和西部州长大学分别定位于成果导向型大学和能力导向型大学，前者采用了成果导向评价模型，后者采用了能力导向评价模型，二者均是以本校教育目标作为评价的起点，保证评价工作致力于推动教育质量的改进。由此可见，学生学习成果评价都是以高校教育目标为起点，进行有效的信息收集，同时动态地运用评价结果以实现和调整教育目标。卡佩拉大学开设的课程均为在线教育课程，在校就读的学生以在职就读的研究生为主，基于其学生的构成和课程的类型，卡佩拉大学采用成果导向型的评价模型将学生的学业成就与职业生涯成功联系起来，增加毕业生成功就业的概率。拉瓜迪亚社区学院的在校生中有相当大比例的学生有意愿转入四年制大学继续就读，拉瓜迪亚社区学院采用电子档案袋的学习成果评价模型极大地方便了申请转学深造的学生，因为电子档案袋的作品集能够直观地展现学生的个人成果。

（2）将评价活动与学习过程相融合。学习具有多维性、发展性和循序渐进性的特点[142]，高校学生面临的学习是一个复杂过程，为了确保评价的真实性和有效性，评价模型的设计应当包含对学习特性的理解，根据不同的学习要求选择相应的评价方法。此外，评价工作和学习活动都具有长期性，在具体的评价操作中，需要将评价活动纳入学习过程，实现二者的有机融合，这就意味着评价不只是发生在学习之后的总结性活动，还应该是与学习同步发生的持续性活动，即实现过程评价和结果评价的统一，记录和反映学生的学习过程和学习状态，使评价结果更贴近学生的真实学习状况，有利于提出更有效的教学改进方法。例如，美国的阿拉斯加大学安克雷奇分校和纽约城市大学拉瓜迪亚社区学院分别采用了绩效指标评价模型和电子档案袋评价模型，前者在学生的学习过程中记录和评价学生的学习行为及表现，后者鼓励学生在学习中实现自我评价，均体现了评价活动与学习过程相融合的思想。许多高校同时采用直接评价法和间接评价法对学生学习成果进行评价，并在此基础上建立一个数据档案，方便教务人员对学生的学习情况进行追踪。这两种类型的评价方法混合在一起，为评价学生的学习成果提供了坚实的基础。在教学过程中，教师通常利用直接评价的方法，如论文、测试、演示等，同时也会提醒学生在课程结束后回顾他们所学的内容。而在教学过程之外，间接评价法更为常用，高校通过学生自评、课程评价、雇主或校友问卷调查的形式评价学生是否掌握相关的知识和技能。

（3）多方利益相关主体参与评价。提高高等教育质量是多方利益相关主体的共同责任，学习成果评价是践行该责任的重要方式。美国众多高校均设有与学生学习成果评价相关的专门事务部门，学生成果评价工作者将学生发展理论应用到校园评价工作中，使评价工作具有理论基础，增强了评价结果的解释力。学生评价工作者与高校的管理者共同确定评价流程，起草评价计划和评价指南，并对评价过程进行监督，确保评价活动的顺利开展。学生评价工作者还利用他们的经验和专业知识为更广泛的高校建设提供建议，例如为与学生学习活动相关的项目、服务、技术和基础设施方面的投资提供建议。尽管评价工作是从较小的范围开始，但评价工作只有得到广泛的支持才能真正落到实处，因此需要将整个教育群体吸纳进来。教师和学生是教学活动的主体，也是学校教学管理的服务对象，他们对评价活动的配合和参与，一定程度上决定了评价作用的发挥。此外，评价工作还涉及校外人员，如校友、雇主等，他们的经验和建议影响着学习成果目标以及教学培养计划的调整，进而影响评价标准和评价结果。许多高校正在开发或购买诸如客户关系管理系统和学习管理系统等可视化工具，储存和处理来自校友、雇主等校外人员的调查数据和反馈信息，高校在年末报告中不仅展示学生人口统计数据，如平台参与度和课堂参与度等常规数据，而且展示校友调查、雇主调查的结果。总之，评价不是少数专家的任务，而是多方利益相关主体的共同合作活动，只有把改进教育质量变成各方共同的利益，才能让评价工作得到切实有效的执行。纵观美国诸多实施学习成果评价的高校，无不是将教师、学生、雇主、校友等多方纳入到评价体系中，共同开展评价工作，在满足社会需求的前提下确保评价执行落到实处。

（4）评价过程有条不紊。高校会先对与评价相关的项目概况进行全面总结，列出机构内部优点和缺点的"清单"，项目概况包括支持评价的当前基础设施、各单位评价的当前状况、为推进评价工作应解决的问题，以及妨碍评价制度化的挑战和障碍。这对制定短期和长期的评价目标有很大的帮助，专业的评价工作使这个过程更加可持续和有效。接下来高校会总结评价所需的基本步骤，创建和改进评价基础，包括高校的使命、目标和学习成果，这是启动评价过程的第一步。高校自身的评价基础与战略成果相一致是评价过程的基础。高校通常需要制订一个设计良好的有效评价计划，该计划决定了数据收集过程的结构，数据分析和评价为制订行动计划提供了必要的信息，并允许高校通过计划的"闭环"实施来完成整个过程。评价计划需要是清晰、可衡量、可实现和切合实际的，以便进行有效的评价。由于评价计划影响总体战略、服务和活动，因此高校会定期审查和更新评价计划的表述和工作步骤。高校会为参与评价的教务人员提供相关的评价培训，同时提供相关文献资料帮助教务人员了解基础的评价步骤，以减少他们在评价过程中的失误。根据评价计划，由评价人员和评价委员会收集与评价直接证据和间接证据，数据收集自不同专业和不同年级的学生。评价过程中会有数名评价人员参与，检查结果是否达到预期的基准，并对所有评价结果进行讨论，以发现与评价相关的最重要结果。教务人员进行数据收集和分析并撰写年度评价报告，展示收集的数据和详细分析数据背后的深层问题。

3.1.2.2 评价模型的差异性

学习成果评价不是真空存在的，受一定适用范围的影响，美国州政府是学生学习成果评价的重要倡导者，3/4 的州制定了有关学生学习成果评价政策，并采用适合本州情况的措施方法。[143]因此，不同的评价模型体现了不同学校之间的差异。通过比较上述四种评价模型，发现它们在以下三方面存在差异：

（1）适用的对象不同。不同的评价模型适用不同的对象，例如：成果导向评价模型适用重视在校生学习成绩和毕业生就业去向的高校；能力导向评价模型适用强调学生实践能力培养和就业技能提升的高校；绩效指标评价模型适用关注学生在校表现和课堂学习的高校；电子档案袋评价模型则适用看重学生的学习过程以及学习作品的高校。明确评价模型的不同适用对象，其实是为评价模型匹配合适高校的过程，而高校也可根据教育目标和人才培养计划，发现和发展合适的学习成果评价模型。只有评价模型的适用性与对应高校的教育特点相契合，学生的学习成果评价才能真正物尽其用，在高校教育质量改进中发挥关键作用。以阿拉斯加大学安克雷奇分校为例[144]，它是美国规模最大的高等教育机构之一，包括一个主要校区和四个社区学院，提供150多个专业的各类型教育，由于该校规模较大且学生基数庞大，单一标准的评价模型难以满足不同类型学生的需求。因此，根据学生类别划分评价标准的绩效指标评价模型能够应用于该校并得到推广。该模型充分考虑了学生的多样性和个体性，从而保证了学习成果评价在操作上的有效性和实用性。

（2）应用的环境各异。在将评价工作纳入高校教学管理事务之前，各高校已根据教育目标形成一定的人才培养计划和模式，以及相应的教学安排和课程设置。鉴于人才培养的实际情况，高校可以根据自身的具体教育环境采用合适的学习成果评价模型并加以改进，如可为不同课程设定相应的学习成果目标，记录学生在学习过程中的学习表现，并根据事先确定的标准加以评价。反过来，学习成果评价工作也影响着高校的教学工作，如高校可利用评价结果调整原有的培养目标和计划，确保其人才培养与社会需求紧密联系。总之，高校具体的教育环境影响对评价模型的选择和使用，而评价结果又从多方面协助高校完善教学工作，这体现双向互动性，反映了评价模型在具体应用环境中的差异。以西部州长大学为例，它是一所提供本科和研究生教育的非营利性网络大学，其办学的创新性和灵活性在美国远程教育领域中首屈一指，为了实现以能力为本的培养目标，以及满足高度自律并对学位有着强烈欲望的学生需求，该校采用了能力导向评价模型，学生通常只有通过一个阶段的能力评价才能继续下一阶段的学习，这种持续性评价较好地实现了提升学生能力的教育目标[145]。

（3）采用的方法有别。学习成果目标的不同导致评价模型在运用上存在显著差别，例如，成果导向评价模型的核心在于评价学习成果和就业表现，以定义成果计划为起点，同时开展教学任务和评价工作，辅以校友调查；能力导向评价模型的核心在于评价学生的综合能力，以能力界定为起点，根据不同的能力要求制订培养计划；绩效指标评价模型的核心在于定义学习成就指标，对不同类型的学生采用不同的衡量指标；电子档案袋评价模型的核心在于采集学生的学习作品，选取合适的评价指标，在管理系统中建立电子档案袋。由于适用对象存在个性差异，差异化操作是评价模型的一个重要特征。如卡佩拉大学，它是美国一所为在职成人提供研究生教育的网络大学，因创新的教学形式及学习环境而闻名全美，在学习成果方面，卡佩拉大学建立起一套成熟的成果导向评价模型[146]。就课程学习而言，该校采用一种"后向"的评价思想，即先由教师识别学习目标和学位要求，在明确所需学习资源后，开展教学工作，最后根据预期标准评价学生的学习成果情况，这种"后向"的评价思想加强了教师在评价中的主体地位，有利于发挥他们的评价积极性。

3.1.3 全日制工程硕士学习成果评价的模型选择

20世纪80年代，大学生素质下降的问题推动了美国"评价运动"的展开，人们认为不能只重视教育投入，也要充分考察教育的产出，而这种产出指向的并不是学生某个科目取得的成绩，而应该是高校培养的人才实际拥有的能力。"能力导向"一词顾名思义是以能力为引导进行教育或评价。美国学习成果评价委员会（NILOA）成立于2008年，是一个研究和开发学习评价资源的组织，致力于记录、倡导和促进学习成果评价的系统，以改善学生的学习成效。NILOA支持各院校设计学习成果评价方法，同时，NILOA与众多组织建立了合作关系，并为美国国内外的各种学习项目提供技术援助和研究支持。能力导向评价理论（competency-based assessment）是美国学习成果评价委员会（NILOA）提出的一种评价学生学习成果的方法，它的提出是为了弥合高等教育工程专业毕业生实际拥有的能力和雇主对毕业生能力要求的鸿沟，解决雇主对工程专业毕业生能力的"质疑"问题。能力导向评价理论使雇主能够更有意义地向教育工作者传达他们对工程学生的能力需求，同时教育工作者以雇主能够理解的方式描述工程学生的学习证据，以满足他们的能力需求。之后能力导向评价理论渐渐发展成为确保培养学生具备成功所需要的各项知识和技能、确保学生在毕业时能够形成自身的竞争优势而提出的一种评价理论。

近年来出现的基于能力的学位课程是新时代的产物，因为众多高校利用了信息技术的巨大进步，通过建立在线开放的教育资源库、学习管理系统、点对点的学习社群网络，以及在线或虚拟的建议和指导系统，创造了以学生为中心、以企业需求为导向的课程。学生对课程进行学习后，如何评价学生的学习成果成为需要考虑的问题，对学生所需的能力进行定义有助于确保毕业生的质量。在美国社会普遍质疑大学教育的意义和高等教育质量的时候，能力导向评价理论在一定程度上回应了这种质疑，其特点是清晰地定义和传达毕业生需要知道和能够做的事情，定义能力的过程是能力导向评价理论实践中最重要的步骤之一，因为学位所需的能力决定了学习和评价的重点。定义能力的过程对于能力评价具体指标的设计者来说是一个挑战，但他们可以借鉴一些现有的标准评价的框架，同时从校友、雇主的建议中提炼有价值的观点来帮助自己设计能力评价框架。例如在为学位项目开发能力框架时，西部州长大学能力评价具体指标的设计者借鉴了西北学院和大学联合委员会的基本学习成果。能力导向评价中的衡量标准包括直接标准和间接标准。直接的衡量标准是学生学习过程中知识和技能的具体体现，包括标准化测试、各高校自主开发的测试、电子作品集、研究论文、实践项目经历、演示文稿和其他原创作品。间接的衡量标准是反映学生学习情况的标志性数据，包括学生课程成绩、毕业率、本科毕业生申请研究生的录取率、毕业生就业率、学生满意度调查、学生参与度数据、校友调查和雇主调查等。校内评价机构的相关人员、教师、雇主、学生、家长等众多利益相关者参与评价指标的制定，从而减少了能力导向评价模型中某些群体所持有的主观性看法对学习成果评价的影响，特别是在能力导向评价模型中雇主的想法被纳入考虑范围，使得评价标准具有"企业导向"和"职业导向"，对学生毕业后的职业发展大有裨益。通过对直接标准和间接标准的测量，高校可以在此基础上总结出能力导向评价中对于"能力"的具体定义以及相关操作化的测量指标，为开展能力导向的学习成果评价工作奠定基础。包括教师在内的教育工作者通过能力导向的评价不断更新教学计划、内容，提高教学水平，教师不是简单地参与评价工作，而是能够使用能力评价结果来提高学生的学习成效。

国外学者对能力导向评价理论进行探讨，认为能力导向评价源于工作领域对于大学毕业生的能力预期，包括专业知识、技能和态度，社会用人单位注重与实际工作密切相关的、可转换的综合能力而不是具体到某一学科的专业知识水平。高质量的学院或大学教育通常会涵盖精心规划的课程和目标，其培养目的是使学生在经过学习过程后能够达到预期的学习成果标准。从发展的角度看，这种评价的导向性非常明确，即大学生所应该拥有的能力对于其今后的职业生涯规划与发展将起到至关重要的作用和影响[147]。这里的"能力"指受过教育的人不仅"知道"，而且还能"做"。在21世纪，毕业生仅仅知晓书本知识是不够的。受过教育的人不仅需要知道很多知识，而且需要将这些知识付诸实践。许多能力导向教育项目使用术语"能力"来反映知行结合。虽然有些项目使用其他术语，如"基于能力的教育"，但基本概念是相同的。学生必须超越单纯的知识获取，并证明他们可以在不同的情况下应用他们所学的知识。同时由于现代科技的发展，人们可以以较低的成本获得较多的学习机会，学生的流动性比以往任何时候都更大，他们可以在多个机构学习，通过多种途径学习，因此高校也在考虑是否需要将这种学习过程产生的学习成果纳入高等教育学位或其他证书的认可范围，能力导向评价理论也满足了这种需求。美国很多提供在线教育学位项目和课程的高校都采用了能力导向评价理论作为学习成果评价的理论依据，如西部州长大学（WGU）、北亚利桑那大学（The Northern Arizona University，NAU）、南新罕布什尔大学（Southern New Hampshire University，SNHU）等。各院校运用能力评价理论进行学习成果评价的方式主要分为三类：第一种是将基于能力的评价纳入传统课程，第二种是完全围绕能力重新设计课程，第三种是围绕基于能力的评价（也称为直接评价）重新设计认证过程。根据能力概念，基于能力的评价不仅是衡量学生所知道的，还必须确定学生是否能够将其所知道的应用于现实生活中。因此，传统测试中常用的多项选择的标准化测试可能不足以评价大多数能力。相反，基于能力的评价需要呈现学生在生活和工作中会遇到的任务或情况的应对方案，评价应该衡量学生是否能够解决突发的问题和状况，因为大学必须让学生做好准备来处理职业工作中复杂和不确定的问题,而不仅仅是死记硬背课本上的内容和进行重复简单的工作[148]。根据能力导向评价理论设计的课程并不假定成功地完成一系列课程就能取得学习成果;相反,它们通过个人完成评价测试所得到的结果来确认学生的学习情况。许多最新的基于能力的教育模式提供在线模式、多种学习活动模式和结构,允许学生按照自己的节奏学习和展示所需的能力。有些课程是以学时为基础的,而有些课程则完全脱离学时系统。能力导向评价理论在理论提出的社会背景、理论内涵等方面与本研究内容十分贴切,因此运用能力导向评价理论作为本研究的基础理论具有较好的适切性。

  能力导向评价理论是能力导向评价模型的理论基础,能力导向评价模型是能力导向评价理论在学习成果评价实践中的具体运用。能力导向评价模型倾向于评价学生能否掌握职业工作所需要的知识和技能,当定义和描述能力的确定性评价指标能够较好地体现企业的需求时,证明学生已经掌握了工作所需要的基本技能和知识。能力导向评价模型能够适用于不同年级的学生,运用能力导向评价模型进行评价能够将不同年级学生的评价结果进行对比分析,这可直观地反映工程教育对全日制工程硕士能力培养的影响。本研究的目的是根据企业需求进行全日制硕士学习成果评价,由于企业在招聘以及用人时会首先考虑个人能力特别是实践能力和知识应用能力,因此当需要选择能够匹配研究目的的学习成果评价模型时,能力导向评价模型是一个合适的选择。能力导向评价模型的目标是提供成功所需知识和技能,形成竞争优势,基于能力标准设计学位项目,培养学生专长,强调学生实践能力培养和就业技能提升,更能贴近企业的需求,因此本研究拟采用以能力导向评价理论为基础的能力导向评价模型构建全日制工程硕士学习成果评价指标。按照能力导向评价模型的思路和要求,本研究在以企业需求和社会需要的能力为切入点确定能力要素之后,需要对要素指标进行对应的定义,还需要完善学习成果评价要素指标,并在此基础上基于该模型的两个原则,最终通过实证研究来评价全日制工程硕士的学习成果。

3.2 企业需求导向下全日制工程硕士学习成果评价指标体系的构建

  在确定选择能力导向评价模型构建全日制硕士学习成果评价指标后,需要按照能力评价理论的内涵,根据3.1.1.2"能力导向评价模型"分析提到的具体操作构建企业需求导向下全日制工程硕士学习成果评价模型,包括界定能力—定义指标—制订培养计划—评价成果四个步骤,下面按照具体步骤构建相应的模型。

3.2.1 学习成果评价指标体系的构建

  根据胜任能力相关理论和能力导向学习成果评价体系操作要求,本书在第二章中，首先通过行为事件访谈确定了全日制工程硕士的胜任能力，完成了能力导向评价的第一步——界定当前工程界对全日制工程硕士的能力需求；接着通过向企业发放"企业对全日制工程硕士胜任能力的需求标准调查问卷"进行典型企业调查，通过对回收的有效问卷数据进行探索性因子分析，从而确定了企业对全日制工程硕士的能力需求，筛选了定义和描述这些能力的确定性评价指标，将上述需求转化为可测度的用人标准，完成了能力导向评价的第二步和第三步——筛选企业对全日制工程硕士的能力需求、制订企业需求导向下的全日制工程硕士培养计划。培养计划包括专业及基础知识、应用与合作学习、智力技能和公民社会责任 4 个一级指标和基础知识、专业胜任能力、规划能力、合作能力、工程实践能力、综合理解能力、集成创新能力、社会责任和个人责任 9 个二级指标，4 个一级指标和 9 个二级指标共同构成企业需求下全日制工程硕士学习成果。结合前述研究，以各二级指标的相关题项为考察要点设置具体题项，由此构建学习成果评价模型，之后将根据事先设定的能力指标和计划评价全日制工程硕士学习成果情况。

3.2.2 学习成果评价指标权重的确定

由于全日制工程硕士学习成果指标体系的层次复杂且要素众多，为推进后续的实证研究和对比研究，需要采用层次分析法对全日制工程硕士学习成果评价指标体系中的各级指标进行赋权，接下来本研究按照层次分析法的具体步骤，基于德尔菲技术的专家访谈法确定学习成果评价模型各项指标的权重。

3.2.2.1 层次分析法

层次分析法（analytic hierarchy process，AHP），是指将与决策总是有关的元素分解成目标、准则、方案等层次，在此基础之上进行定性和定量分析的决策方法，是一种解决多目标的复杂问题的决策分析方法。该方法是美国运筹学家匹兹堡大学教授萨蒂于 20 世纪 70 年代初提出的一种应用网络系统理论和多目标综合评价方法解决具体问题的层次权重决策分析方法。层次分析法根据问题的性质和要达到的总目标，将问题分解为不同的组成因素，并按照因素间的相互关联影响以及隶属关系将因素按不同层次聚集组合，形成一个多层次的分析结构模型，从而使问题归结为最低层（具体项目）相对于最高层（总目标）的相对重要权值的确定或相对优劣次序的排定。全日制工程硕士学习成果指标体系具有一级指标、二级指标、三级指标的指标分层，而且指标权重的目标值又难以用定量描述，因此运用层次分析法确定学习成果评价指标权重具有很好的适切性。本研究根据行为事件访谈或典型企业调查的结果调整指标，运用层次分析法将复杂的学习成果评价问题逐层分解为 34 个影响学习成果评价的具体指标，然后建立指标体系，最后通过德尔菲法的专家评价，计算每个影响学习成果评价指标的权重。层次分析法的基本步骤为：建立系统的递阶层次结构—构造比较判断矩阵—进行层次单排序、求各层权重系数以及一致性检验—进行层次总排序、求组合权重系数以及一致性检验。

1. 建立递阶层次结构

通过上一章节的数据检验与模型修正，得到了修正后的全日制工程硕士学习成果评价指标体系，理清了各指标间的相互关系，在此基础上建立起全日制工程硕士学习成果的层次机构，共分为四层，从上到下分别为：总体层、系统层、状态层、指标层。下一层支撑上一层，每一层的子系统均相互独立，具体如图3-5所示。递阶层次结构由4个一级指标、9个二级指标以及34个三级指标（问题项）构成，其中一级指标专业及基础知识下辖的二级指标专业胜任能力包括5个问题项，一级指标专业及基础知识下辖的二级指标基础知识包括2个问题项，一级指标应用与合作学习下辖的二级指标规划能力包括个3问题项，一级指标应用与合作学习下辖的二级指标合作能力包括4个问题项，一级指标应用与合作学习下辖的二级指标工程实践能力包括7个问题项，一级指标智力技能下辖的二级指标综合理解能力包括4个问题项，一级指标智力技能下辖的二级指标集成创新能力包括4个问题项，一级指标公民社会责任下辖的二级指标社会责任包括2个问题项，一级指标公民社会责任下辖的二级指标个人责任包括3个问题项。

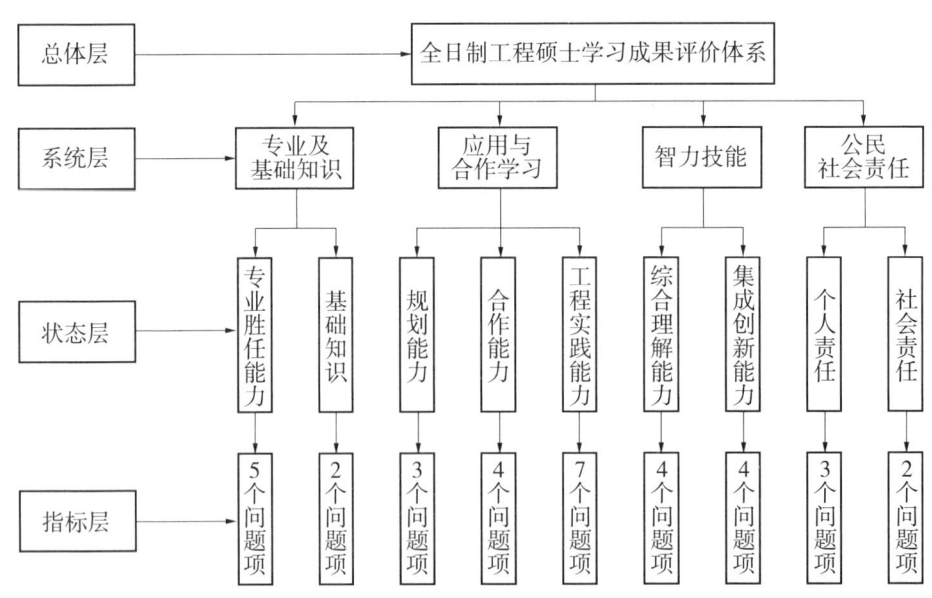

图3-5 全日制工程硕士学习成果层次结构图

2. 构造两两比较判断矩阵

运用层次分析法确定各级指标的权重的关键在于构造判断矩阵。所谓判断矩阵是指利用矩阵形式表示人们对指标体系每一层各元素相对重要性的数值判断。对于上一章节构建的全日制工程硕士学习成果评价指标体系来说，下层指标隶属于上层指标。在判断同一层指标的相对权重时,应该以上一层指标作为准则对本层指标进行两两比较。该比较的结果通常以"1-9标度法"表示,即1表示两个指标同等重要,3表示前一指标比后一指标稍微重要,以此类推,5表示明显重要,7表示强烈重要,9表示极端重要。据此,本研究构建了全日制工程硕士学习成果评价指标二元对比评分表,并据此设计了"全日制工程硕士学习成果评价指标二元对比问卷"(详见附录2),经过专家打分,对同一层次的 n 个指标进行两两之间的比较,所得结果可以构造出该层指标在上层指标准则下的判断矩阵,其中 a_{ij} 表示第 i 个指标相对于第 j 个指标重要程度的标度, a_{ij} 与 a_{ji} 互为倒数。

3.2.2.2 层次分析法高校指标体系权重确定

层次分析法将一个复杂的多目标决策问题作为一个系统,将目标分解为多个目标或准则,通过定性指标模糊量化方法算出层次单排序(权数)和总排序,以作为目标(多指标)、多方案优化决策,同时将决策问题分解为不同的层次结构,用求解判断矩阵特征向量的办法,求得每一层次的各元素对上一层次某元素的优先权重,再用加权和的方法递阶归并各备择方案对总目标的最终权重[141]。本研究基于德尔菲技术,邀请了来自苏州诚万城自动化技术有限公司、中国印钞造币总公司、芬欧汇川(中国)有限公司(UPM)、中国石化总公司、广州造纸有限公司、中国海诚工程科技股份有限公司、巴斯夫中国有限公司、清华大学、西北工业大学、华南理工大学等不同领域的10位学者与行业专家,就评价指标体系中各层指标的相对重要程度进行评判,根据标度法,通过四轮访谈和打分最终归纳出了两两比较的判断矩阵,综合归纳如下。

1. 构造两两比较判断矩阵

1)系统层判断矩阵

系统层按照专业及基础知识、应用与合作学习、智力技能、公民社会责任的顺序得到判断矩阵 L_0:

$$L_0 = \begin{bmatrix} 1 & 7 & 5 & 7 \\ \dfrac{1}{7} & 1 & 3 & 1 \\ \dfrac{1}{5} & \dfrac{1}{3} & 1 & 1 \\ \dfrac{1}{7} & 1 & 1 & 1 \end{bmatrix}$$

2)状态层判断矩阵

(1)专业及基础知识的状态层判断矩阵。

按照专业胜任能力、基础知识的顺序得到判断矩阵 P:

$$P = \begin{bmatrix} 1 & 5 \\ \dfrac{1}{5} & 1 \end{bmatrix}$$

(2) 应用与合作学习的状态层判断矩阵。

按照规划能力、合作能力、工程实践能力顺序得到判断矩阵 A：

$$A = \begin{bmatrix} 1 & \frac{1}{3} & \frac{1}{5} \\ 3 & 1 & \frac{1}{3} \\ 5 & 3 & 1 \end{bmatrix}$$

(3) 智力技能的状态层判断矩阵。

按照综合理解能力、集成创新能力顺序得到判断矩阵 I：

$$I = \begin{bmatrix} 1 & \frac{1}{5} \\ 5 & 1 \end{bmatrix}$$

(4) 公民社会责任的状态层判断矩阵。

按照个人责任、社会责任的顺序得到判断矩阵 S：

$$S = \begin{bmatrix} 1 & 1 \\ 1 & 1 \end{bmatrix}$$

3) 指标层判断矩阵

(1) 专业胜任能力的指标层判断矩阵。

按照 PC1、PC2、PC3、PC4、PC5 的顺序得到判断矩阵 **PC**：

$$PC = \begin{bmatrix} 1 & 1 & 1 & \frac{1}{7} & 1 \\ 1 & 1 & \frac{1}{5} & \frac{1}{7} & \frac{1}{3} \\ 1 & 5 & 1 & 1 & 1 \\ 7 & 7 & 1 & 1 & 1 \\ 1 & 3 & 1 & 1 & 1 \end{bmatrix}$$

(2) 基础知识的指标层判断矩阵。

按照 PB1、PB2 的顺序得到判断矩阵 **PB**：

$$PB = \begin{bmatrix} 1 & \frac{1}{5} \\ 5 & 1 \end{bmatrix}$$

(3) 规划能力的指标层判断矩阵。

按照 AG1、AG2、AG3 的顺序得到判断矩阵 **AG**：

$$AG = \begin{bmatrix} 1 & 1 & 3 \\ 1 & 1 & 3 \\ \frac{1}{3} & \frac{1}{3} & 1 \end{bmatrix}$$

(4) 合作能力的指标层判断矩阵。

按照 AC1、AC2、AC3、AC4 的顺序得到判断矩阵 **AC**：

$$\mathbf{AC} = \begin{bmatrix} 1 & \dfrac{1}{5} & \dfrac{1}{5} & \dfrac{1}{5} \\ 5 & 1 & 1 & 1 \\ 5 & 1 & 1 & 1 \\ 5 & 1 & 1 & 1 \end{bmatrix}$$

(5) 工程实践能力的指标层判断矩阵。

按照 AP1、AP2、AP3、AP4、AP5、AP6、AP7 的顺序得到判断矩阵 **AP**：

$$\mathbf{AP} = \begin{bmatrix} 1 & 3 & 1 & 1 & 1 & \dfrac{1}{3} & 3 \\ \dfrac{1}{3} & 1 & 1 & 1 & 1 & 1 & 3 \\ 1 & 1 & 1 & 3 & 3 & 1 & 3 \\ 1 & 1 & \dfrac{1}{3} & 1 & 1 & \dfrac{1}{3} & 1 \\ 1 & 1 & \dfrac{1}{3} & 1 & 1 & \dfrac{1}{5} & 5 \\ 3 & 1 & 1 & 3 & 5 & 1 & 3 \\ \dfrac{1}{3} & \dfrac{1}{3} & \dfrac{1}{3} & 1 & \dfrac{1}{5} & \dfrac{1}{3} & 1 \end{bmatrix}$$

(6) 综合理解能力的指标层判断矩阵。

按照 IP1、IP2、IP3、IP4 的顺序得到判断矩阵 **IP**：

$$\mathbf{IP} = \begin{bmatrix} 1 & \dfrac{1}{7} & \dfrac{1}{3} & \dfrac{1}{5} \\ 7 & 1 & 5 & 5 \\ 3 & \dfrac{1}{5} & 1 & 1 \\ 5 & \dfrac{1}{5} & 1 & 1 \end{bmatrix}$$

(7) 集成创新能力的指标层判断矩阵。

按照 IC1、IC2、IC3、IC4 的顺序得到判断矩阵 **IC**：

$$\mathbf{IC} = \begin{bmatrix} 1 & 3 & 1 & \dfrac{1}{5} \\ \dfrac{1}{3} & 1 & \dfrac{1}{5} & \dfrac{1}{5} \\ 1 & 5 & 1 & 1 \\ 5 & 5 & 1 & 1 \end{bmatrix}$$

(8) 个人责任的指标层判断矩阵。

按照 SP1、SP2、SP3 的顺序得到判断矩阵 **SP**：

$$\mathbf{SP} = \begin{bmatrix} 1 & \frac{1}{3} & 3 \\ 3 & 1 & 5 \\ \frac{1}{3} & \frac{1}{5} & 1 \end{bmatrix}$$

(9) 社会责任的指标层判断矩阵。

按照 SS1、SS2 的顺序得到判断矩阵 **SS**：

$$\mathbf{SS} = \begin{bmatrix} 1 & 1 \\ 1 & 1 \end{bmatrix}$$

2. 计算各指标的权重

在确定判断矩阵之后，可以通过如下方法来确定各判断矩阵中的每项指标在相应子系统中的权重：依据关系式 $\mathbf{AW} = \lambda_{\max} \mathbf{W}$ 计算判断矩阵 $\mathbf{A}$ 经过归一化后的最大特征值 $\lambda_{\max}$，以及最大特征值 $\lambda_{\max}$ 所对应的经过归一化处理的特征向量 $\mathbf{W} = [w_1, w_2, w_3, \cdots, w_n]^T$，此时得到的特征向量 $\mathbf{W} = [w_1, w_2, w_3, \cdots, w_n]^T$ 便是对应评价指标的权重向量。同时，一是还需要计算一致性指标 CI，$CI = \frac{\lambda_{\max} - n}{n - 1}$，其中 n 为判断矩阵的阶数；二是计算平均随机一致性指标 RI，RI 是多次重复进行随机判断矩阵特征的计算后取算术平均值得到的；三是计算一致性比例 CR，$CR = \frac{CI}{RI}$，只有当 CR<0.1 时，判断矩阵的一致性才能够被接受。根据表 3-2 所示，所有判断矩阵的一致性检测结果均小于 0.1，因此指标体系通过了检验。

表 3-2 各判断矩阵的归一化特征向量及一致性检测结果

	$\lambda_{\max}$	W	CR
L_0	4.21	$(0.672, 0.137, 0.087, 0.104)^T$	0.081
P	2.000	$(0.833, 0.167)^T$	0
A	3.038	$(0.105, 0.258, 0.637)^T$	0.037
I	2.000	$(0.167, 0.833)^T$	0
S	2.000	$(0.500, 0.500)^T$	0
PC	5.437	$(0.115, 0.067, 0.235, 0.371, 0.212)^T$	0.097
PB	2.000	$(0.167, 0.833)^T$	0
AG	3.000	$(0.428, 0.429, 0.143)^T$	0
AC	4.000	$(0.063, 0.313, 0.312, 0.312)^T$	0

续表 3-2

	λ_{max}	W	CR
AP	7.726	$(0.150, 0.128, 0.205, 0.094, 0.110, 0.259, 0.054)^T$	0.089
IP	4.156	$(0.053, 0.624, 0.151, 0.172)^T$	0.058
IC	4.260	$(0.223, 0.057, 0.104, 0.616)^T$	0.097
SP	3.038	$(0.258, 0.637, 0.105)^T$	0.037
SS	2.000	$(0.500, 0.500)^T$	0

综上，得出全日制工程硕士学习成果评价指标体系各级指标的权重向量，简化来看，各级指标赋权如表 3-3 所示。

表 3-3　各级指标赋权

一级指标	权重	二级指标	权重	三级指标	权重
专业及基础知识	0.672	专业胜任能力	0.833	PC1	0.115
				PC2	0.067
				PC3	0.235
				PC4	0.371
				PC5	0.212
		基础知识	0.167	PB1	0.167
				PB2	0.833
应用与合作学习	0.137	规划能力	0.105	AG1	0.428
				AG2	0.429
				AG3	0.143
		合作能力	0.258	AC1	0.063
				AC2	0.313
				AC3	0.312
				AC4	0.312
		工程实践能力	0.637	AP1	0.150
				AP2	0.128
				AP3	0.205
				AP4	0.094
				AP5	0.110
				AP6	0.259
				AP7	0.054

续表 3-3

一级指标	权重	二级指标	权重	三级指标	权重
智力技能	0.087	综合理解能力	0.167	IP1	0.053
				IP2	0.624
				IP3	0.151
				IP4	0.172
		集成创新能力	0.833	IC1	0.223
				IC2	0.057
				IC3	0.104
				IC4	0.616
公民社会责任	0.104	个人责任	0.5	SP1	0.258
				SP2	0.637
				SP3	0.105
		社会责任	0.5	SS1	0.5
				SS2	0.5

根据赋权比重，接下来将应用构建的全日制工程硕士学习成果评价指标体系开展问卷调查，并进行实证研究。

第4章 企业需求导向下全日制工程硕士学习成果评价的实证研究

根据前述研究建立的全日制工程硕士学习成果评价模型，本章将分别进行高校调查和企业调查，分析高校和企业的评价结果，并比较二者之间的差异。

4.1 全日制工程硕士学习成果的高校调查

4.1.1 描述性统计分析

本研究以高校全日制工程硕士为调查对象，调查范围涵盖我国华东、华北、中南、西南、西北和东北六大区域的76所高校，其中："985工程"院校27所，"211工程"院校25所，其他高等院校24所。本研究采用李克特量表衡量全日制工程硕士对自身学习成果的评价，1~5分依次表示"非常不符合""比较不符合""一般""比较符合"和"非常符合"。本次调查共发放问卷4050份，回收问卷3486份，其中有效问卷3080份，问卷有效率为88.35%。Cronbach's α 的值为0.864，大于0.7，问卷信度良好；KMO（Kaiser-Meyer-Olkin）值为0.966，大于0.8，问卷效度良好。

下面分别按照不同区域、高校类型、专业类别、年级和性别对全日制工程硕士学习成果的调查情况进行分析。

1. 按不同区域分

华东地区样本数769，占24.97%；华北地区样本数846，占27.47%；中南地区样本数532，占17.27%；西南地区样本数361，占11.72%；西北地区样本数243，占7.89%；东北地区样本数329，占10.68%。各区域样本的分布情况如图4-1所示。

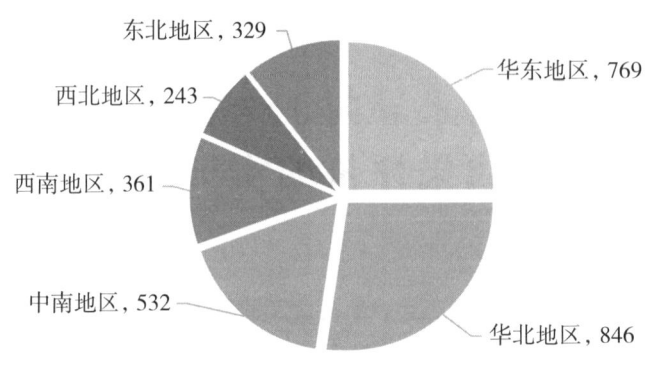

图 4-1 样本区域分布

2. 按高校类型分

本次调查涵盖具有全日制工程硕士招生资格的不同类型的高校 76 所，其中："985 工程"院校样本数 1207，占 39.19%；"211 工程"院校样本数 928，占 30.13%；其他高等院校样本数 945，占 30.68%。各类型高校样本的分布情况如图 4-2 所示。

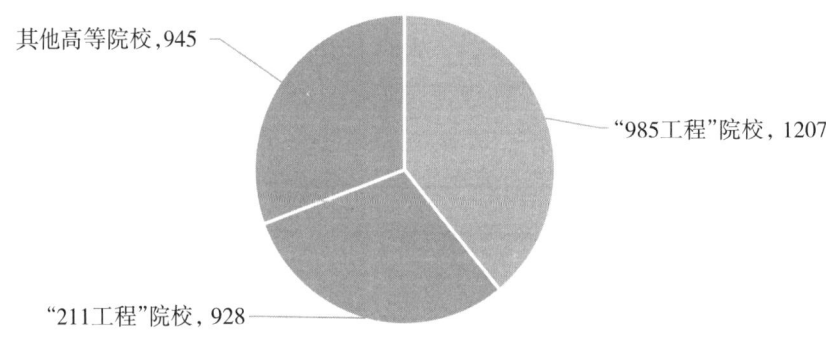

图 4-2 样本学校分布

3. 按专业类别分

《国务院学位委员会、教育部关于对工程专业学位类别进行调整的通知》（学位〔2018〕7号）将工程专业学位类别调整为电子信息、机械、材料与化工、资源与环境、能源动力、土木水利、生物与医药和交通运输 8 个专业学位类别。本次调查涵盖工程硕士的全部 8 个专业类别，其中：电子信息专业样本数 589，占 19.12%；机械专业样本数 512，占 16.62%；材料与化工专业样本数 837，占 27.18%；资源与环境专业样本数 446，占 14.48%；能源动力专业样本数 72，占 2.34%；土木水利专业样本数 191，占 6.20%；生物与医药专业样本数 365，占 11.85%；交通运输专业样本数 68，占 2.21%。各专业学位类别样本的分布情况如图 4-3 所示。

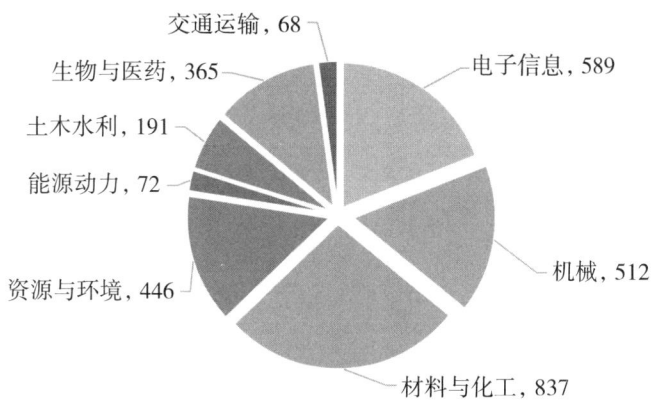

图4-3 样本专业类别分布

4. 按年级分

本次调查涵盖全日制工程硕士的全部年级,其中:研一样本数1003,占32.56%;研二样本数911,占29.58%;研三样本数1166,占37.86%。各年级样本的分布情况如图4-4所示。

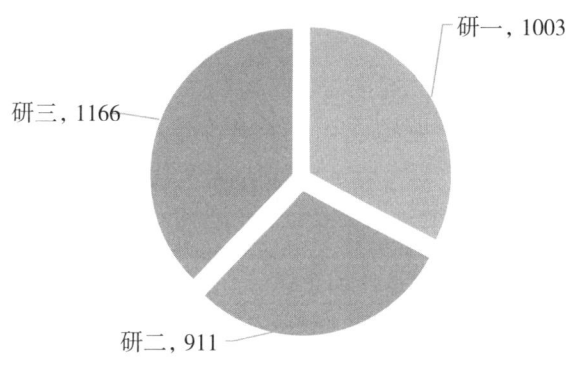

图4-4 样本年级分布

5. 按性别分

本次调查的男性样本数1897,占61.59%;女性样本数1183,占38.41%。不同性别样本的分布情况如图4-5所示。

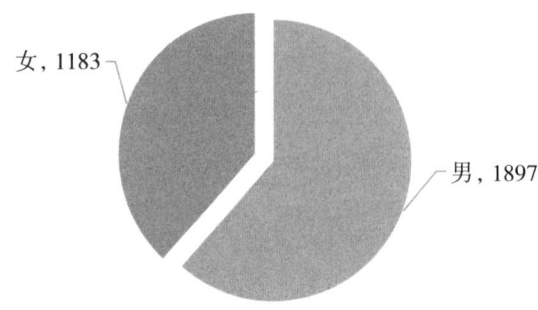

图 4-5 样本性别分布

4.1.2 不同区域的高校样本分析

本研究采用单因素方差分析，检验区域是否影响全日制工程硕士学习成果评价。为了数据处理方便，用数字代表不同区域，区域1是华东地区，区域2是华北地区，区域3是中南地区，区域4是西南地区，区域5是西北地区，区域6是东北地区。由表4-1可知，区域5与区域1、区域2、区域3、区域4的显著性（sig值）分别为 0.014、0.000、0.001 和 0.031，区域6与区域1、区域2、区域3的 sig 值分别为 0.024、0.000 和 0.001，均小于临界值 0.05，即西北地区与华东地区、华北地区、中南地区、西南地区，以及东北地区与华东地区、华北地区、中南地区的全日制工程硕士学习成果评价存在显著差异。

表 4-1 不同区域多重比较（加权总分）

区域（I）	区域（J）	均值差（I-J）	标准误差	显著性	95% 置信区间	
					下限	上限
1	2	-0.0312	0.0178	0.080	-0.066	0.004
	3	-0.0301	0.0201	0.135	-0.070	0.009
	4	0.0007	0.0228	0.976	-0.044	0.045
	5	0.0645*	0.0263	0.014	0.013	0.116
	6	0.0532*	0.0235	0.024	0.007	0.099
2	1	0.0312	0.0178	0.080	-0.004	0.066
	3	0.0010	0.0198	0.959	-0.038	0.040
	4	0.0319	0.0225	0.156	-0.012	0.076
	5	0.0957*	0.0260	0.000	0.045	0.147
	6	0.0844*	0.0232	0.000	0.039	0.130

续表 4-1

区域（I）	区域（J）	均值差（I-J）	标准误差	显著性	95% 置信区间	
					下限	上限
3	1	0.0301	0.0201	0.135	-0.009	0.070
	2	-0.0010	0.0198	0.959	-0.040	0.038
	4	0.0308	0.0244	0.206	-0.017	0.079
	5	0.0947*	0.0277	0.001	0.040	0.149
	6	0.0833*	0.0251	0.001	0.034	0.132
4	1	-0.0007	0.0228	0.976	-0.045	0.044
	2	-0.0319	0.0225	0.156	-0.076	0.012
	3	-0.0308	0.0244	0.206	-0.079	0.017
	5	0.0638*	0.0296	0.031	0.006	0.122
	6	0.0525	0.0272	0.054	-0.001	0.106
5	1	-0.0645*	0.0263	0.014	-0.116	-0.013
	2	-0.0957*	0.0260	0.000	-0.147	-0.045
	3	-0.0947*	0.0277	0.001	-0.149	-0.040
	4	-0.0638*	0.0296	0.031	-0.122	-0.006
	6	-0.0113	0.0302	0.707	-0.071	0.048
6	1	-0.0532*	0.0235	0.024	-0.099	-0.007
	2	-0.0844*	0.0232	0.000	-0.130	-0.039
	3	-0.0833*	0.0251	0.001	-0.132	-0.034
	4	-0.0525	0.0272	0.054	-0.106	0.001
	5	0.0113	0.0302	0.707	-0.048	0.071

注：I 为基准区域，J 为比较区域，均值差（I-J）为基准区域总分减去比较区域总分的差值。

* 表示均值差的显著性水平为 0.05，下同。

1. 学习成果加权总分对比

由图 4-6 可知，各区域的全日制工程硕士学习成果评价的加权总分均值分布于 3.05～3.15 之间，其中，华北地区和中南地区的加权总分均值最高，西北地区的加权总分均值最低。

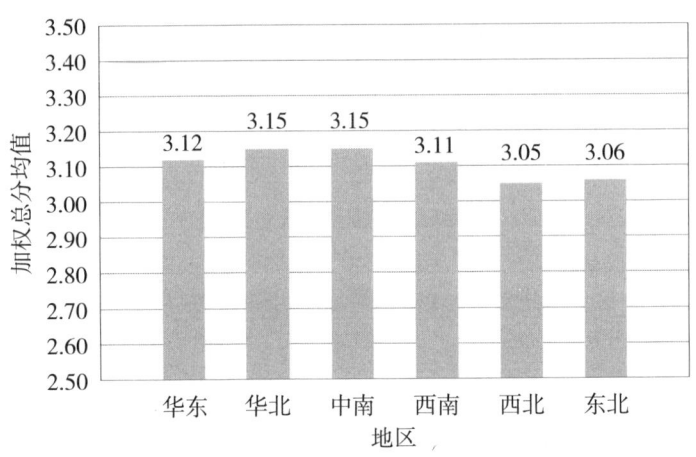

图4-6 不同区域加权总分均值

由图4-7可知，以2.5～3.5分段为界，2.5以下分段和3.5～4.5分段呈现出镜像式分布。2.5以下分段，西北地区和东北地区的全日制工程硕士学习成果评价相对占比大于其他区域；3.5～4.5分段，西北地区和东北地区的相对占比则小于其他区域。

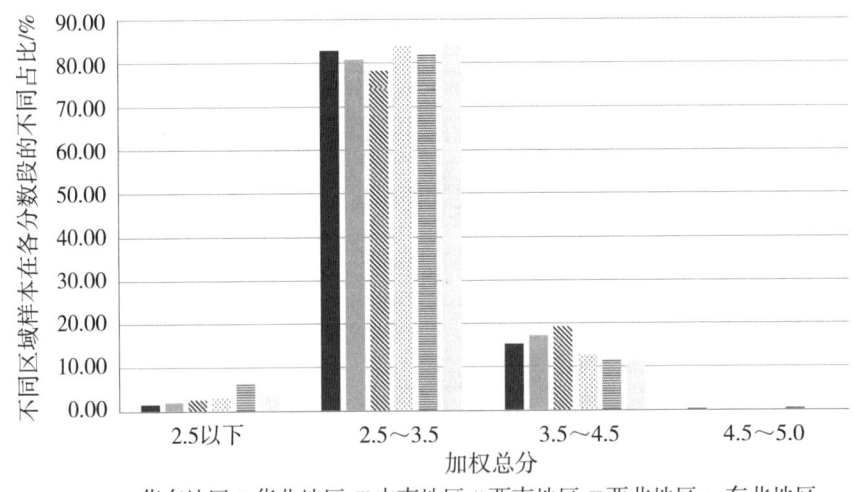

图4-7 不同区域加权总分分布

西北地区和东北地区包含了我国的少数民族自治区以及相当规模的少数民族聚居区，因此相比其他地区，西北地区和东北地区的少数民族学生比例相对较高。有研究认为，受本民族思维定式、教育发展不均衡、就业困难等多重因素的影响，少数民族学生在学习过程中易出现"习得性无助感"，而"习得性无助感"是学生厌学的主要原因[150]。中国疆域广袤辽阔，各地的地理条件、历史过程、宗教、语言、经济、政治等因素的差异造成了人口感知能力的地域差异，从而导致各区域的全日制工程硕士学习成果评价出现差异。

2. 学习成果一级指标对比

检验学习成果的一级指标在不同区域的均值。由图4-8可知，在专业及基础知识、应用与合作学习和智力技能三方面，西北地区和东北地区的均值均低于其他四个区域；而在公民社会责任方面，六个区域的整体评价最低，相较于其他3个一级指标，该项学习成果的提升空间最大。

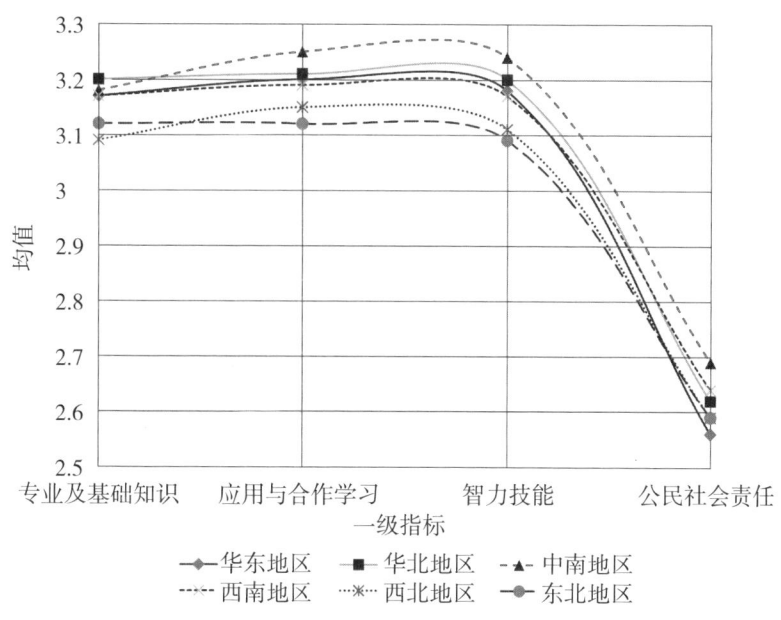

图4-8　不同区域一级指标均值

3. 学习成果二级指标对比

检验学习成果的二级指标在不同区域的均值。由图4-9可知，西北地区和东北地区在专业胜任能力、基础知识、规划能力、合作能力、工程实践能力、综合理解能力和集成创新能力等7个二级指标的评价均值均与其他区域存在一定的差异，其中，西北地区在基础知识方面的均值与其他区域差异最大，东北地区则是在集成创新能力和规划能力方面的均值与其他区域差异较大；此外，一级指标公民社会责任整体评价最低的主要原因在于各区域工程硕士对自身的社会责任评价均值明显低于其他二级指标的评价均值。

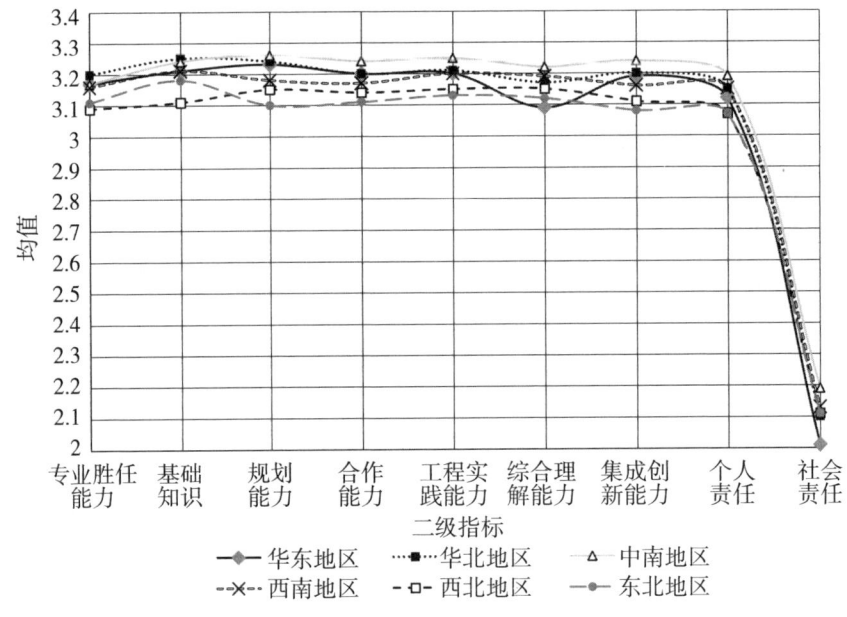

图4-9 不同区域二级指标均值

二级指标基础知识涉及的具体题项包括人文社科知识和工程原理应用两方面，西北地区对于该指标的评价较低可能与我国高等教育的区域投入有关。区域经济发展水平在相当程度上会影响教育资源分配，进而使得高等教育领域的"马太效应"愈演愈烈，西北地区下辖陕西省、甘肃省、宁夏回族自治区、青海省和新疆维吾尔自治区，该区域的整体高教布局本就处于相对劣势。因此，本研究认为，受制于教育资源投入水平和现实条件，西北地区的全日制工程硕士教育实践在基础知识的培养方面是有所欠缺的。二级指标集成创新能力涉及的具体题项包括社会性能力、国际化能力和跨学科能力等多项细分能力，东北地区对该指标的评价较低可能与该区域产业布局有关。东北地区下辖辽宁省、吉林省和黑龙江省，因铁矿、煤炭和石油等矿产资源丰富而以冶金、化工和能源等工业见长，重工业是该区域的主导产业。尽管国家曾提出"振兴东北老工业基地"的战略，但产业升级转型需要经历一个漫长的过程。本研究认为，在该区域的现实工业环境和产业模式的导向之下，高等院校对于全日制工程硕士集成创新能力的培养可能是趋于表面的。

二级指标社会责任涉及的具体题项包括社区志愿服务能力和公民政治义务履行两方面，前者的培养通常需要特定的平台和合适的契机，后者则往往需要通过特定的社会事件来有意识地锻炼。因此，这也启示我国的工程教育需要对学生的社会责任培养加以重视。

4.1.3 不同类型的高校样本分析

本研究采用单因素方差分析,检验高校类型是否影响全日制工程硕士学习成果评价。为了数据处理方便,由数字代表不同高校类型,高校1是"985工程"院校,高校2是"211工程"院校,高校3是其他高等院校。由表4-2可知,高校3与高校1、高校2的显著性(sig值)分别为0.006和0.003,均小于临界值0.05,即其他高等院校与"985工程"院校、"211工程"院校的全日制工程硕士学习成果评价存在显著差异。

表4-2 不同类型高校多重比较(加权总分)

高校(I)	高校(J)	均值差(I-J)	标准误差	显著性	95% 置信区间	
					下限	上限
1	2	-0.0068	0.0155	0.661	-0.037	0.024
	3	0.0431*	0.0156	0.006	0.012	0.074
2	1	0.0068	0.0155	0.661	-0.024	0.037
	3	0.0499*	0.0165	0.003	0.018	0.082
3	1	-0.0431*	0.0156	0.006	-0.074	-0.012
	2	-0.0499*	0.0165	0.003	-0.082	-0.018

注:I为基准高校,J为比较高校,均值差(I-J)为基准高校总分减去比较高校总分的差值,下同。

1. 学习成果加权总分对比

由图4-10可知,"985工程"院校、"211工程"院校和其他高等院校的全日制工程硕士对学习成果掌握情况的评价得分呈现出:"211工程"院校>"985工程"院校>其他高等院校。

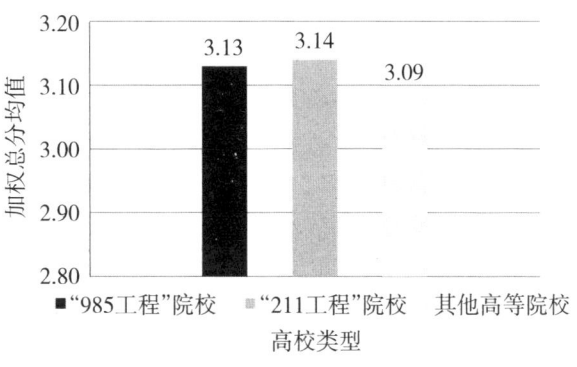

图4-10 不同类型高校加权总分均值

从院校的办学条件来看,其他高等院校与"985工程"院校、"211工程"院校在办学经费、硬件设施、师资力量等方面均存在较大差异;从招生情况来看,全日制工程硕士经历了研究生入学笔试和面试选拔,进入"985工程"院校和"211工程"院校的学生的综合素质整体更好。因此,本研究认为,培养单位的客观条件和工程硕士的主体因素共同作用于学习成果的评价结果,这也是高校类型影响全日制工程硕士学习成果评价的根源所在。

2. 学习成果一级指标对比

检验学习成果的一级指标在不同类型高校的多重比较。由表4-3可知,对于一级指标专业及基础知识(P),高校3与高校1、高校2的显著性(sig值)分别为0.002和0.001,即其他高等院校与"985工程"院校、"211工程"院校的全日制工程硕士对于专业及基础知识的评价存在显著差异;对于一级指标应用与合作学习(A),高校3与高校1的sig值为0.045,即其他高等院校与"985工程"院校的全日制工程硕士对应用与合作学习的评价存在显著差异;对于一级指标智力技能(I),高校3与高校2的sig值为0.031,即其他高等院校与"211工程"院校的全日制工程硕士对智力技能的评价存在显著差异;而高校类型不会影响全日制工程硕士对公民社会责任(S)的评价。

表4-3 不同类型高校多重比较(一级指标)

因变量	高校(I)	高校(J)	均值差(I-J)	标准误差	显著性	95% 置信区间	
						下限	上限
P	1	2	-0.0090	0.0171	0.598	-0.043	0.025
		3	0.0521*	0.0172	0.002	0.018	0.086
	2	1	0.0090	0.0171	0.598	-0.025	0.043
		3	0.0612*	0.0182	0.001	0.025	0.097
	3	1	-0.0521*	0.0172	0.002	-0.086	-0.018
		2	-0.0612*	0.0182	0.001	-0.097	-0.025
A	1	2	-0.0005	0.0177	0.980	-0.035	0.034
		3	0.0357*	0.0178	0.045	0.001	0.071
	2	1	0.0005	0.0177	0.980	-0.034	0.035
		3	0.0361	0.0189	0.055	-0.001	0.073
	3	1	-0.0357*	0.0178	0.045	-0.071	-0.001
		2	-0.0361	0.0189	0.055	-0.073	0.001

续表4-3

因变量	高校（I）	高校（J）	均值差（I-J）	标准误差	显著性	95% 置信区间	
						下限	上限
I	1	2	-0.0120	0.0196	0.539	-0.050	0.026
		3	0.0330	0.0197	0.093	-0.006	0.072
	2	1	0.0120	0.0196	0.539	-0.026	0.050
		3	0.0451*	0.0208	0.031	0.004	0.086
	3	1	-0.0330	0.0197	0.093	-0.072	0.006
		2	-0.0451*	0.0208	0.031	-0.086	-0.004
S	1	2	0.0036	0.0243	0.883	-0.044	0.051
		3	0.0033	0.0244	0.894	-0.045	0.051
	2	1	-0.0036	0.0243	0.883	-0.051	0.044
		3	-0.0003	0.0258	0.990	-0.051	0.050
	3	1	-0.0033	0.0244	0.894	-0.051	0.045
		2	0.0003	0.0258	0.990	-0.050	0.051

3. 学习成果二级指标对比

检验学习成果的部分二级指标在不同类型高校的多重比较。由表4-4可知，对于专业胜任能力（PC），高校3与高校1、高校2的显著性（sig 值）分别为0.018和0.003，即其他高等院校与"985工程"院校、"211工程"院校的全日制工程硕士对专业胜任能力的评价存在显著差异。对于基础知识（PB），高校3与高校1、高校2的sig值分别为0.000和0.001，即其他高等院校与"985工程"院校、"211工程"院校的全日制工程硕士对基础知识的评价存在显著差异。对于规划能力（AG），高校3与高校1、高校2的sig值分别为0.043和0.003，即其他高等院校与"985工程"院校、"211工程"院校的全日制工程硕士对规划能力的评价存在显著差异。对于工程实践能力（AP），高校3与高校1、高校2的sig值分别为0.045和0.120，其他高等院校与"985工程"院校的全日制工程硕士对工程实践能力的评价存在显著差异，而与"211工程"院校不存在显著差异。对于集成创新能力（IC），高校2与高校1、高校3的sig值分别为0.333和0.013，其他高等院校与"211工程"院校的全日制工程硕士对集成创新能力（IC）的评价存在显著差异。

表4-4 不同类型高校多重比较（部分二级指标）

因变量	高校（I）	高校（J）	均值差（I-J）	标准误差	显著性	95% 置信区间	
						下限	上限
PC	1	2	-0.0142	0.0180	0.431	-0.049	0.021
		3	0.0427*	0.0181	0.018	0.007	0.078
	2	1	0.0142	0.0180	0.431	-0.021	0.049
		3	0.0569*	0.0191	0.003	0.019	0.094
	3	1	-0.0427*	0.0181	0.018	-0.078	-0.007
		2	-0.0569*	0.0191	0.003	-0.094	-0.019
PB	1	2	0.0165	0.0243	0.499	-0.031	0.064
		3	0.0989*	0.0245	0.000	0.051	0.147
	2	1	-0.0165	0.0243	0.499	-0.064	0.031
		3	0.0825*	0.0259	0.001	0.032	0.133
	3	1	-0.0989*	0.0245	0.000	-0.147	-0.051
		2	-0.0825*	0.0259	0.001	-0.133	-0.032
AG	1	2	-0.0233	0.0206	0.258	-0.064	0.017
		3	0.0419*	0.0207	0.043	0.001	0.082
	2	1	0.0233	0.0206	0.258	-0.017	0.064
		3	0.0652*	0.0219	0.003	0.022	0.108
	3	1	-0.0419*	0.0207	0.043	-0.082	-0.001
		2	-0.0652*	0.0219	0.003	-0.108	-0.022
AC	1	2	-0.0090	0.0189	0.633	-0.046	0.028
		3	0.0278	0.0190	0.143	-0.009	0.065
	2	1	0.0090	0.0189	0.633	-0.028	0.046
		3	0.0368	0.0201	0.067	-0.003	0.076
	3	1	-0.0278	0.0190	0.143	-0.065	0.009
		2	-0.0368	0.0201	0.067	-0.076	0.003
AP	1	2	0.0068	0.0188	0.718	-0.030	0.044
		3	0.0379*	0.0189	0.045	0.001	0.075
	2	1	-0.0068	0.0188	0.718	-0.044	0.030
		3	0.0311	0.0200	0.120	-0.008	0.070
	3	1	-0.0379*	0.0189	0.045	-0.075	-0.001
		2	-0.0311	0.0200	0.120	-0.070	0.008

续表 4-4

因变量	高校（I）	高校（J）	均值差（I-J）	标准误差	显著性	95% 置信区间	
						下限	上限
IP	1	2	0.0299	0.0264	0.259	-0.022	0.082
		3	0.0217	0.0266	0.414	-0.030	0.074
	2	1	-0.0299	0.0264	0.259	-0.082	0.022
		3	-0.0082	0.0281	0.772	-0.063	0.047
	3	1	-0.0217	0.0266	0.414	-0.074	0.030
		2	0.0082	0.0281	0.772	-0.047	0.063
IC	1	2	-0.0204	0.0211	0.333	-0.062	0.021
		3	0.0353	0.0212	0.096	-0.006	0.077
	2	1	0.0204	0.0211	0.333	-0.021	0.062
		3	0.0557*	0.0224	0.013	0.012	0.100
	3	1	-0.0353	0.0212	0.096	-0.077	0.006
		2	-0.0557*	0.0224	0.013	-0.100	-0.012

本研究认为，专业胜任能力涵盖了解行业知识和政策法规（PC1）、专业知识学习（PC2、PC3）和终身学习能力（PC4）以及职业操守（PC5），基础知识包括人文社科知识（PB1）和工程原理应用能力（PB2），规划能力则涉及市场需求识别（AG1）、产品分析能力（AG2）和时间管理能力（AG3）。结合图 4-11 可知，其他高等院校在专业胜任能力、基础知识和规划能力方面均与"985 工程"院校和"211 工程"院校存在一定的差距，特别是在"了解新材料、新工艺、新设备"（PC2）和"掌握了哲学、历史等人文社科知识"（PB1）两方面。前者与作为主要培养单位的高校提供的实践平台和学科前沿水平关系密切，"985 工程"院校和"211 工程"院校基于综合实力和整体研究能力的优势，拥有更先进的实验室以及能够与企业建立融合度更高的产学研合作，其培养的工程硕士相较其他高等院校的工程硕士接触新材料、新工艺和新设备的机会也相应更多；后者则与高校的人才培养理念和价值取向有关，若过度强调专业教育，忽视人文社科知识教育，则难以培养出能够适应和满足社会转型需要的人才，"985 工程"院校往往更加重视学生与人文社科知识的互动，并视人文社科知识为专业人才培养体系的重要组成部分。

《工程硕士专业学位设置方案》指出，工程硕士专业学位是侧重于工程应用的、与工程领域任职资格相联系的专业性学位。工程实践能力是一种用于解决真实工程环境中的复杂现实问题的复合型能力，这种涉及项目评价、项目实施与执行、问题发现、风险管控和工程创新等多个环节的能力直接关系到工程应用的最终结果。结合图 4-12 可知，高校类型对于全日制工程硕士的工程实践能力主观评价的影响主要与"严格执行工程标准"（AP3）、"对工程项目进度和风险进行有效管控"（AP5）以及"创新开发的能力"（AP7）三项具体能力有关。这可能与培养单位所提供的教育资源直接相关——"985 工程"院校的办学实力和社会声誉明显优于其他高等院校，校企合作的深度和广度也是其他高等院校无法相比的，因此，"985 工程"院校能够提供更丰富的工程实践机会和质量更高的工程实践平台，并且在项目实施过程中不断提高全日制工程硕士的执行能力。

前述研究已提及集成创新能力是社会性能力（IC1）、国际性能力（IC2、IC3）和跨学科能力（IC4）的总和，结合图 4-13 可知，高校类型对全日制工程硕士的集成创新能力的评价的影响主要与"开展国际竞争与合作"（IC3）和"综合运用多学科知识进行产品开发和设计"（IC4）两项具体能力有关，上述两项能力的评价差异根源仍在于培养单位的平台差距。此外，"国际交流、学习的能力"（IC2）的评价很低，这也启示我国的工程教育需要一定的国际视野并配套相应的培养环节。

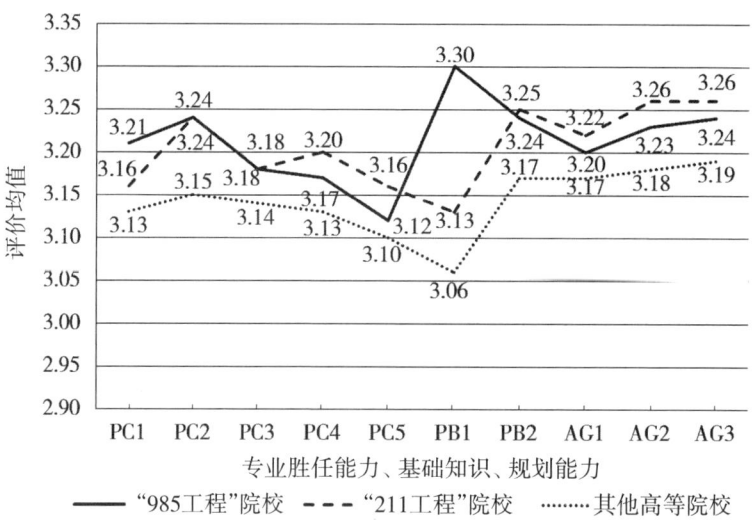

图 4-11　不同类型高校专业胜任能力、基础知识、规划能力评价均值

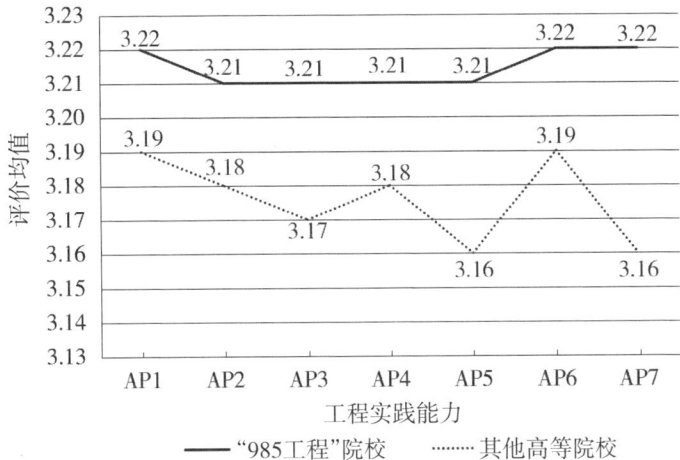

图 4-12 "985 工程"院校、其他高等院校工程实践能力评价均值

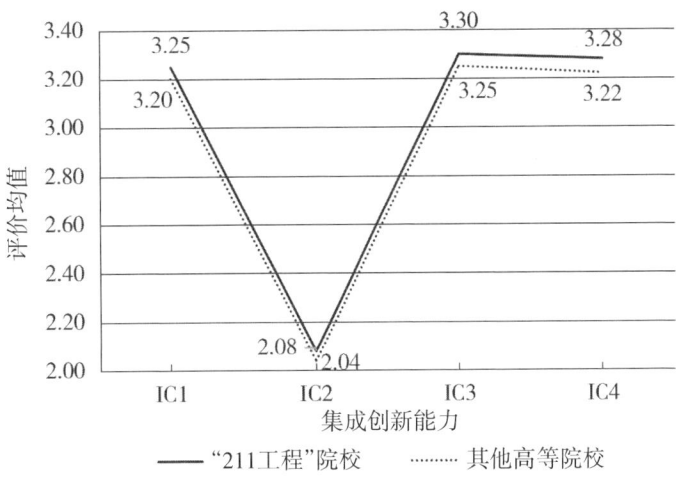

图 4-13 "211 工程"院校、其他高等院校集成创新能力评价均值

4.1.4 不同专业的高校样本分析

本研究采用单因素方差分析，检验专业是否影响全日制工程硕士学习成果评价。为了数据处理方便，由数字代表不同专业，专业 1 是电子信息，专业 2 是机械，专业 3 是材料与化工，专业 4 是资源与环境，专业 5 是能源动力，专业 6 是土木水利，专业 7 是生物与医药，专业 8 是交通运输。由表 4-5 可知，各专业之间的显著性（sig 值）均大于 0.05，即不同专业的全日制工程硕士学习成果评价不存在显著差异。由图 4-14 可知，不同专业的全日制工程硕士学习成果评价的均值分布于 3.07~3.18 之间。其中，交通运输专业的加权评价总分均值最高，资源与环境专业

107

的加权评价总分均值最低。

调查结果显示，专业不是影响全日制工程硕士对学习成果产生认知差异的主要因素。这说明，一方面，无论是原有的 40 个工程硕士领域，抑或是现行的 8 类工程专业学位类别，都是基于《工程硕士专业学位设置方案》《关于制订工程类硕士专业学位研究生培养方案的指导意见》等政策文件的宏观指导而修订具体的培养细则，不同专业对于全日制工程硕士的整体培养理念和总体能力要求是相对一致的，因此在同样的培养要求下不同专业的工程硕士学习成果评价也呈现出大致相同的态势；另一方面，则提示有关培养单位和研究人员应当聚焦不同工程专业学位类别的差异化培养需求，制定有关培养方案，培养具有领域特色的专业能力。

表4-5 不同专业多重比较（加权总分）

专业（I）	专业（J）	均值差（I-J）	标准误差	显著性	95% 置信区间	
					下限	上限
1	2	-0.0544	0.0216	0.212	-0.097	0.012
	3	-0.0235	0.0192	0.222	-0.061	0.014
	4	0.0252	0.0224	0.261	-0.019	0.069
	5	0.0013	0.0446	0.978	-0.086	0.089
	6	-0.0782	0.0297	0.109	-0.136	0.020
	7	-0.0681	0.0238	0.204	-0.115	0.021
	8	-0.0859	0.0457	0.060	-0.176	0.004
2	1	0.0544	0.0216	0.212	0.012	-0.097
	3	0.0309	0.0200	0.123	-0.008	0.070
	4	0.0796	0.0231	0.051	-0.034	0.125
	5	0.0556	0.0450	0.216	-0.033	0.144
	6	-0.0238	0.0303	0.432	-0.083	0.036
	7	-0.0137	0.0245	0.575	-0.062	0.034
	8	-0.0316	0.0461	0.494	-0.122	0.059
3	1	0.0235	0.0192	0.222	-0.014	0.061
	2	-0.0309	0.0200	0.123	-0.070	0.008
	4	0.0487	0.0209	0.120	-0.008	0.090
	5	0.0247	0.0439	0.573	-0.061	0.111
	6	-0.0547	0.0286	0.056	-0.111	0.001
	7	-0.0446	0.0224	0.247	-0.089	0.001
	8	-0.0625	0.0450	0.166	-0.151	0.026

续表 4-5

专业 (I)	专业 (J)	均值差 (I-J)	标准误差	显著性	95% 置信区间	
					下限	上限
4	1	-0.0252	0.0224	0.261	-0.069	0.019
	2	-0.0796	0.0231	0.051	-0.125	0.034
	3	-0.0487	0.0209	0.120	-0.090	0.008
	5	-0.0240	0.0454	0.597	-0.113	0.065
	6	-0.1034	0.0309	0.201	-0.164	0.043
	7	-0.0933	0.0252	0.060	-0.143	0.044
	8	-0.1112	0.0465	0.057	-0.202	0.020
5	1	-0.0013	0.0446	0.978	-0.089	0.086
	2	-0.0556	0.0450	0.216	-0.144	0.033
	3	-0.0247	0.0439	0.573	-0.111	0.061
	4	0.0240	0.0454	0.597	-0.065	0.113
	6	-0.0794	0.0494	0.108	-0.176	0.017
	7	-0.0693	0.0461	0.132	-0.160	0.021
	8	-0.0872	0.0604	0.149	-0.206	0.031
6	1	0.0782	0.0297	0.109	-0.020	0.136
	2	0.0238	0.0303	0.432	-0.036	0.083
	3	0.0547	0.0286	0.056	-0.001	0.111
	4	0.1034	0.0309	0.201	-0.043	0.164
	5	0.0794	0.0494	0.108	-0.017	0.176
	7	0.0101	0.0319	0.752	-0.052	0.073
	8	-0.0078	0.0504	0.878	-0.107	0.091
7	1	0.0681	0.0238	0.204	-0.021	0.115
	2	0.0137	0.0245	0.575	-0.034	0.062
	3	0.0446	0.0224	0.247	-0.001	0.089
	4	0.0933	0.0252	0.060	-0.044	0.143
	5	0.0693	0.0461	0.132	-0.021	0.160
	6	-0.0101	0.0319	0.752	-0.073	0.052
	8	-0.0178	0.0472	0.705	-0.110	0.075

续表 4-5

专业（I）	专业（J）	均值差（I-J）	标准误差	显著性	95% 置信区间	
					下限	上限
8	1	0.0859	0.0457	0.060	-0.004	0.176
	2	0.0316	0.0461	0.494	-0.059	0.122
	3	0.0625	0.0450	0.166	-0.026	0.151
	4	0.1112	0.0465	0.057	-0.020	0.202
	5	0.0872	0.0604	0.149	-0.031	0.206
	6	0.0078	0.0504	0.878	-0.091	0.107
	7	0.0178	0.0472	0.705	-0.075	0.110

注：I 为基准专业，J 为比较专业，均值差（I-J）为基准专业总分减去比较专业总分的差值。

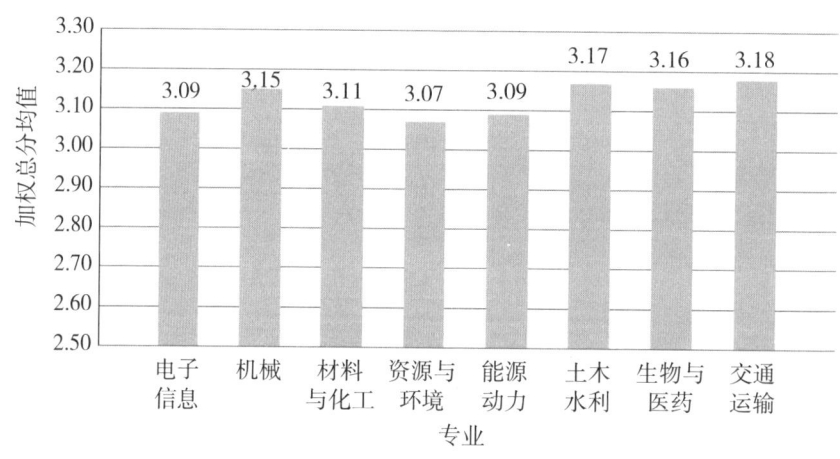

图 4-14　不同专业学习成果加权总分均值

4.1.5　不同年级的高校样本分析

本研究采用单因素方差分析，检验年级是否影响全日制工程硕士学习成果评价。为了数据处理方便，用数字代表不同年级，年级 1 代表研一，年级 2 代表研二，年级 3 代表研三。由表 4-6 可知，年级 1 与年级 2、年级 3 的显著性（sig 值）分别为 0.041 和 0.023，均小于临界值 0.05，即研一与研二、研三的全日制工程硕士学习成果评价存在显著差异。

国内的工程教育多在硕士一年级设置课程，部分院校也有少量课程分布于硕士二年级。本研究推测，基于课程的量化评价标准，全日制工程硕士通过课程参与、课业任务完成以及课程考核参与了这一完整的过程，能够在其中相对清楚地感知自身学习成果的掌握情况，故而研一与研二、研三的评价存在显著差异。自 1954 年

Festinger 提出社会比较理论以来,研究者就开始关注社会比较的方向对于个体自我评价的影响,即上行比较(与比自己优秀的人比较)和下行比较(与比自己差的人比较)对个体自我评价的影响作用。研究者普遍认为,社会比较对个体自我评价的影响与其比较方向存在一种内在的联系,并由此产生对比效应[151]。研究生二年级多为硕士开展工程实践的阶段,全日制工程硕士研究生进入二年级以后,课程数量整体减少甚至没有课程安排,此时评价标准受具体专业领域影响而有所不同,全日制工程硕士的比较对象减少进而削弱了对比效应,故而研二与研三之间的评价不存在显著差异。

表4-6 不同年级多重比较(加权总分)

年级(I)	年级(J)	均值差(I-J)	标准误差	显著性	95% 置信区间	
					下限	上限
1	2	0.0116*	0.0151	0.041	0.018	0.041
	3	-0.0016*	0.0165	0.023	-0.034	-0.031
2	1	-0.0116*	0.0151	0.041	-0.041	-0.018
	3	-0.0132	0.0181	0.464	-0.049	0.022
3	1	0.0016*	0.0165	0.023	0.031	0.034
	2	0.0132	0.0181	0.464	-0.022	0.049

注:I 为基准年级,J 为比较年级,均值差(I-J)为基准年级总分减去比较年级总分的差值,下同。

1. 学习成果加权总分对比

由图4-15可知,各年级的全日制工程硕士学习成果的评价得分呈现出:研三 > 研二 > 研一。

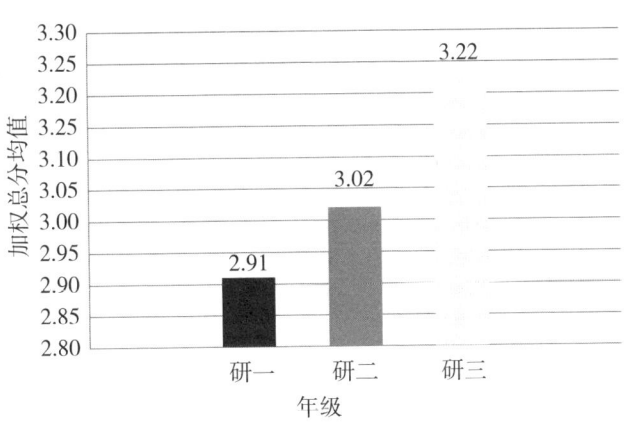

图4-15 不同年级加权总分均值

国内学者曾比较不同年级研究生的实践能力，研究结果显示，因三年级研究生经过了更长时间的学习和专业实践，其实践能力得分高于一年级和二年级，且后两者均非常接近均值[152]。根据本研究的调查结果，从研一到研二再到研三，全日制工程硕士学习成果评价呈现出上升趋势，说明三年制的工程教育是一个学习成果不断积累的过程。

2. 学习成果一级指标对比

检验学习成果的一级指标在不同年级的多重比较。由表4-7可知，对于一级指标应用与合作学习（A），年级1与年级3的显著性（sig值）为0.048，即研一与研三的全日制工程硕士对于应用与合作学习的评价存在显著差异；对于一级指标智力技能（I），年级1与年级2的sig值为0.009，即研一与研二的全日制工程硕士对于智力技能的评价存在显著差异；对于一级指标公民社会责任（S），年级1与年级2、年级3的sig值分别为0.014和0.016，即研一与研二、研三的全日制工程硕士对于公民社会责任的评价存在显著差异；而年级不会影响全日制工程硕士对于专业及基础知识（P）的评价。

表4-7 不同年级多重比较（一级指标）

因变量	年级（I）	年级（J）	均值差（I-J）	标准误差	显著性	95% 置信区间	
						下限	上限
P	1	2	0.0213	0.0167	0.201	-0.011	0.054
		3	0.0081	0.0182	0.656	-0.028	0.044
	2	1	-0.0213	0.0167	0.201	-0.054	0.011
		3	-0.0132	0.0199	0.507	-0.052	0.026
	3	1	-0.0081	0.0182	0.656	-0.044	0.028
		2	0.0132	0.0199	0.507	-0.026	0.052
A	1	2	0.0143	0.0172	0.405	-0.019	0.048
		3	-0.0208*	0.0188	0.048	-0.058	-0.016
	2	1	-0.0143	0.0172	0.405	-0.048	0.019
		3	-0.0351	0.0206	0.087	-0.075	0.005
	3	1	0.0208*	0.0188	0.048	0.016	0.058
		2	0.0351	0.0206	0.087	-0.005	0.075

续表 4-7

因变量	年级（I）	年级（J）	均值差（I-J）	标准误差	显著性	95% 置信区间	
						下限	上限
I	1	2	0.0157*	0.0190	0.009	0.022	0.053
		3	-0.0175	0.0208	0.400	-0.058	0.023
	2	1	-0.0157*	0.0190	0.009	-0.053	-0.022
		3	-0.0332	0.0227	0.144	-0.078	0.011
	3	1	0.0175	0.0208	0.400	-0.023	0.058
		2	0.0332	0.0227	0.144	-0.011	0.078
S	1	2	-0.0578*	0.0235	0.014	-0.104	-0.012
		3	-0.0257*	0.0257	0.016	-0.076	-0.025
	2	1	0.0578*	0.0235	0.014	0.012	0.104
		3	0.0321	0.0281	0.253	-0.023	0.087
	3	1	0.0257*	0.0257	0.016	0.025	0.076
		2	-0.0321	0.0281	0.253	-0.087	0.023

3. 学习成果二级指标对比

检验学习成果的部分二级指标在不同年级的多重比较。由表 4-7 可知，对于二级指标合作能力（AC），年级 1 与年级 3 的显著性（sig 值）为 0.030，即研一与研三的全日制工程硕士对于合作能力（AC）的评价存在显著差异；对于二级指标综合理解能力（IP），年级 1 与年级 2 的 sig 值为 0.046，即研一与研二的全日制工程硕士对于综合理解能力（IP）的评价存在显著差异；对于二级指标社会责任（SS），年级 1 与年级 2、年级 3 的 sig 值分别为 0.001 和 0.027，即研一与研二、研三的全日制工程硕士对于社会责任（SS）的评价存在显著差异。

表 4-8 不同年级多重比较（部分二级指标）

因变量	年级（I）	年级（J）	均值差（I-J）	标准误差	显著性	95% 置信区间	
						下限	上限
AG	1	2	0.0014	0.0200	0.945	-0.038	0.041
		3	-0.0092	0.0218	0.674	-0.052	0.034
	2	1	-0.0014	0.0200	0.945	-0.041	0.038
		3	-0.0106	0.0239	0.658	-0.057	0.036
	3	1	0.0092	0.0218	0.674	-0.034	0.052
		2	0.0106	0.0239	0.658	-0.036	0.057

续表 4-8

因变量	年级（I）	年级（J）	均值差（I-J）	标准误差	显著性	95% 置信区间	
						下限	上限
AC	1	2	0.0185	0.0183	0.314	-0.017	0.054
		3	-0.0474*	0.0219	0.030	-0.090	-0.004
	2	1	-0.0185	0.0183	0.314	-0.054	0.017
		3	-0.0290	0.0200	0.148	-0.068	0.010
	3	1	0.0474*	0.0219	0.030	0.004	0.090
		2	0.0290	0.0200	0.148	-0.010	0.068
AP	1	2	0.0148	0.0182	0.417	-0.021	0.051
		3	-0.0194	0.0199	0.329	-0.058	0.020
	2	1	-0.0148	0.0182	0.417	-0.051	0.021
		3	-0.0342	0.0218	0.116	-0.077	0.008
	3	1	0.0194	0.0199	0.329	-0.020	0.058
		2	0.0342	0.0218	0.116	-0.008	0.077
IP	1	2	-0.0512*	0.0256	0.046	-0.101	-0.001
		3	-0.0375	0.0280	0.181	-0.092	0.017
	2	1	0.0512*	0.0256	0.046	0.001	0.101
		3	0.0137	0.0306	0.656	-0.046	0.074
	3	1	0.0375	0.0280	0.181	-0.017	0.092
		2	-0.0137	0.0306	0.656	-0.074	0.046
IC	1	2	0.0291	0.0205	0.155	-0.011	0.069
		3	-0.0134	0.0224	0.547	-0.057	0.030
	2	1	-0.0291	0.0205	0.155	-0.069	0.011
		3	-0.0425	0.0245	0.082	-0.091	0.005
	3	1	0.0134	0.0224	0.547	-0.030	0.057
		2	0.0425	0.0245	0.082	-0.005	0.091
SP	1	2	0.0129	0.0206	0.532	-0.027	0.053
		3	-0.0206	0.0224	0.359	-0.065	0.023
	2	1	-0.0129	0.0206	0.532	-0.053	0.027
		3	-0.0334	0.0246	0.174	-0.082	0.015
	3	1	0.0206	0.0224	0.359	-0.023	0.065
		2	0.0334	0.0246	0.174	-0.015	0.082

续表 4-8

因变量	年级（I）	年级（J）	均值差（I-J）	标准误差	显著性	95% 置信区间	
						下限	上限
SS	1	2	-0.1285*	0.0370	0.001	-0.201	-0.056
		3	0.0977*	0.0442	0.027	0.011	0.184
	2	1	0.1285*	0.0370	0.001	0.056	0.201
		3	-0.0309	0.0404	0.445	-0.110	0.048
	3	1	-0.0977*	0.0442	0.027	-0.184	-0.011
		2	0.0309	0.0404	0.445	-0.048	0.110

本研究认为，合作能力涵盖团队合作能力（AC1）、全局性和整体性思维（AC2）、组织管理优化能力（AC3）以及处理分歧和矛盾的能力（AC4）。结合图4-16可知，研一的全日制工程硕士在合作能力方面与研三存在整体上的差距。但相对而言，团队合作能力（AC1）的差距略小于其他3个指标。合作能力是一级指标应用与合作学习下设的1个二级指标，全日制工程硕士涉及的工程实践由教学实践和生产实践两部分构成，前者由作为主要培养单位的高校负责，后者则与作为联合培养单位的具体企业关系密切。相比之下，团队合作是一种能够在实验室环境、现实工程环境以及日常学习环境中共同培养的能力，而全局性和整体性思维、组织管理优化能力以及处理分歧和矛盾的能力则更多是在接触现实工程环境以后才会出现质的提升。

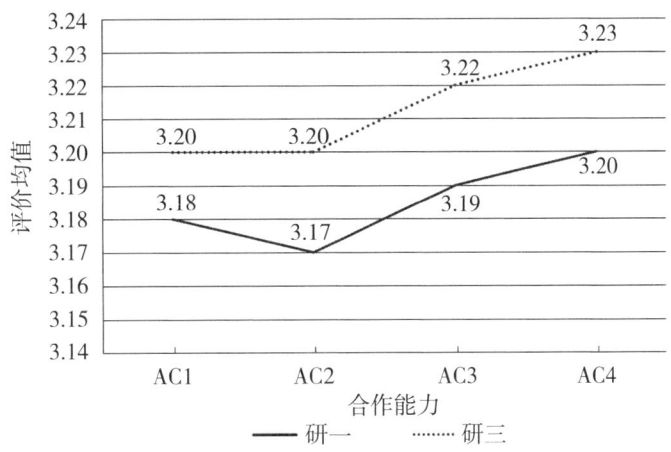

图 4-16 研一、研三合作能力评价均值

综合理解能力涵盖知识更新能力（IP1）、系统分析和阐述问题能力（IP2）、自我评价能力（IP3）以及工程环境识别和适应能力（IP4）。结合图4-17可知，研一与研二的全日制工程硕士在综合理解能力方面的差距主要体现在"准确评价自身

的能力"（IP3）和"识别工程环境变化并对工作做出调整的能力"（IP4）两个具体题项上。综合理解能力是一级指标智力技能下设的 1 个二级指标，根据我国工程教育的现实状况，研二通常是基础课程与专业实践的分水岭，在这一阶段，工程硕士逐步开始接触数量更多的、实现难度更大的工程项目，并不断完善对于自身的认知和丰富对于项目环境的认知，因此上述两项学习成果在研二阶段有了明显的提升。此外，题项 IP4 的总体得分为四项最低，这与全日制工程硕士在校期间所涉及的工程项目相对有限有关。

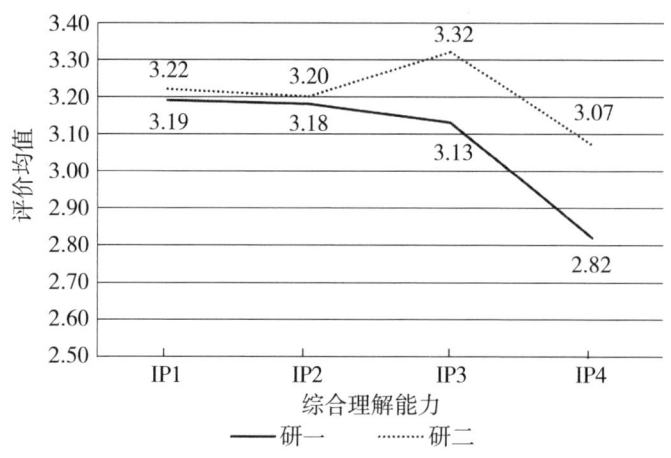

图 4-17　研一、研二综合理解能力评价均值

社会责任涵盖社区服务和志愿服务能力（SS1）以及参与公民义务的投票、选举的意愿和能力（SS2）。结合图 4-18 可知，三个年级中研二的评价相对最好。本研究认为，研二总体评价优于其他两个年级的关键在于，研一阶段课业紧张，研三

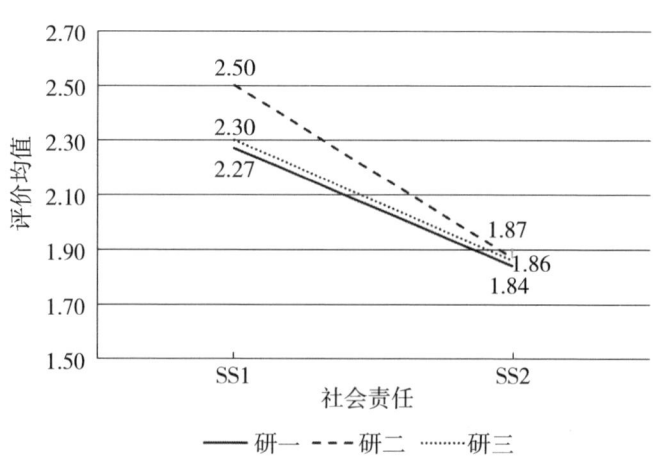

图 4-18　不同年级社会责任评价均值

阶段面临毕业和就业的双重压力，全日制工程硕士在研二时期拥有更多的自主时间接触社会，特别体现在社区服务和志愿服务的参与上。然而，根据图4-18，各年级对于社会责任这一学习成果的整体评价均低于3分（5分制），一方面可能与工程硕士缺少培养社会责任感的机会和条件有关，另一方面说明我国的工程教育需要对该方面进行有意识的引导。

4.1.6 不同性别的高校样本分析

本研究采用独立样本T检验，检验性别是否影响全日制工程硕士学习成果评价。有学者对包含"985工程"院校、"211工程"院校以及其他高等院校在内的16所国内高校进行调研发现，男性的"学业发展满意度"高于女性[153]。由表4-9可知，本研究的男性样本数为1897，其加权总分均值为3.121；女性样本数为1183，其加权总分均值为3.112。总体而言，男性全日制工程硕士学习成果评价略高于女性工程硕士学习成果评价。

表4-9 不同性别组统计量

性别	N	均值	标准误差	均值的标准误差
男	1897	3.121	0.3662	0.0084
女	1183	3.112	0.3456	0.0100

由表4-10可知，"列表方差相等性检验"的显著性（sig值）为0.202，大于临界值0.05，满足方差齐性，因此选择"假设方差相等"一行的T检验结果，sig（双侧）值为0.491，大于临界值0.05，即不同性别的全日制工程硕士学习成果评价不存在显著差异。

表4-10 不同性别独立样本检验

	方差方程的 Levene检验		均值方程的T检验						
	F	显著性	t	df	显著性（双侧）	均值差值	标准误差	差分的95%置信区间	
								下限	上限
假设方差相等	1.631	0.202	0.689	3078	0.491	0.0092	0.0133	-0.0169	0.0352
假设方差不相等	—	—	0.699	2616.921	0.485	0.0092	0.0131	-0.0165	0.0348

注：方差相等与不相等的Levene检验结果一致，因此系数输出只显示方差相等的结果。

4.1.7 小结

结合上述研究，全日制工程硕士学习成果评价的差异性如表4-11所示。"√"表示当自变量（区域、学校、专业、年级、性别等）发生变化，因变量（各学习成果）存在显著性差异：①不同区域的全日制工程硕士学习成果评价的差异性，主要体现在西北地区、东北地区与其他地区在专业胜任能力（PC）、基础知识（PB）、规划能力（AG）、合作能力（AC）、工程实践能力（AP）、综合理解能力（IP）和集成创新能力（IC）的差异上；②不同高校类型的全日制工程硕士学习成果评价的差异性，主要体现在其他高等院校与"985 工程"院校、"211 工程"院校在专业胜任能力（PC）、基础知识（PB）和规划能力（AG）的差异上，其他高等院校与"985 工程"院校在工程实践能力（AP）的差异上，以及其他高等院校与"211 工程"院校在集成创新能力（IC）的差异上；③不同年级的全日制工程硕士学习成果评价的差异性，主要体现在研一与研三在合作能力（AC）的差异上，研一与研二在综合理解能力（IP）的差异上，以及研一与研二、研三在社会责任（SS）的差异上；④不同专业和性别的全日制工程硕士学习成果评价不存在显著差异。

表4-11　全日制工程硕士学习成果的高校评价汇总

自变量	专业及基础知识 P		应用与合作学习 A			智力技能 I		公民社会责任 S	
	PC	PB	AG	AC	AP	IP	IC	SP	SS
区域	√	√	√	√	√	√	√		
高校	√	√	√		√		√		
专业									
年级				√		√			√
性别									

4.2　全日制工程硕士学习成果的企业调查

4.2.1　描述性统计分析

本研究以全日制工程硕士的相关用人单位为调查对象，调查范围涵盖我国华东、华北、中南、西南、西北和东北六大区域的不同类型和不同规模的企业 420 家。本研究采用李克特量表衡量用人单位对于全日制工程硕士学习成果的评价，1～5 分依次表示"非常不符合""比较不符合""一般""比较符合"和"非常符合"。本次调查共发放问卷 420 份，回收问卷 365 份，问卷回收率为 86.90%，其中有效问卷 299 份，问卷有效率为 81.92%。Cronbach's α 的值为 0.907，大于 0.7，问卷信度良好；KMO 值为 0.925，大于 0.8，问卷效度良好。

1. 按不同区域分

本次调查涵盖全国六大区域的全日制工程硕士用人单位。其中，华东地区样本数 47，占 15.72%；华北地区样本数 50，占 16.72%；中南地区样本数 59，占

19.73%；西南地区样本数 45，占 15.05%；西北地区样本数 47，占 15.72%；东北地区样本数 51，占 17.06%。各区域企业样本的分布情况如图 4-19 所示。

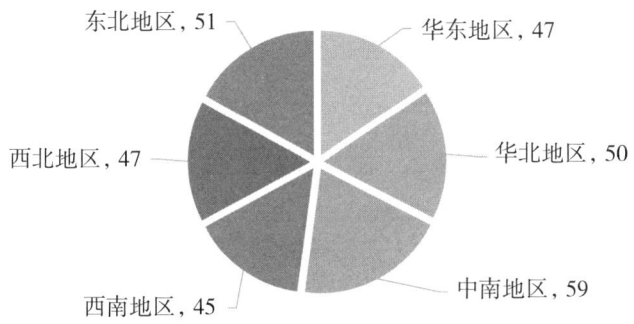

图 4-19 不同区域企业的样本分布

2. 按企业类型分

按照企业类型，本研究将企业划分为国有企业、集体所有制企业、私营企业、混合所有制企业和外商投资企业五大类型。其中，国有企业样本数 104，占 34.78%；集体所有制企业样本数 37，占 12.37%；私营企业样本数 105，占 35.12%；混合所有制企业样本数 32，占 10.70%；外商投资企业样本数 21，占 7.03%。各类型企业样本的分布情况如图 4-20 所示。

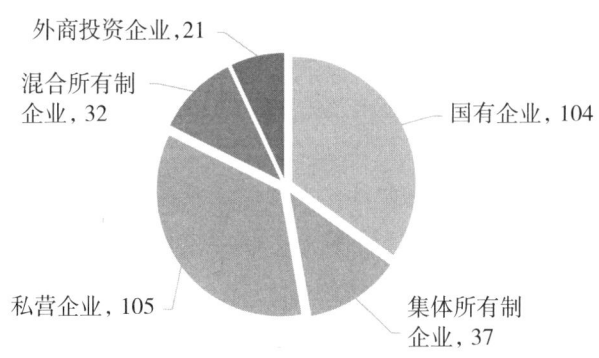

图 4-20 企业类型的样本分布

3. 按企业规模分

按照规模大小，本研究将企业划分为大型企业、中型企业、小型企业和微型企业四类。其中，大型企业样本数 182，占 60.87%；中型企业样本数 48，占 16.05%；小型企业样本数 58，占 19.40%；微型企业样本数 11，占 3.68%。各规模企业样本的分布情况如图 4-21 所示。

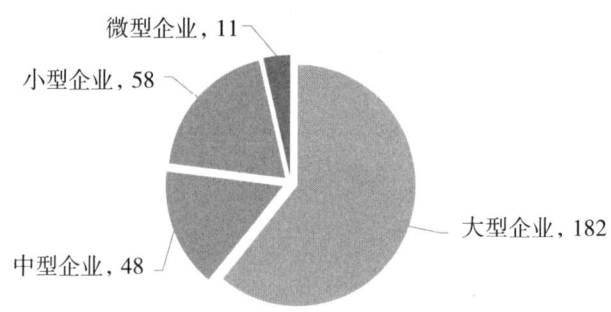

图 4-21 企业规模的样本分布

4.2.2 不同区域的企业样本分析

本研究采用单因素方差分析,检验区域是否影响企业对全日制工程硕士学习成果的评价。为了数据处理方便,用数字代表不同区域,区域1是华东地区,区域2是华北地区,区域3是中南地区,区域4是西南地区,区域5是西北地区,区域6是东北地区。由表4-12可知,各区域之间的显著性(sig值)均大于0.05,即不同区域的企业对全日制工程硕士学习成果的评价不存在显著差异。由图4-22可知,不同区域的企业对全日制工程硕士学习成果的评价的加权总分均值分布于2.56~2.73之间。其中,西南地区企业的加权总分均值最高,华东地区企业的加权总分均值最低。

不同区域的企业对全日制工程硕士学习成果的评价涉及高层次人才区域流动的问题。曾有调查显示,60%以上的毕业生首选东部地区大城市就业,其次是中小城市或农村,而西部地区特别是偏远落后地区的中小型企业往往存在着较大的人才缺口[154]。由于在西南地区工作的全日制工程硕士的数量相较其他地区有限,该地区企业对其学习成果进行评价时的参照同样有限,受制于人才选用空间大小这一现实原因,该地区的企业评价标准相对较低。

表 4-12 不同区域多重比较(加权总分)

区域(I)	区域(J)	均值差(I-J)	标准误差	显著性	95% 置信区间	
					下限	上限
1	2	-0.0224	0.1175	0.849	-0.254	0.210
	3	-0.0685	0.1016	0.501	-0.269	0.132
	4	-0.1635	0.1175	0.166	-0.395	0.068
	5	-0.1266	0.1209	0.296	-0.365	0.112
	6	-0.0955	0.1378	0.489	-0.367	0.177

续表 4-12

区域（I）	区域（J）	均值差（I-J）	标准误差	显著性	95% 置信区间	
					下限	上限
2	1	0.0224	0.1175	0.849	-0.210	0.254
	3	-0.0461	0.0975	0.637	-0.239	0.146
	4	-0.1411	0.1140	0.217	-0.366	0.084
	5	-0.1043	0.1175	0.376	-0.336	0.128
	6	-0.0731	0.1348	0.588	-0.339	0.193
3	1	0.0685	0.1016	0.501	-0.132	0.269
	2	0.0461	0.0975	0.637	-0.146	0.239
	4	-0.0950	0.0975	0.332	-0.288	0.098
	5	-0.0581	0.1016	0.568	-0.259	0.142
	6	-0.0270	0.1213	0.824	-0.266	0.212
4	1	0.1635	0.1175	0.166	-0.068	0.395
	2	0.1411	0.1140	0.217	-0.084	0.366
	3	0.0950	0.0975	0.332	-0.098	0.288
	5	0.0368	0.1175	0.754	-0.195	0.269
	6	0.0680	0.1348	0.615	-0.198	0.334
5	1	0.1266	0.1209	0.296	-0.112	0.365
	2	0.1043	0.1175	0.376	-0.128	0.336
	3	0.0581	0.1016	0.568	-0.142	0.259
	4	-0.0368	0.1175	0.754	-0.269	0.195
	6	0.0312	0.1378	0.821	-0.241	0.303
6	1	0.0955	0.1378	0.489	-0.177	0.367
	2	0.0731	0.1348	0.588	-0.193	0.339
	3	0.0270	0.1213	0.824	-0.212	0.266
	4	-0.0680	0.1348	0.615	-0.334	0.198
	5	-0.0312	0.1378	0.821	-0.303	0.241

注：I 为基准区域，J 为比较区域，均值差（I-J）为基准区域总分减去比较区域总分的差值。

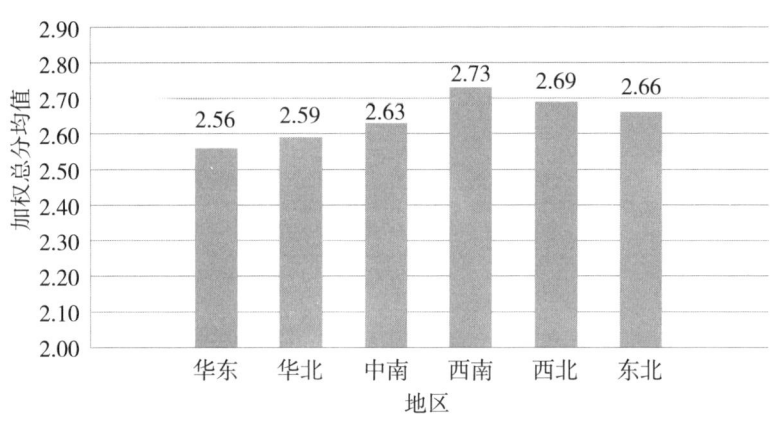

图 4-22 不同区域加权总分均值

4.2.3 不同类型的企业样本分析

本研究采用单因素方差分析,检验企业类型是否影响企业对于全日制工程硕士学习成果的评价。为了数据处理方便,用数字代表不同类型的企业,类型1是国有企业,类型2是集体所有制企业,类型3是私营企业,类型4是混合所有制企业,类型5是外商投资企业。由表4-13可知,各类型之间的显著性(sig 值)均大于0.05,即不同类型的企业对于全日制工程硕士学习成果的评价不存在显著差异。由图4-23可知,不同类型的企业对于全日制工程硕士学习成果的评价的均值分布于2.59~2.74之间。其中,混合所有制企业的加权总分均值最高,集体所有制企业的加权总分均值最低。有学者对全日制非定向学生即将就职单位的分布进行调查,发现全日制工程硕士就业的主要意向单位为国有企业和私营企业[155]。在本研究中,国有企业和私营企业的加权总分均值分别为2.67和2.63,在各类型中处于中等偏上水平。

表 4-13 不同类型多重比较(加权总分)

类型 (I)	类型 (J)	均值差 (I-J)	标准误差	显著性	95% 置信区间	
					下限	上限
1	2	0.9273	0.2924	0.502	-0.504	0.350
	3	0.0455	0.0660	0.491	-0.085	0.176
	4	-0.0667	0.1439	0.644	-0.351	0.217
	5	0.0750	0.1317	0.570	-0.185	0.335

续表 4-13

类型（I）	类型（J）	均值差（I-J）	标准误差	显著性	95% 置信区间	
					下限	上限
2	1	-0.9273	0.2924	0.502	-0.504	0.350
	3	-0.8818	0.2923	0.063	-0.459	0.305
	4	-0.9940	0.3190	0.122	-0.624	0.364
	5	-0.8524	0.3137	0.207	-0.472	0.233
3	1	-0.0455	0.0660	0.491	-0.176	0.085
	2	0.8818	0.2923	0.063	-0.459	0.305
	4	-0.1122	0.1438	0.436	-0.396	0.172
	5	0.0294	0.1315	0.823	-0.230	0.289
4	1	0.0667	0.1439	0.644	-0.217	0.351
	2	0.9940	0.3190	0.122	-0.624	0.364
	3	0.1122	0.1438	0.436	-0.172	0.396
	5	0.1416	0.1834	0.441	-0.220	0.504
5	1	-0.0750	0.1317	0.570	-0.335	0.185
	2	0.8524	0.3137	0.207	-0.472	0.233
	3	-0.0294	0.1315	0.823	-0.289	0.230
	4	-0.1416	0.1834	0.441	-0.504	0.220

注：I 为基准类型企业，J 为比较类型企业，均值差（I-J）为基准类型企业总分减去比较类型企业总分的差值。

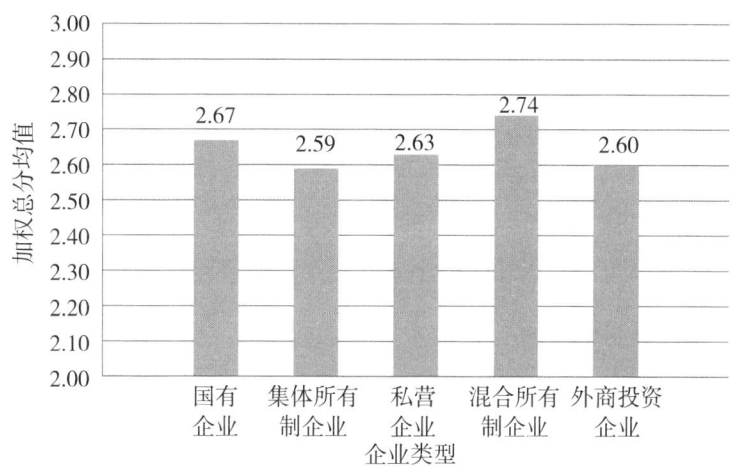

图 4-23 不同类型企业加权总分均值

4.2.4 不同规模的企业样本分析

本研究采用单因素方差分析，检验企业规模是否影响企业对全日制工程硕士学习成果的评价。为了数据处理方便，用数字代表不同规模的企业，规模1是微型企业，规模2是小型企业，规模3是中型企业，规模4是大型企业。由表4-14可知，规模2与规模4的显著性（sig值）为0.004，小于临界值0.05，即小型企业和大型企业对全日制工程硕士学习成果的评价存在显著差异。

表4-14 不同规模多重比较（加权总分）

规模（I）	规模（J）	均值差（I-J）	标准误差	显著性	95% 置信区间	
					下限	上限
1	2	0.2413	0.1587	0.130	-0.072	0.555
	3	0.0760	0.1615	0.639	-0.243	0.395
	4	0.1629	0.1533	0.289	-0.140	0.465
2	1	-0.2413	0.1587	0.130	-0.555	0.072
	3	-0.1653	0.0915	0.073	-0.346	0.015
	4	-0.0784*	0.0760	0.004	-0.228	-0.072
3	1	-0.0760	0.1615	0.639	-0.395	0.243
	2	0.1653	0.0915	0.073	-0.015	0.346
	4	0.0869	0.0817	0.289	-0.074	0.248
4	1	-0.1629	0.1533	0.289	-0.465	0.140
	2	0.0784*	0.0760	0.004	0.072	0.228
	3	-0.0869	0.0817	0.289	-0.248	0.074

注：I为基准规模企业，J为比较规模企业，均值差（I-J）为基准规模企业总分减去比较规模企业总分的差值，下同。

1. 学习成果加权总分对比

由图4-24可知，各规模企业对于全日制工程硕士学习成果的评价得分呈现出：微型企业＞中型企业＞大型企业＞小型企业。

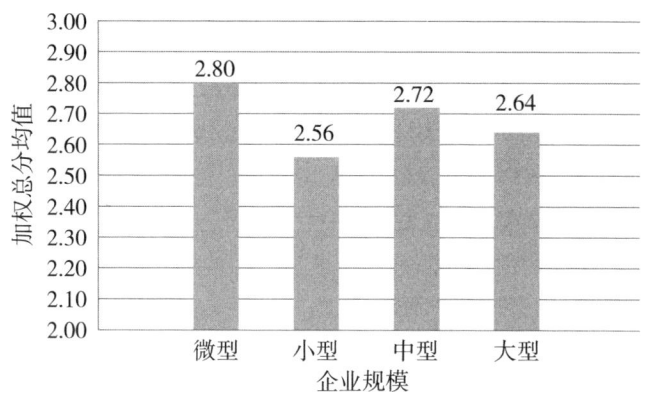

图 4-24　不同规模企业加权总分均值

2. 学习成果一级指标对比

检验学习成果的一级指标在不同规模企业的多重比较。由表 4-15 可知，对于一级指标智力技能（I），规模 2 和规模 4 的显著性（sig 值）为 0.044，即小型企业与大型企业对于全日制工程硕士智力技能的评价存在显著差异；而企业规模不会影响企业对于全日制工程硕士专业及基础知识（P）、应用与合作学习（A）和公民社会责任（S）的评价。

有学者对所需工程人才的职业素质进行了调查，发现企业对所需工程人才的职业素质要求，首先为具备工程实践能力（92%），其次为工作朴实吃苦耐劳（69%）、协调能力（61%）、工作责任心（46%），多数单位对创新能力和学习能力也很看重[156]。受企业规模的大小和所涉业务领域的广度的影响，全日制工程硕士在工程项目实施过程中遇到的跨学科、复合型问题种类繁多且各不相同，解决问题的关键在于整合各类专业知识，因此智力技能不可或缺。

表 4-15　不同规模企业多重比较（一级指标）

因变量	规模（I）	规模（J）	均值差（I-J）	标准误差	显著性	95% 置信区间	
						下限	上限
P	1	2	0.2928	0.1714	0.089	-0.045	0.631
		3	0.0925	0.1744	0.597	-0.252	0.437
		4	0.1711	0.1655	0.303	-0.156	0.498
	2	1	-0.2928	0.1714	0.089	-0.631	0.045
		3	-0.0159	0.0978	0.871	-0.209	0.177
		4	-0.1217	0.0821	0.140	-0.284	0.040

续表 4-15

因变量	规模（I）	规模（J）	均值差（I-J）	标准误差	显著性	95% 置信区间	
						下限	上限
P	3	1	-0.0925	0.1744	0.597	-0.437	0.252
		2	0.0159	0.0978	0.871	-0.177	0.209
		4	0.0786	0.0883	0.374	-0.096	0.253
	4	1	-0.1711	0.1655	0.303	-0.498	0.156
		2	0.1217	0.0821	0.140	-0.040	0.284
		3	-0.0786	0.0883	0.374	-0.253	0.096
A	1	2	0.1102	0.1946	0.572	-0.274	0.494
		3	-0.0163	0.1981	0.935	-0.407	0.375
		4	0.0648	0.1879	0.731	-0.306	0.436
	2	1	-0.1102	0.1946	0.572	-0.494	0.274
		3	-0.1265	0.1122	0.261	-0.348	0.095
		4	-0.0454	0.0932	0.626	-0.229	0.138
	3	1	0.0163	0.1981	0.935	-0.375	0.407
		2	0.1265	0.1122	0.261	-0.095	0.348
		4	0.0810	0.1002	0.420	-0.117	0.279
	4	1	-0.0648	0.1879	0.731	-0.436	0.306
		2	0.0454	0.0932	0.626	-0.138	0.229
		3	-0.0810	0.1002	0.420	-0.279	0.117
I	1	2	0.1896	0.2043	0.355	-0.214	0.593
		3	0.0891	0.2080	0.669	-0.321	0.500
		4	0.1737	0.1973	0.380	-0.216	0.563
	2	1	-0.1896	0.2043	0.355	-0.593	0.214
		3	-0.1005	0.1178	0.395	-0.333	0.132
		4	-0.2004*	0.0988	0.044	-0.395	-0.005
	3	1	-0.0891	0.2080	0.669	-0.500	0.321
		2	0.1005	0.1178	0.395	-0.132	0.333
		4	0.0845	0.1052	0.423	-0.123	0.292
	4	1	-0.1737	0.1973	0.380	-0.563	0.216
		2	0.2004*	0.0988	0.044	0.005	0.395
		3	-0.0845	0.1052	0.423	-0.292	0.123

续表 4-15

因变量	规模（I）	规模（J）	均值差（I-J）	标准误差	显著性	95% 置信区间	
						下限	上限
S	1	2	0.1242	0.2323	0.593	-0.334	0.583
		3	0.0799	0.2364	0.736	-0.387	0.547
		4	0.2301	0.2243	0.306	-0.213	0.673
	2	1	-0.1242	0.2323	0.593	-0.583	0.334
		3	-0.0444	0.1339	0.741	-0.309	0.220
		4	0.1059	0.1112	0.342	-0.114	0.325
	3	1	-0.0799	0.2364	0.736	-0.547	0.387
		2	0.0444	0.1339	0.741	-0.220	0.309
		4	0.1503	0.1196	0.211	-0.086	0.386
	4	1	-0.2301	0.2243	0.306	-0.673	0.213
		2	-0.1059	0.1112	0.342	-0.325	0.114
		3	-0.1503	0.1196	0.211	-0.386	0.086

3. 学习成果二级指标对比

检验学习成果的部分二级指标在不同规模企业的多重比较。由表 4-16 可知，对于二级指标综合理解能力（IP），规模 2 与规模 4 的显著性（sig 值）为 0.022，即小型企业与大型企业对于全日制工程硕士的综合理解能力（IP）的评价存在显著差异；对于二级指标集成创新能力（IC），规模 2 与规模 4 的 sig 值为 0.009，即小型企业与大型企业对于全日制工程硕士的集成创新能力（IC）的评价存在显著差异。

表 4-16 不同规模企业多重比较（部分二级指标）

因变量	规模（I）	规模（J）	均值差（I-J）	标准误差	显著性	95% 置信区间	
						下限	上限
IP	1	2	0.0338	0.2450	0.891	-0.450	0.517
		3	-0.2141	0.2494	0.392	-0.706	0.278
		4	0.0784	0.2366	0.741	-0.389	0.546
	2	1	-0.0338	0.2450	0.891	-0.517	0.450
		3	-0.2478	0.1412	0.081	-0.527	0.031
		4	-0.2925*	0.1262	0.022	-0.542	-0.043

续表 4-16

因变量	规模（I）	规模（J）	均值差（I-J）	标准误差	显著性	95% 置信区间 下限	95% 置信区间 上限
IP	3	1	0.2141	0.2494	0.392	-0.278	0.706
		2	0.2478	0.1412	0.081	-0.031	0.527
		4	0.0447	0.1173	0.704	-0.187	0.276
	4	1	-0.0784	0.2366	0.741	-0.546	0.389
		2	0.2925*	0.1262	0.022	0.043	0.542
		3	-0.0447	0.1173	0.704	-0.276	0.187
IC	1	2	0.2208	0.2187	0.314	-0.211	0.652
		3	0.1499	0.2226	0.502	-0.289	0.589
		4	0.1927	0.2112	0.363	-0.224	0.610
	2	1	-0.2208	0.2187	0.314	-0.652	0.211
		3	-0.0709	0.1261	0.574	-0.320	0.178
		4	-0.0281*	0.1047	0.009	-0.235	-0.179
	3	1	-0.1499	0.2226	0.502	-0.589	0.289
		2	0.0709	0.1261	0.574	-0.178	0.320
		4	0.0428	0.1126	0.704	-0.179	0.265
	4	1	-0.1927	0.2112	0.363	-0.610	0.224
		2	0.0281*	0.1047	0.009	0.179	0.235
		3	-0.0428	0.1126	0.704	-0.265	0.179

本研究认为，全日制工程硕士的综合理解能力是一种基于跨学科知识整合应用，与知识更新、问题识别、自我评价和工程环境应对密切相关的能力。结合图 4-25 可知，对于综合理解能力，仅"知识更新"（IP1）一项，大型企业的评价就优于小型企业。由于受限于企业规模，与大型企业相比，小型企业所能承担的大型工程项目始终有限，大型企业的盈利能力和运营成本始终处于相对较高的水平，因此大型企业在综合理解能力方面对全日制工程硕士提出了相对更高的要求。此外，也应关注到上述两种规模的企业对于全日制工程硕士的"知识更新"（IP1）和"系统分析和阐述问题"（IP2）的评价普遍较低，这启示我国未来的工程教育在知识体系完善和现实问题解决方面任重道远。

本研究认为，全日制工程硕士的集成创新能力由社会性能力、国际性能力和跨学科能力共同构成。结合图 4-26 可知，对于集成创新能力，在"国际交流、学习的能力"（IC2）和"开展国际竞争与合作"（IC3）两项上，小型企业的评价优于大型企业。通常情况下，大型企业涉及的国际项目数量更多，对于全日制工程硕士的英文水平和国际性能力的整体要求也相应更高,因此不难理解大型企业对于该方面学习成果的评价处于一个低值。与此同时,小型企业和大型企业对于全日制工程硕士集成创新能力各题项的评价均低于 3 分(5 分制),说明企业对于全日制工程硕士的该项学习成果整体并不满意。本研究以为,工程教育不妨以此为切入点,深入探索理论课程与工程实践的改革方案。

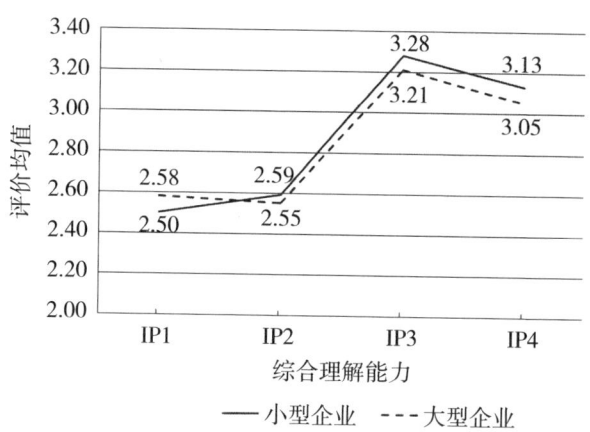

图 4-25 小型企业、大型企业综合理解能力评价均值

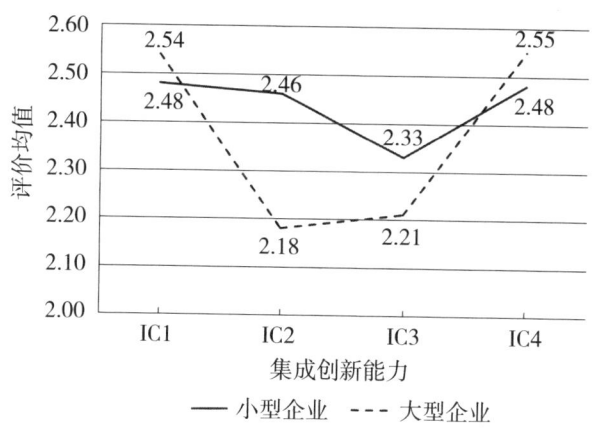

图 4-26 小型企业、大型企业集成创新能力评价均值

4.2.5 小结

结合上述研究,企业对于全日制工程硕士学习成果评价的差异性如表 4-17 所示。"√"表示当自变量(区域、类型、规模)发生变化,因变量(各学习成果)存在显著性差异:①不同区域和类型的企业对全日制工程硕士学习成果的评价不存在显著差异;②不同规模的企业对全日制工程硕士学习成果的差异性评价,主要体

现为小型企业与大型企业在综合理解能力（IP）和集成创新能力（IC）上的差异。

表4-17　全日制工程硕士学习成果的企业评价汇总

自变量	专业及基础知识		应用与合作学习			智力技能		公民社会责任	
	PC	PB	AG	AC	AP	IP	IC	SP	SS
区域									
类型									
规模						√	√		

4.3　全日制工程硕士学习成果的校企调查情况的对比分析

4.3.1　校企总体调查情况对比

本节将按照区域划分，对校企总体调查情况进行比较。由表4-18可知，总体而言，企业的加权总分均值低于高校；分区域来看，西北地区的校企加权总分均值差异最小，为0.36，华东地区和华北地区的校企加权总分均值差异最大，为0.56。

表4-18　校企评价加权总分均值比较

	华东地区	华北地区	中南地区	西南地区	西北地区	东北地区	总体情况
高校	3.12	3.15	3.15	3.11	3.05	3.06	3.12
企业	2.56	2.59	2.63	2.73	2.69	2.66	2.64
差值	0.56	0.56	0.52	0.38	0.36	0.40	0.48

本研究对各区域校企的一级指标进行了比较，发现全日制工程硕士和企业对于学习成果的评价差异主要体现在专业及基础知识、应用与合作学习和智力技能3个一级指标上（图4-27至图4-32），上述学习成果的高校评价均优于企业评价；而对于一级指标公民社会责任，高校评价和企业评价则比较相近，其中华东地区、西北地区和东北地区的企业评价略优于高校评价。

第4章 企业需求导向下全日制工程硕士学习成果评价的实证研究

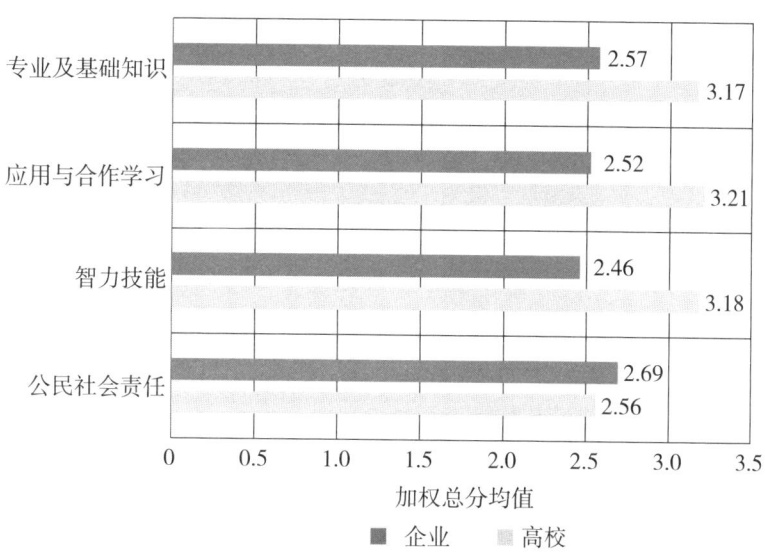

图4-27 华东地区一级指标校企比较

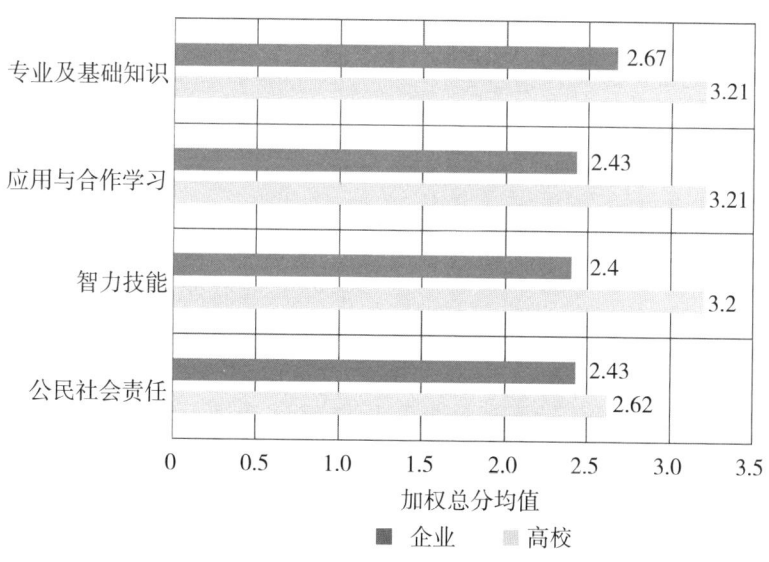

图4-28 华北地区一级指标校企比较

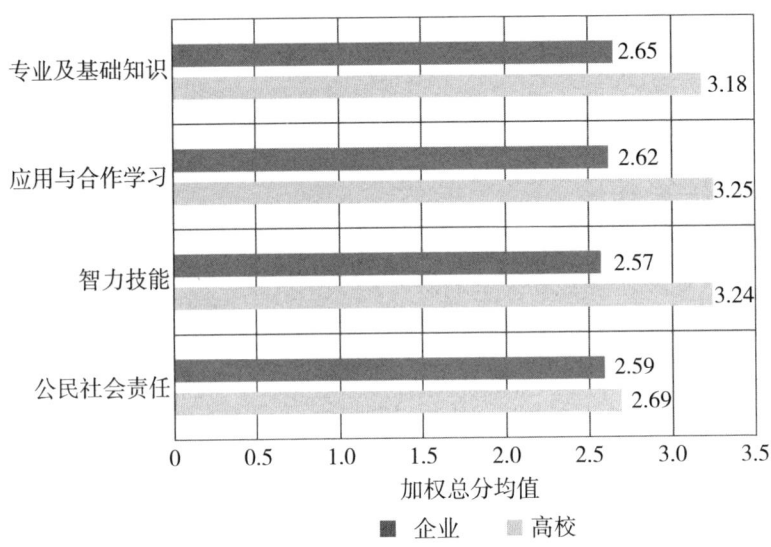

图4-29 中南地区一级指标校企比较

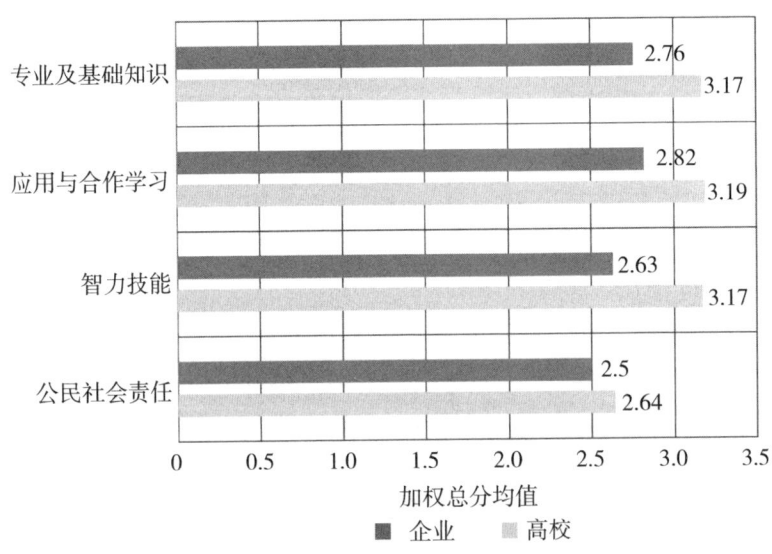

图4-30 西南地区一级指标校企比较

▶ 第4章 企业需求导向下全日制工程硕士学习成果评价的实证研究

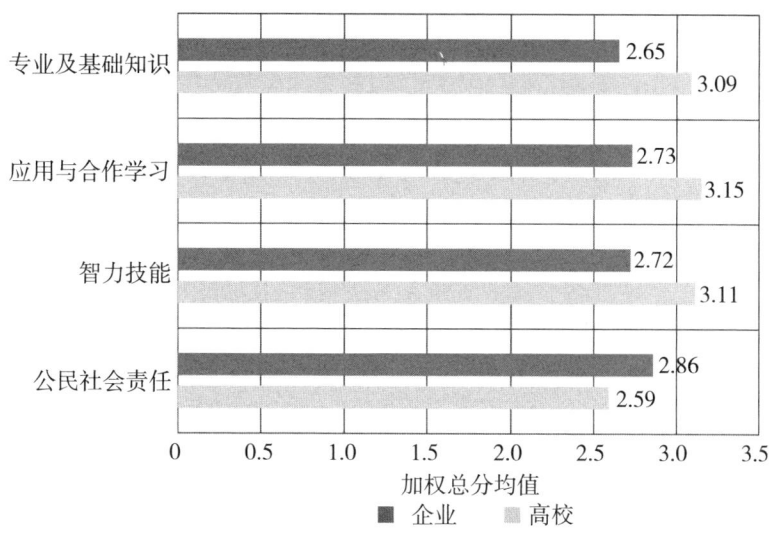

图4-31 西北地区一级指标校企比较

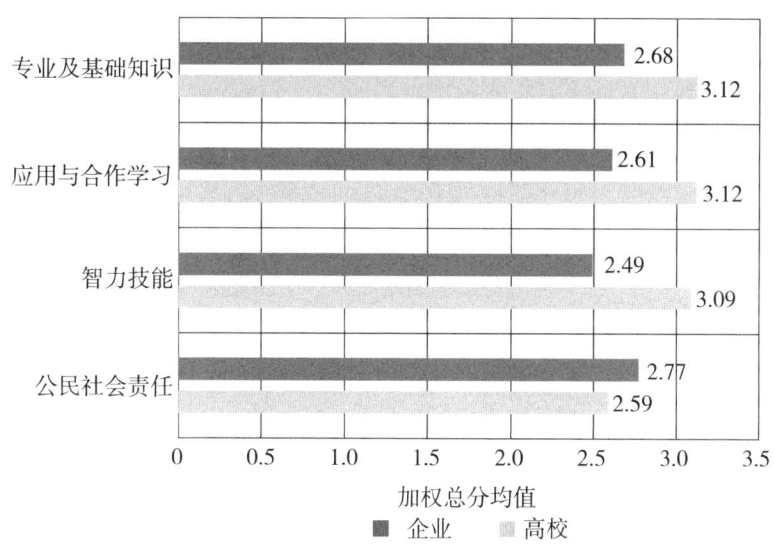

图4-32 东北地区一级指标校企比较

本研究认为，企业对全日制工程硕士的专业及基础知识的考查主要来源于入职笔试考查以及心理感知，关于笔试考查，企业往往会拥有一套相对独立的题库，题目内容涉及面广且与高校考试、职业资格考试差别较大，因此对于全日制工程硕士专业及基础知识掌握情况的评价不高；而应用与合作学习、智力技能两项学习成果则需要通过项目实操和工程实践才能够准确判断，企业本就侧重于实践能力，相应地，对于上述两项学习成果的评价标准也就更为严苛；此外，一方面公民社会责任通常与特定的社会事件有关,基于全日制工程硕士的日常在校表现和员工的日常工作表现难以有所定论,另一方面,无论高校或是企业很可能都对全日制工程硕士的公民社会责任并不重视,故校企不同口径的评价均较低。

结合上述分析,下面拟对全日制工程硕士的高校与企业评价差异最大的华东地区和华北地区进行深入研究。

4.3.2 案例分析:华东地区和华北地区校企调查情况比较

4.3.2.1 华东地区校企调查情况比较

华东地区高校对于全日制工程硕士学习成果的加权总分均值排在第三位,且与平均分持平,为3.12;企业对于全日制工程硕士学习成果的加权总分均值为各区域最低,为2.56。结合图4-27,对于一级指标专业及基础知识、应用与合作学习和智力技能,高校评价高于企业,二者差异分别为0.6、0.69和0.72;对于一级指标公民社会责任,整体评价最低但企业评价略高于高校,二者差异为0.13,相对比较接近。故以下针对专业及基础知识、应用与合作学习和智力技能的具体题项展开分析。

1. 专业及基础知识

由图4-33可知,对于专业及基础知识这一学习成果,华东地区的校企评价差异在专业胜任能力和基础知识2个二级指标及其下设的7项具体题项上都比较均匀,表现为企业对于全日制工程硕士专业及基础知识的评价低于高校。其中,"掌握了哲学、历史等人文社科知识"(PB1)的企业评价最低,为2.42。人文社科知识有别于工程专业知识和其他基础知识,尽管工程教育已经意识到人文社科知识的重要性,在相关培养方案中也做出了明确的要求,但多数全日制工程硕士的培养单位对于这一学习成果的培养往往是间接的,其考核结果也难以直接体现。无论研究生课

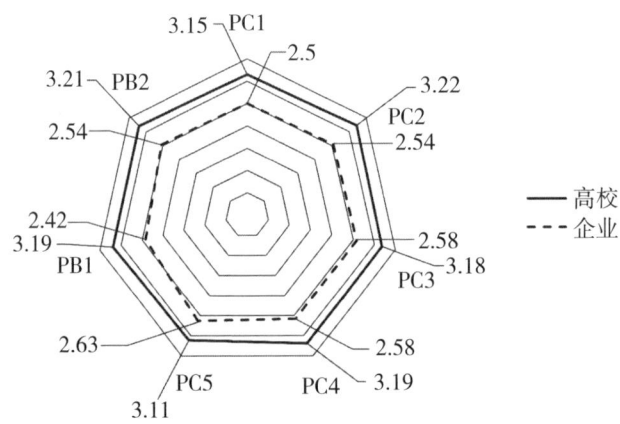

图4-33 华东地区专业及基础知识校企评价比较

程是否涉及人文社科内容，全日制工程硕士的人文素养实际上已经基本定型，而且华东地区的高等教育水平高，全日制工程硕士的入学门槛相应也较高，因此高校对于其学习成果的评价整体较好。但华东地区经济发达，相关工程企业所涉及的工程项目难度大、综合要求高，企业对于全日制工程硕士的能力要求也更为全面，相应地，在人文社科知识方面的评价比较低。这启示工程教育需要梳理与工程实操相关的人文社科知识，有针对性地开设相关课程和实践。

2. 应用与合作学习

由图4-34可知，对于应用与合作学习这一学习成果，华东地区的校企评价差异在规划能力、合作能力和工程实践能力3个二级指标及其下设的14项具体题项上都比较均匀，表现为企业对于全日制工程硕士应用与合作学习的评价低于高校。

规划能力的3项具体题项分别涉及市场需求分析、产品分析和时间管理。对于全日制工程硕士而言，市场需求分析能力和产品分析能力需要在大量的工程实践中日积月累并加以提高，研究生阶段所能够接触的工程项目毕竟有限，而华东地区工业发达，工程市场环境复杂，工程产品繁多，因此企业对这两项能力的评价相对较低。时间管理能力是一项通用的能力而非全日制工程硕士的特定能力，华东地区企业对于这一能力的评价甚至略低于市场需求分析能力和产品分析能力，说明该地区的企业更加看重全日制工程硕士执行工程项目的效率。

合作能力的4项具体题项分别涉及团队合作、全局性与整体性思维、优化配置降低成本和处理矛盾。本研究认为，"全局性、整体性思维"（AC2）和"从组织管理上优化配置、提高效率和降低成本"（AC3），这两项能力用于考察工程项目管理者或领导者的综合性学习成果，全日制工程硕士进行工程实践更多的是对校内外导师指导内容的按部就班，对于企业所要求的全局性与整体性思维、资源配置优化和项目成本控制等的考虑难免因经验有限而有所欠缺。"与团队成员和谐愉快地合作"（AC1）和"妥善处理工作过程中出现的分歧和矛盾"（AC4），虽然这两项能力不是工程类工作的特定要求，但是大型工程企业的大型工程项目在实施过程中所面临的问题往往更加复杂多变，华东地区的企业评价结果恰恰提示工程教育需要对实践项目的复杂程度和难度加以调整。

工程实践能力的7项具体题项涉及从项目论证到项目执行与实施再到项目评价这一完整的流程。本研究认为，AP1与项目论证和评价有关；AP2—AP6涵盖材料和设备选取、工程标准执行、问题发现、进度把控与风险管控，以及独到的见解和方法的应用等，主要与项目的执行和实施有关；"创新开发的能力"（AP7）则是对工程实践能力的一种集成性要求。根据现有调查结果，华东地区的企业总体上对全日制工程硕士的理论水平和工程项目的实施结果并不满意，这同时也对工程实践能力提出了更高的要求。

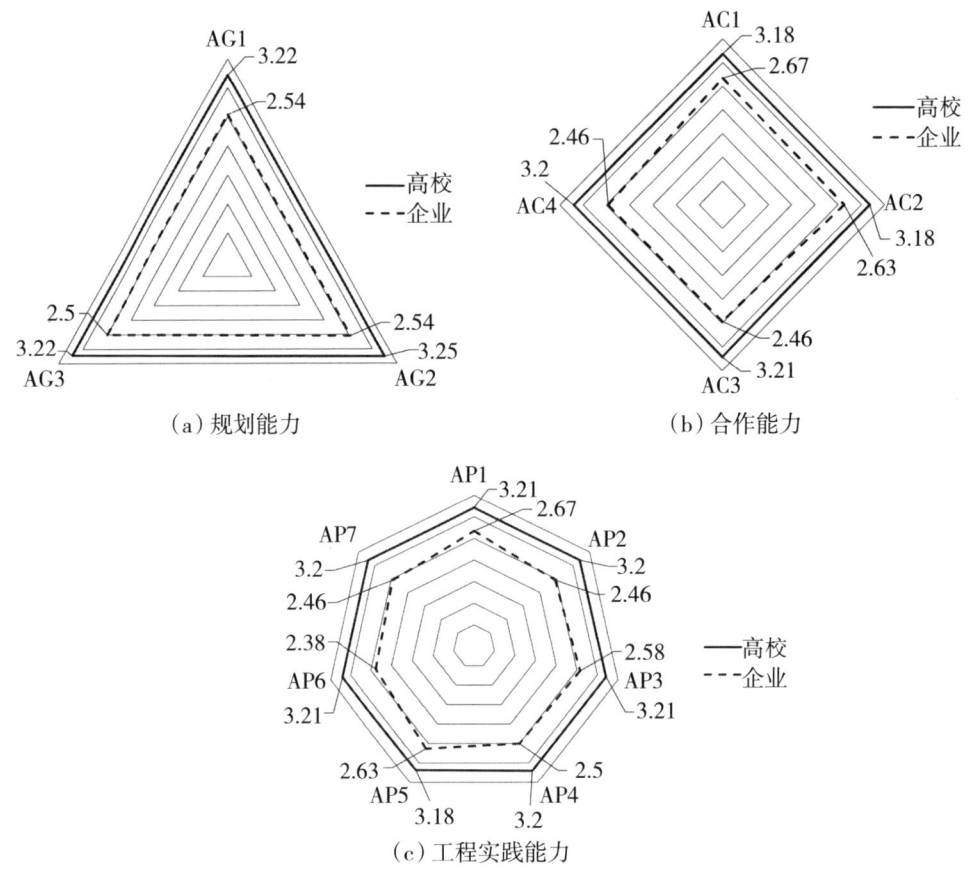

图 4-34　华东地区应用与合作学习校企评价比较

3. 智力技能

由图 4-35 可知,对于智力技能这一学习成果,华东地区的校企评价在其二级指标综合理解能力和集成创新能力上均存在一定的差异。综合理解能力的 4 项具体题项涉及知识更新、问题阐述、自我评价和环境识别,由图 4-35a 可知,IP3 和 IP4 的校企评价比较接近且整体评价较好,IP1 和 IP2 的校企评价差异较大且企业评价较低。其中,IP1 为"知识更新",高校调查的加权总分均值为 3.23,企业调查的加权总分均值为 2.46;IP2 为"系统分析和阐述问题",高校调查的加权总分均值为 3.20,企业调查的加权总分均值为 2.46。公开资料显示,华东地区为全国贡献了 1/4 的地区生产总值。本研究认为,上述两项能力具有前瞻性和系统性的特点,企业评价之所以更低可能与该区域的经济战略目标更高有关。

集成创新能力的 4 项具体题项涉及社会问题与社会关系、国际交流与合作以及多学科知识综合应用,由图 4-35b 可知,IC3 和 IC4 的校企评价差距较大且企业评价较低,IC2 的整体评价很低。其中,IC3 为"开展国际竞争与合作",高校调查的加权总分均值为 3.28，企业调查的加权总分均值为 2.17；IC4 为"综合运用多学科知识进行产品开发和设计"，高校调查的加权总分均值为 3.27，企业调查的加权总分均值为 2.42。华东地区所辖东部沿海省份居多，经济发展活跃，开放程度高，创新能力强，区域内的企业相较于其他地区的企业拥有更多的国际合作机会，因此也更加看重全日制工程硕士的国际化能力。本研究认为，提升我国工程教育的国际化水平，除借鉴国外教育经验和培养标准以外，更应在专业课程和工程实践等方面开展更为广泛的国际合作以衔接企业人才需求。此外，互联网技术的革新已渗透至传统产业行业的方方面面，华东地区致力于推动科技与产业融合，积极发展平台经济、共享经济和体验经济，区域内的工程企业同样自带科技创新视角。产品研发关乎企业的核心竞争力，融汇多学科知识集成创新更是该区域企业对全日制工程硕士的核心能力要求。

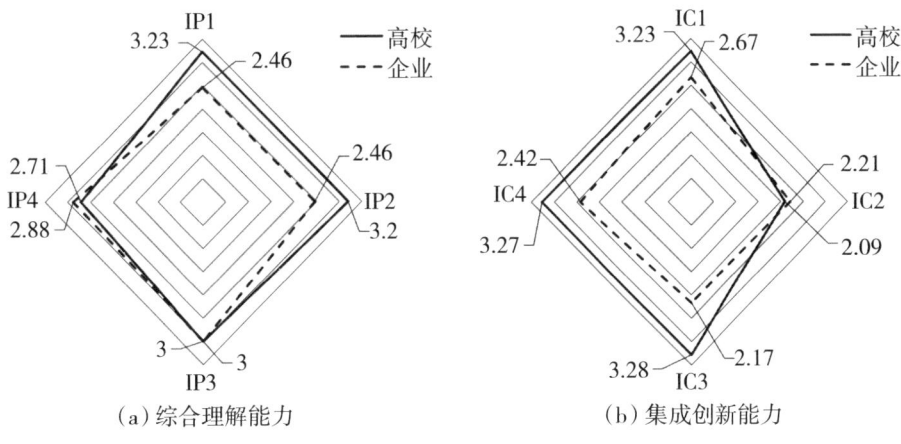

图 4-35 华东地区智力技能校企评价比较

4.3.2.2 华北地区校企调查情况比较

华北地区高校对于全日制工程硕士学习成果的加权总分均值为各区域最高，为 3.15；企业对于全日制工程硕士学习成果的加权总分均值为 2.59。结合图 4-28，对于一级指标专业及基础知识、应用与合作学习、智力技能和公民社会责任，高校评价均高于企业，二者差异分别为 0.54、0.78、0.8 和 0.19。故以下针对校企评价差异较大的一级指标专业及基础知识、应用与合作学习和智力技能的具体题项展开分析。

1. 专业及基础知识

由图 4-36 可知，对于专业及基础知识这一学习成果，"掌握了工程相关原理、概念、政策和法规"（PC1）、"了解新材料、新工艺、新设备"（PC2）和"掌握了在项目实施过程中运用工程原理解决问题的能力"（PB2）的校企评价差异比较大。本研究认为，专业胜任能力是用于区分专业领域中卓越成就者和普通成就者的深层次特征，对原理、概念、政策和法规的掌握直接来源于高校教育，而对新材料、新工艺和新设备的了解更多地与实验室水平和企业实践机会相关；高校对于基础知识的衡量以课程成绩、相关资格证书等硬性标准为主，企业则聚焦于项目实操过程中展现出的适应性学习、持续性学习等软性能力，PB2 涉及工程原理的掌握情况和应用能力，前者可通过硬性标准加以判断，后者则需要在实践中加以检验。华北地区企业对于上述 3 项具体题项的评价相对更低，反映了该区域全日制工程硕士的专业实践机会和平台有限，同时也说明现行的工程教育需要重视专业基础知识的应用能力培养。

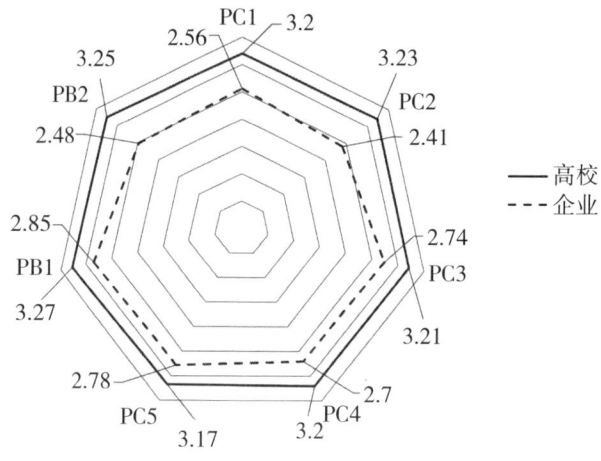

图 4-36　华北地区专业及基础知识校企评价比较

2. 应用与合作学习

由图 4-37 可知，对于应用与合作学习这一学习成果，华北地区的校企评价差异在规划能力、合作能力和工程实践能力 3 个二级指标及其下设的具体题项上总体比较均匀，企业对于全日制工程硕士应用与合作能力的整体评价低于高校。

由图 4-37a 可知，华北地区的企业对于全日制工程硕士的产品分析能力（AG2 为 2.3）和时间管理能力（AG3 为 2.37）的评价很低。北京、天津两个直辖市位于华北地区，区域内所辖的京津唐工业基地是我国北方最大的综合性工业基地，依托丰富的自然资源和优势的科研资源，重点发展石油化工、冶金工业、海洋工程和机械电子工业等，该区域工业布局完整且部分行业技术水平领先。目前，华北地区工业持续性发展的最大阻碍在于水资源和能源紧缺，该区域的产品结构需要进一步减少对于稀缺资源的依赖、提高这类资源的利用率，产业结构也需要向知识密集型转型，故而企业对全日制工程硕士的产品分析能力提出了更高的要求。此外，尽管时间管理能力不是一项专有的学习成果，但关乎全日制工程硕士的个人工作效率，进而与工程企业和行业的产能息息相关，同样需要加以重视。

由图 4-37b 可知，同华东地区一致，华北地区校企对于全日制工程硕士的合作能力的评价整体也比较均匀。本研究设置 4 项具体题项对这一学习成果进行测量，其中，全局性、整体性思维（AC2）和组织管理优化能力（AC3）用于考察全日制工程硕士的综合管理能力，合作能力（AC1）和问题处理能力（AC4）则用于考察全日制工程硕士的团队协作能力。综合上述对于华东地区的调查结果分析，可以看出，两地区企业均高度重视全日制工程硕士在工程项目非平稳运行状态下的合作能力。

由图 4-37c 可知，华北地区的企业对于全日制工程硕士的材料、设备和工具的选择与使用能力（AP2）、工程标准执行能力（AP3）和在项目实施过程中更新认知、创新方法并加以运用的能力（AP6）的评价相对更低。结合华北地区企业对于全日制工程硕士专业及基础知识的评价，可以发现企业对于工程硕士的 AP2 学习成果的评价可以溯源至 PC2 学习成果，即涉及新材料、新工艺、新设备的相关学习成果，全日制工程硕士的实际情况均与企业的期待值存在一定的差距，这说明高校现

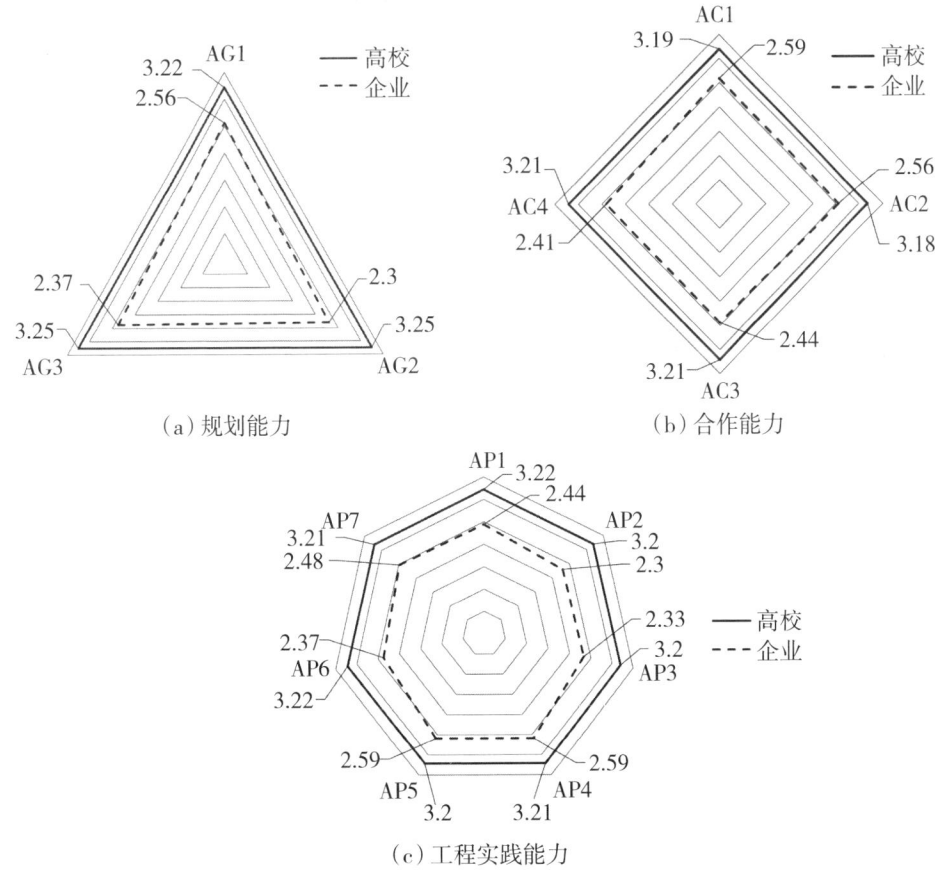

图 4-37 华北地区应用与合作学习校企评价比较

阶段所提供的实践内容和实践平台与工程企业的实际环境差别较大，同时也反映出全日制工程硕士的专业训练机会不足。工程标准执行能力与具体工程项目直接相关，但工程标准执行能力不足的根源在于校企实训实习规范不统一，这启示高校需要以全日制工程硕士的企业导师和专业实践为桥梁和纽带，对标工程行业的操作规范。AP6 学习成果指向科研创新能力，该能力关乎产业的迭代和升级，而且布局新兴产业和智能产业，形成产业集群是政府规划的未来方向，因此对该项学习成果的培养应成为学界和业界的共识。

3. 智力技能

由图 4-38 可知，对于智力技能这一学习成果，华北地区的校企评价在其二级指标综合理解能力的具体题项 IP3 和 IP4，以及二级指标集成创新能力的具体题项 IC2 上呈现出企业评价略高于高校评价，但 IP4 和 IC2 的整体评价很低的特点。

根据图 4-38a，全日制工程硕士"准确评价自身"（IP3）的企业评价为 3.59，高于高校评价，且在 4 项具体题项中评价最高；"识别工程环境变化并对工作做出调整"（IP4）的企业评价为 2.96，虽略高于高校评价，但在 4 项具体题项中评价最低。企业对于全日制工程硕士自我评价能力的评价，可能源于员工的年终总结和绩效考评材料，现有调查结果说明全日制工程硕士的自我定位得到了华北地区企业的基本肯定。理论教学和实验室环境对于工程环境变化的识别、调整和应对能力的培养作用有限，接触现实工程项目是提升该项学习成果的主要渠道。

根据图 4-38b，全日制工程硕士"国际交流、学习的能力"（IC2）的企业评价为 2.26，略高于高校评价，但校企整体评价不高。此外，全日制工程硕士在"正视文化差异的基础上开展国际竞争与合作的能力"（IC3）的企业评价为 2.07。两个题项均与国际能力有关且评价不高，说明华北地区的企业高度重视该项学习成果。

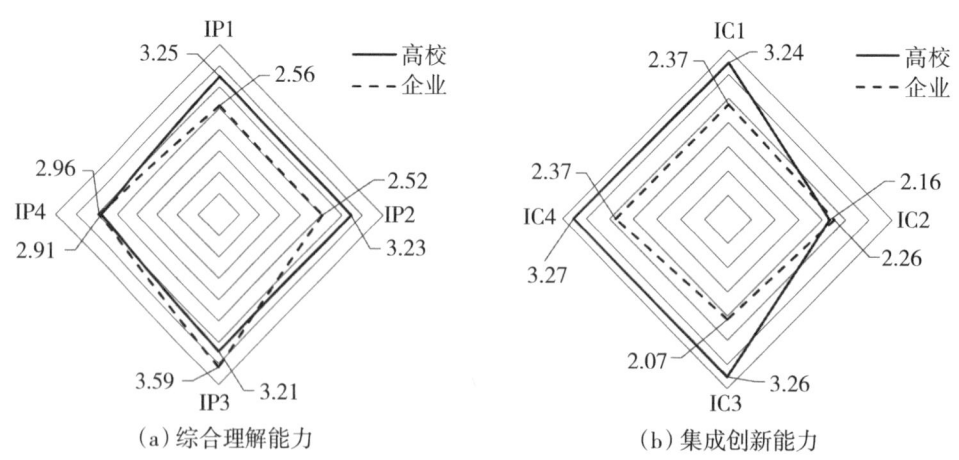

图 4-38 华北地区智力技能校企评价比较

4.4 全日制工程硕士校外实践基地评价

经过前面的实证研究发现，全日制工程硕士对于自身学习成果的评价差异主要体现在专业及基础知识、应用与合作学习和智力技能3个一级指标上；相较于高校评价，企业评价在应用与合作学习、智力技能2个一级指标上明显偏低，六个区域的高校评价与企业评价在应用与合作学习、智力技能的差值均较大，应用与合作学习、智力技能主要是在实践中培养形成的能力，与全日制工程硕士专业实践和校外实践基地建设有紧密联系，加快完善校外实践基地建设、鼓励全日制工程硕士通过积极参与专业实践提升实践能力具有重要意义。

相对于学术型硕士，全日制工程硕士毕业生不仅要具有扎实的理论基础及专业知识，更要具备分析和解决实际工程问题的能力。而专业实践是增强全日制工程硕士实践能力、提升专业学位研究生教育质量的重要保障。教育部在《关于制订工程类专业学位研究生培养方案的指导意见》中明确要求具有2年及以上企业工作经历的工程类硕士专业学位研究生专业实践时间应不少于6个月，不具有2年企业工作经历的工程类硕士专业学位研究生专业实践时间应不少于1年[97]，为此，高校和科研院所依托企业资源建立的校外实践基地应运而生。校外实践基地对实现高层次应用型人才培养目标、提高全日制工程硕士的培养质量发挥了重要作用，但在实际运行过程中也普遍存在实践条件参差不齐、基地管理缺乏考核标准等问题，导致全日制工程硕士在校外实践中出现走马观花、收获甚少等状况。因此，对全日制工程硕士研究生校外实践基地进行评价便显得极为迫切。本研究构建基于PDCA理论提出的评价体系并对校外实践基地进行评测，针对存在的问题进行反馈改进，对不断完善校外实践基地的建设，建立以经济发展为导向、产学研相结合的全面协调发展的校外实践基地，提升全日制工程硕士实践能力具有重要的理论参考和实践价值。

4.4.1 PDCA理论与全日制工程硕士校外实践基地评价

4.4.1.1 PDCA理论及其适用性

PDCA理论由美国质量管理专家Shewhart首先提出，后被Deming完善并加以推广。PDCA理论将工作过程依次分为计划（plan）、执行（do）、考核（check）和改进（act）四个阶段，其核心理念是在不断发现问题和解决问题的循环过程中，使研究对象的质量持续提升。全日制工程硕士校外实践基地以"保障教学效果，提高工程人才质量"为目标，其建设过程具有的开放性、动态性、持续改进性的特征与PDCA理论的核心理念十分契合；且PDCA理论包含的四个环节实际上是有效进行任何一项工作所需的合乎逻辑的工作程序，其对评价体系研究也较为适用[157]，已有研究将该理论运用到内部控制有效性评价和服务绩效评价[158-159]，以及高校科研团队创新能力评价、研究生课程管理评价与实践基地质量评价等[160-161]。因此，本研究尝试运用 PDCA 理论来构建全日制工程硕士校外实践基地评价的分析框架。

4.4.1.2 全日制工程硕士校外实践基地评价

校外实践基地建设活动的广泛开展引起了学界对实践基地评价问题的关注。国内学者主要运用层次分析法（AHP）建立实习基地实践教学评价指标体系，对实践基地的建设、管理与实践成果评价等方面进行研究[162-163]。而国外学者运用扎根理论对校外实践参与者的访谈资料进行解读，将校外实践基地作为职业教育的重要部分，并从学生的视角提出改善策略[164]。现有对校外实践基地评价的研究主要从不同的主体视角来开展：①从学生视角出发，建立融入教学情感交流的评价指标体系[165-166]；②从校外导师视角出发，认为校外导师制度是实践基地评价的重要环节[167-168]；③从基地管理者视角出发，分析人才培养模式对实践基地的影响并对其进行评价[169-170]。从以上文献不难发现，现有研究大多从单一主体视角对校外实践基地开展评价，缺乏多主体多视角的综合评价。PDCA 强调管理流程的循环改进，将 PDCA 运用于全日制工程硕士校外实践基地评价有利于从多主体、多视角开展校外实践基地评价工作。因此，本研究基于 PDCA 理论构建全日制工程硕士校外实践基地评价体系，并对国内不同区域不同类型高校的校外实践基地进行实证分析，以期为我国全日制工程硕士校外实践基地的建设与发展提供参考借鉴。

4.4.2 全日制工程硕士校外实践基地评价分析框架

根据教育部于 2015 年发布的《关于加强专业学位研究生案例教学和联合培养基地建设的意见》[171]，并征询来自哈尔滨工业大学、西安建筑科技大学等 8 所高校的 8 名工程硕士管理人员、12 名全日制工程硕士、12 名校内外导师和来自广东环境保护工程研究设计院、陕西延长石油（集团）有限责任公司等 12 个校外实践基地的 24 名基地负责人的意见（其访谈提纲见附录 5），本研究提取其中的关键要素，在严格遵循 PDCA 各环节内涵要求的基础上，构建全日制工程硕士校外实践基地评价分析框架。

（1）基地规划（P）：计划是 PDCA 理论的首要环节，决定了校外实践基地"保障教学效果，提高工程人才质量"的目标能否实现。本研究从校外实践基地的实际情况出发，从外部条件和校企合作两方面来考察基地规划情况。外部条件是 PDCA 各环节顺利运行的保障，具体包括法律政策支持、企业经费投入、高校投入等内容；校企合作是实践基地运行的主要方式，具体包括合作形式和合作内容等。合作形式是指校企双方根据实际情况签订合作协议；合作内容是指双方共同制订课程体系、教学目标和培养方案等实践教学计划，并根据计划制订校外实践基地实践教学环节以及教师和学生的考核标准。

（2）基地条件（D）：该阶段是执行计划方案、落实计划内容的中心环节，主要包括硬件和软件两个方面。硬件指通过获得外部条件的支持，落实有形的、可以直接观察测量的条件，具体包括科学安排实践场所、积极落实安全措施和保证仪器设备正常运行等内容；软件指基于总体规划，落实实践基地内涵、特色以及培养方案等相关制度，具体包括双导师制的实施、后勤服务的提供、共享机制的建立和基地特色的凝练等内容。

（3）基地考核与管理（C&A）：虽然 PDCA 理论把考核和改进看作是两个独立的阶段，但实际上全日制工程硕士参与校外实践的评价过程同时包含了对实践计划执行情况的检查以及对检查结果的反馈和总结。因此，本研究将考核阶段（C）和改进阶段（A）进行了合并，形成了基地考核和管理（C&A）阶段。基地考核基于基地规划（P）阶段制定的考核标准，选取校外实践基地教学环节以及教师和实习生两个主体作为评价对象，其中实习生是指在校外实践基地参与一次及以上专业实践活动的学生（含在校生和毕业生）。通过对相关要素的考核分析，判定校外实践基地的执行情况是否达到了预期目标。考核的要素主要包括教师考核、教学考核和实习生考核三个方面。教师考核包括教师对于实践教学的准备情况、教师素质要求等内容；教学考核包括教学体系、教学内容、教学安排、教学成果、教学评价等内容；实习生考核主要通过留用制度等进行考察。基地管理指通过对考核结果进行分析，针对考核阶段发现的主要问题，建立行之有效的管理制度，以达到持续改进的目的。具体包括教师管理、教学管理以及实习生管理三个方面。教师管理主要包括制定教师管理政策、检查教师的实践教学准备等；教学管理包括校企双方教学体系的完善、教学内容的更新等；实习生管理主要是指日常管理及制定相关激励制度等。此阶段通过持续改进，为进一步完善评价体系并修订下一个循环目标奠定基础。

4.4.3　全日制工程硕士校外实践基地评价体系的构建

以全日制工程硕士校外实践基地评价分析框架为基础，本研究设计了"全日制工程硕士校外实践基地调查问卷"（见附录6）并开展预测试，测试对象涉及东北华北区、华东区、华中华南区和西南西北区4个区域，每个区域选取1所高校、1所科研院所和3个校外实践基地依托企业进行预调查，共发放150份调查问卷，回收问卷121份，其中有效问卷109份，问卷有效率为90.1%。

4.4.3.1　评价指标的构成

基于上述对 PDCA 理论的具体分析，按照科学性、全面性和可操作性原则，参考国内外学者的相关研究文献和国内与工程类专业学位研究生相关的政策文件[172-173]，兼顾调研以及数据收集的便利，形成了包含基地规划（P）、基地条件（D）、基地考核和管理（C&A）3个构面（以下简称"三要素"），共55个题项的全日制工程硕士校外实践基地评价指标体系。基地规划（P）构面包含 WB1～WB9、XQ1～XQ6 共15个题项，基地条件（D）构面包含 YJ1～YJ7、RJ1～RJ8

共 15 个题项，基地考核及管理（C&A）构面包含 JS1 ~ JS6、JX1 ~ JX14、SX1 ~ SX5 共 25 个题项。

4.4.3.2 探索性因子分析

对有效样本数据进行 KMO（Kaiser-Meyer-Olkin，判断样本充足性的检验系数）样本测度和 Bartlett（巴特利特）球形检验：Bartlett 球形检验统计量的观测值为 3348.670，P 值接近 0，KMO 值为 0.947，说明问卷样本适合进行因子分析。在不限定因子个数的情况下，利用主成分分析法，分别从三要素中各自抽取了 1 个共同因子，其中包含的题项与评价指标体系编制时完全一致。首先检查各题项的因子载荷，WB6 和 JS4 的因子载荷分别为 0.389 和 0.35，因子载荷小于 0.4，故删除 WB6 和 JS4；再次进行因子分析，RJ2 在三个因子上的载荷分别是 0.481、0.423 和 0.402，同时在多个因子上的载荷大于 0.4，因此删除 RJ2；同时结合题项具体内容，JX4 和 JX7 题项不属于原构面，因此删除 JX4 和 JX7。最后剩余的 50 个题项因子载荷均大于 0.6，且各题项的公因子方差值均大于 0.45，基地规划（P）、基地条件（D）、基地考核和管理（C&A）3 个构面的解释变异量分别为 49.75%、47.993% 和 40.482%，说明所提取的公因子可以有效地反映各题项。

4.4.3.3 信度与效度检验

1. 信度检验

为了进一步检验量表的可靠性和有效性，将通过计算 Cronbach α 系数的方法进行信度检验，校外实践基地评价指标体系整体的内部一致性 α 系数为 0.932，且 3 个构面的内部一致性 α 系数分别为 0.813、0.859、0.913，表明三个构面上的因子载荷的效果较好，量表整体的信度较高，且删除任何构面的任何一个题项都不能提高 α 系数，因而不再删除任何题项，校外实践基地评价指标体系展开分量表的 50 个题项均予以保留。

2. 效度检验

经过探索性因子分析后的全日制工程硕士校外实践基地评价指标体系由 P、D 和 C&A 3 个构面组成，且分别包含 14、14 和 22 个题项。通过验证性因子分析，本研究发现二阶因子结构能够较好地拟合数据样本，χ^2 自由度比为 1.275，符合小于 3.00 的适配标准；RMSEA 值为 0.078，符合小于 0.10 的适配标准；GFI、NFI、IFI、TLI、CFI 值分别为 0.854、0.856、0.965、0.972、0.963，符合大于 0.80 的适配标准；PGFI、PGFI 值分别为 0.565、0.570，符合大于 0.50 的适配标准，因此二阶验证性因子分析模型的适配情况良好。观测变量与潜在变量之间的因素权重均超过 0.5，表明观测变量对潜变量的解释程度较大，因此能够较好地反映该构面的结构。

4.4.3.4 评价指标的权重设置及评价标准

基于德尔菲法对高校负责人、企业负责人、基地运行管理专员和校内外导师等共 40 名专家开展问卷调查，征询校外实践基地指标评价标准的意见或建议，其中高校负责人8名、基地企业负责人6名、基地运行管理专员15名、校内外导师11名；同时邀请专家用总分100分为50个题项分别赋分，专家赋分的平均值作为对应题项的分值，由此确定评价指标体系的指标权重，最终得到修正后的全日制工程硕士校外实践基地指标评价体系（表4-19）和评价标准（见附录7和附录8）。

表4-19 全日制工程硕士校外实践基地指标评价体系权重

构面及分值	题项及分值
基地规划（P） （28分）	• WB1 政府政策支持（2分）； • WB2 法律规章制度约束（2分）； • WB3 稳定的资金来源或经费支持（2分）； • WB4 运行制度化（2分）； • WB5 合作单位提供经费投入（2分） • WB7 实践前准备工作（2分）； • WB8 校外实践的时间、课程和地点安排（2分）； • WB9 派出校外实践带队老师（2分）； • XQ1 合作高校数量（3分）； • XQ2 签订合作协议（2分）； • XQ3 共建信息化管理平台（2分）； • XQ4 成立工作小组（1分）； • XQ5 教学目标、培养方案和考核标准（2分）； • XQ6 课程体系、实践项目、创新项目（2分）
基地条件（D） （28分）	• YJ1 场地数量（2分）； • YJ2 容纳实习生同时进行专业实践数量（3分）； • YJ3 面积、空间、结构布局科学、合理、环保（2分）； • YJ4 安全应急设施和措施完善，有报警器、避雷针等（2分）； • YJ5 满足教学要求（2分）； • YJ6 定期更新（2分）； • YJ7 配有维修人员（1分）； • RJ1 实行校内外双导师负责制（3分）； • RJ3 食堂伙食供应充足，质检合格（2分）； • RJ4 宿舍数量充足（2分）； • RJ5 宿舍供水供电设施完善（1分）； • RJ6 与其他高校或科研院所建立开放共享机制（2分）； • RJ7 实践成果的创新性（2分）； • RJ8 区别于其他基地的特色（2分）

续表 4-19

构面及分值	题项及分值
基地考核与管理（C&A）（44 分）	• JS1 了解基地基本情况（1 分）； • JS2 具备实践理论知识基础（2 分）； • JS3 对实践要求进行调查（2 分）； • JS5 参与指导毕业论文（1 分）； • JS6 专业领域实践经历、科学研究与工程实践经验（3 分）； • JX1 层次清晰（2 分）； • JX2 紧跟市场需求变化（2 分）； • JX3 以能力培养为核心（2 分）； • JX5 注重模拟和利用真实生产工作状况（2 分）； • JX6 与科学研究、工程实际和社会应用实践密切联系（2 分）； • JX8 要点全面（3 分）； • JX9 指导实践方法（2 分）； • JX10 培养专业技能（2 分） • JX11 岗位与专业匹配（2 分）； • JX12 分工设置合理（2 分）； • JX13 实践工作量适当（2 分）； • JX14 定期互动交流沟通（2 分）； • SX1 平时表现评价（2 分）； • SX2 实践成果评价（2 分）； • SX3 实习证明（2 分）； • SX4 实习报酬（2 分）； • SX5 设立留用制度（2 分）

根据校外实践基地三要素，综合考虑调查结果和实际情况，并结合上述专家意见，得出如下评价标准。①总分为 100 分，其中基地规划 28 分、基地条件 28 分、基地考核与管理 44 分。②按照评分结果，将基地分为三种类型：80～100 分（含 80 分，下同），为优秀型实践基地；60～79 分，为合格型实践基地；60 分以下，为不合格实践基地。

4.4.4　全日制工程硕士校外实践基地评价的实证分析

运用修正的校外实践基地评价体系，从东北华北区、华东区、华中华南区和西南西北区四大区域，面向 22 所高校、10 所科研院所及其相关的 84 个校外实践基地，以基地管理者、校企导师和参与实践的实习生为对象进行问卷调查，共计发放问卷 890 份，回收问卷 754 份，剔除部分无效或不完整问卷，共得到有效问卷 690 份，问卷有效率 91.5%。有效问卷中有 287 份问卷来自基地管理者、校企导师，

403 份问卷来自学生（含毕业生和在校生）。下面结合校外实践基地评价总体情况，从调查区域、院校类型和基地规模三个方面对调查结果进行分项对比分析。

4.4.4.1 综合分析

1. 实践基地的类型

汇总分析调查结果，得到全日制工程硕士校外实践基地的得分情况为：优秀型实践基地在全部实践基地中占比为 28%，合格型实践基地占比为 56%，不合格实践基地占比为 16%。由此可见，目前全日制工程硕士校外实践基地以合格型实践基地居多，优秀型和不合格实践基地相对较少。

2. "三要素"得分

根据各校外实践基地评价要素的得分，按最高分、最低分、平均分、平均分占标准分的比例、超过平均分的实践基地比例进行统计，计算结果如表 4-20 所示。

表 4-20 "三要素"得分情况

参数	基地规划（P）（28 分）	基地条件（D）（28 分）	基地考核与管理（C&A）（44 分）
最高分	26	25	38
最低分	12	12	25
平均分	20.7	18.2	30.6
平均分占标准分的比例/%	74	65	70
超过平均分的实践基地比例/%	56	48	48

从"平均分占标准分的比例"和"超过平均分的实践基地比例"来看，基地规划均高于其他两个要素；从总体情况来看，基地规划也优于其他两个要素，说明基地规划相对做得较好。

4.4.4.2 分项对比分析

根据校外实践基地评价总体情况，按照调查区域、院校类型、基地规模三个方面，从平均得分与"三要素"得分情况分别进行对比分析。

1. 调查区域

本研究按照东北华北区、华东区、华中华南区和西南西北区四大区域划分，各区域校外实践基地的平均得分情况如表 4-21 所示。

表 4-21 各区域校外实践基地平均得分情况

地区	总分	基地规划（P）	基地条件（D）	基地考核与管理（C&A）
东北华北区	64.29	19.43	18	26.86
华东区	72.9	21.67	18.67	32.56
华中华南区	78.34	24.17	20	34.17
西南西北区	54	14	14	26

由实证研究结果可知：①各区域得分的排名为华中华南区＞华东区＞东北华北区＞西南西北区，说明华中华南区的全日制工程硕士校外实践基地的总体情况相对其他三个区域比较好；②从各区域"三要素"的平均得分来看，华中华南区的全日制工程硕士校外实践基地的规划、运行、管理情况均好于其他三个区域。

2. 院校类型

本研究按照双一流高校、普通高校和科研院所来划分，不同类型高校校外实践基地的平均得分情况如表4-22所示。

表4-22 不同类型高校校外实践基地平均得分情况

院校类型	总分	基地规划（P）	基地条件（D）	基地考核与管理（C&A）
双一流高校	65.45	19.65	17.3	28.5
普通高校	69.8	20.9	17.5	31.4
科研院所	64.34	17	20.67	26.67

由实证研究结果可知：①不同类型的院校校外实践基地平均得分为普通高校＞双一流高校＞科研院所，说明不同类型院校校外实践基地建设的效果有所差别，且整体上普通高校的校外实践基地更加完善。②由不同类型高校"三要素"的平均得分可知，在基地规划方面，普通高校得分最高；在基地条件方面，科研院所最优；在基地考核与管理方面，普通高校具有明显优势，这说明普通高校校外实践基地的建设成效明显高于其他两类院校。

3. 基地规模

本研究按照校外实践基地所依托的企业规模将企业分为大型企业、中型企业和小型企业，三类不同规模的企业校外实践基地的平均得分情况如表4-23所示。

表4-23 不同规模企业校外实践基地平均得分情况

基地规模	总分	基地规划（P）	基地条件（D）	基地考核与管理（C&A）
大型企业	65.31	19.31	17.38	28.62
中型企业	74.42	23	18.71	32.71
小型企业	73.6	21.2	19.8	32.6

由实证研究结果可知：①中型企业的校外实践基地的运行相对较好，其次是小型企业，而大型企业则相对较差。②由不同规模企业"三要素"的平均得分可以得出，中型企业的校外实践基地在基地规划、基地考核与管理方面做得最好，基地条件处于中等水平；小型企业的校外实践基地在基地条件方面做得最好，其他两方面处于中等水平；大型企业的校外实践基地在三方面均处于落后态势。

4.4.5　全日制工程硕士校外实践基地评价的结果讨论

根据全日制工程硕士校外实践基地评价的实证结果，结合基地的开展情况提出以下建议。

4.4.5.1　着力推进西南西北地区校外实践基地发展

实证分析结果表明，西南西北地区在校外实践基地建设各方面的得分相比其他三个地区偏低，结合各区域实际情况，这可能与西南西北地区的经济发展水平、教育水平及对教育的重视程度有较大关系：在基地规划方面，西南西北地区的政策支持与企业经费投入评分较低；在基地条件方面，硬件设施如实践场所、仪器设备等较为落后，这在一定程度上也与企业经费的投入有关；在基地考核与管理方面，西南西北地区存在校外实践教学准备不充分、教学评价相对缺乏、校外实践基地对教师要求较低以及实习生留用制度不完善等问题。

结合各区域"三要素"具体指标得分情况，提出以下建议：①基地规划方面，西南西北地区相关政府主管部门应向该区域企业推行优惠补贴政策，如给予企业相应的税收优惠或者政府补贴，提高企业与高校合作共建校外实践基地的积极性。②基地条件方面，政府和高校应加大对校外实践基地硬软件投入的重视程度与支持力度，推动校外实践基地的发展。③基地考核与管理方面，西南西北地区院校应加强对校外实践基地的梳理、分层、分类地进行细化管理，并出台或完善管理考核办法，切实抓好校外实践基地的管理与考核，保障基地有效运行。

4.4.5.2　高度重视双一流高校校外实践基地建设

由实证分析结果可知，普通高校在校外实践基地各方面的得分普遍高于双一流高校。普通高校往往受制于有限的科研实力、较少的校内外交流、相对短缺的校外实践机会和条件，但这些因素反过来会促使普通高校更加重视校外实践基地建设，以此进一步拓展外部合作空间，不断提高毕业生的就业竞争力。而双一流高校一般科研实力较强，导师与企业之间的科研合作关系较为密切，学生可以依托科研项目开展校外实践。但正是由于学校对学生校外实践的安排充分，再加上受研究方向的限制，因此即便学校已与相关企业签订了共建校外实践基地的合作协议，也常常出现没有学生派驻的情形，校外实践基地的实际运行情况并不乐观。

结合各类院校"三要素"具体指标的得分情况，提出以下建议：①基地规划方面，双一流高校应着重落实并认真执行与实践基地签订的合作协议，共同制定教学目标、培养方案和考核标准，确保校外实践顺利实施。②基地条件方面，在校企合作过程中，双方尤其是双一流高校应充分运用政策、人才和技术优势，以企业需求为导向，不断拓展校外实践基地建设的广度和深度，进一步深化实质性合作。③基地考核与管理方面，双一流高校应充分利用其优秀的教师资源，注重方法性指导，并加大与实践基地的交流沟通，确保实践岗位与学科专业的匹配性。

4.4.5.3 积极推动中型企业参与校外实践合作

从实证结果可以看出，中型企业的校外实践基地在基地规划、基地考核与管理方面优于小型企业与大型企业。这主要是由于小型企业资金、技术和人力支持相对较弱，导致实践基地安全措施和后勤服务不完善，无法完全支撑实践基地的正常运行；另一方面，受企业知名度和发展空间限制，小型企业大多尚未建立完善的实习生留用制度，阻碍了校外实践活动的顺利进行。而对于大型企业，由于企业规模庞大，技术相对领先，其与高校合作的重心在于技术创新，在一定程度上忽视了实践基地的建设和发展。

结合不同规模企业"三要素"具体指标的得分情况，提出以下建议：①在基地规划方面，中型企业实践基地特色鲜明，建议院校可优先考虑与中型企业开展校外实践合作，最大程度地保证校外实践的质量。②在基地条件方面，中型企业应与院校充分合作，在服务学生校外实践的同时，有效了解和利用院校研究成果提升企业技术水平，在扩大企业知名度的同时进一步完善实践基地建设。③在基地考核与管理方面，建议进一步强化校企与实习生的交流沟通，保障校外实践的顺利进行；在条件允许的前提下，企业应当提高实践报酬；实践结束后，企业可为参与实践的毕业生提供一定比例的留用岗位，实现院校与实践基地之间的良性互动循环。

4.4.5.4 持续提升校外实践基地管理质量

PDCA 理论提倡的计划、执行、考核和改进四个阶段是一个不断发现问题并持续改进的循环过程，参与校外实践基地建设的高校、科研院所和企业在基地规划（P）阶段要对基地建设规划进行总体设计，树立整体意识和全局意识，对实践基地建设和实践项目的各层次、各要素进行统筹规划，以工程人才实践能力培养为核心，建立起开展工程硕士校外实践项目所需的组织机构、议事程序和质量标准。基地条件（D）是全日制工程硕士校外实践活动顺利进行的必要保障。实践基地管理人员应明确各自的职责与要求，对实践基地资源进行合理调配与持续更新，并实施针对性培训。在实践项目的执行过程中，不断加强对实践活动的实时监控，并根据情况变化对实践项目进行适当调整。在基地考核与管理（C&A）阶段，高校、科研院所和企业应根据高校的人才培养目标以及人才培养方案中有关专业实践的规定，围绕师资队伍、实践过程、学生发展和教学效果等进行科学管理，利用过程性和结果性指标对实践过程开展综合评价，这不仅能反映本阶段全日制工程硕士校外实践的效果，也可为下一阶段校外实践基地的进一步优化提升提供阶段性评价意见；同时高校、科研院所和企业应主动收集来自基地管理者、校企导师和实习生的意见和建议，并采取措施及时加以改进，不断提高校外实践的质量和水平。

第 5 章 企业需求导向下全日制工程硕士学习成果存在问题及对策建议

上一章对高校和企业的全日制工程硕士学习成果现状展开实证研究和对比分析发现，全日制工程硕士的高校和企业评价均处于中等水平，全日制工程硕士学习成果的校企调查结果差异说明全日制工程硕士学习成果的实际情况与企业的期待值还存在一定的差距。接下来首先对企业需求导向下全日制工程硕士学习成果存在的主要问题进行系统梳理，再针对问题提出相应的对策和措施，以期为促进我国高校工程硕士培养、进一步完善我国高等工程教育的相关理论和实践提供参考和借鉴。

5.1 企业需求导向下全日制工程硕士学习成果存在的主要问题

根据高校、企业调查和实证分析结果，结合专业及基础知识、应用与合作学习、智力技能和公民社会责任 4 个一级评价指标及其二级指标和相应具体题项，全日制工程硕士的学习成果培养主要存在专业及基础知识不扎实、应用能力和合作学习能力不足、跨学科培养的水平欠佳以及公民意识较为薄弱等四个方面的问题。

5.1.1 专业及基础知识不扎实

对于一级指标专业及基础知识的 7 项具体题项，由表 5-1 可知，高校评价方面仅有 4 项平均分在 3 分以上，企业评价方面则仅 PB1 超过 3 分，且各题项的校企评价差异（除 PB1 外）普遍大于 0.3 分，PC4 的校企评价差异最大，达到了 0.38 分，PB1 的校企评价差异最小，仅为 0.10 分。结合前述研究内容，其他高等院校的评价得分低于"985 工程"院校和"211 工程"院校，且评价结果与后两者存在显著差异（其他高等院校与"985 工程"院校、"211 工程"院校的 sig 值分别为 0.006 和 0.003，小于临界值 0.05），其差异主要表现在 PC2 和 PB1 两项上（对于 PC2，其他高等院校与"985 工程"院校和"211 工程"院校的差值均为 0.09；对于 PB1，其他高等院校与"985 工程"院校的差值为 0.24，与"211 工程"院校的差值为 0.07）；作为校企评价差异最大（校企加权总分均值差异为 0.56）的两个区域，华东地区和华北地区主要表现在 PC1、PC2、PB1 和 PB2 四项的企业评价远低于高校评价。PC1 和 PC2 隶属于二级指标专业胜任能力，全日制工程硕士对于行业政策法规的了解情况和熟悉程度,与其日后从事工程相关工作的从业表现密切相关,对于行业领先工艺技术的掌握程度在一定意义上能够决定全日制工程硕士业务能力的潜在进步空间;PB1 和 PB2 则是构成二级指标基础知识的全部题项,与专业胜任能力的相关学习成果互为补充。结合上述分析,全日制工程硕士的专业及基础知识掌握情况并不理想。

表 5-1 专业及基础知识各题项平均分

专业及基础知识	题项	高校	企业
专业胜任能力（PC）	PC1 掌握工程原理、概念、政策、法规	3.01	2.67
	PC2 了解新材料、新工艺、新设备	3.02	2.71
	PC3 面向企业需求的专业知识学习能力	2.93	2.59
	PC4 工程知识的终身学习能力	2.92	2.54
	PC5 良好的职业操守	2.81	2.51
基础知识（PB）	PB1 掌握哲学、历史等人文社科知识	3.17	3.07
	PB2 在项目实施过程中运用工程原理解决问题	3.03	2.73

专业胜任能力指的是全日制工程硕士具备从事工程领域相关工作,或能够妥善处理和应对工程行业事项的专业性能力;基础知识则指的是工程领域之外的知识储备。专业胜任能力和基础知识相辅相成、缺一不可,对于全日制工程硕士专业及基础知识这一学习成果的培养同样至关重要。《关于制订工程类硕士专业学位研究生培养方案的指导意见》（以下简称为《指导意见》）明确指出,课程学习是工程类硕士专业学位研究生今后职业发展潜力的重要支撑之一,是其掌握基础理论和专业知识、构建知识结构的主要途径。结合《指导意见》以及我国的工程教育现状可知,全日制工程硕士能否掌握工程相关的原理、概念（PC1）和必要的人文社科知识（PB1）,很大程度取决于课程结构体系是否完善以及实际课堂效果;课堂学习是全日制工程硕士熟悉相关政策和法规（PC1）以及了解新材料、新工艺和新设备（PC2）最直接的同时也是最有效的渠道;对于问题解决过程中的工程原理运用（PB2）,则需要建立在工程原理的牢固掌握和课堂案例的综合分析的基础之上。

接下来以国内某知名全日制工程硕士培养单位材料与化工专业类别的培养方案为例,分析培养单位在课程设置方面的不足。该培养单位在机械与汽车工程学院、材料科学与工程学院等 7 个二级单位,按照高分子材料工程、金属材料工程、能源化学工程等 19 个研究方向招生和执行培养。综合分析不同二级单位的培养方案,该培养单位设置全日制工程类硕士研究生学习年限为 3 年,明确提出"基础理论坚实、专业知识宽广,掌握解决实际问题的先进科学方法和现代技术手段,具有对现代工程企业生产系统、服务系统进行分析、研究、设计、管理和运作的能力,具有创新意识和独立担负工程技术和管理工作的能力"的培养目标，采用"三段式"培养方式，即课程学习＋实践教学＋学位论文，并规定课程学习一般应在1年内完成。其学分与课程学习基本要求包含总学分不少于32学分，其中，课程学习不少于26学分，专业实践6学分。课程学习包括公共必修课不少于10学分、专业基础课（含数学课）不少于12学分，其中，领域核心课程中行（企）业专家参与讲座、授课的课时数应不少于2学分，专业选修课不少于3个学分，公共选修课不少于1个学分。根据培养方案的有关内容可以得知，该培养单位基于《指导意见》，着眼学科基础设置的课程方案结构合理，兼顾全日制工程硕士专业胜任能力和基础知识的培养。但是，纵观该培养单位的全日制工程硕士课程目录，除研究生职业规划与素质培养、运作管理、行业专家讲座等课程外，涉及基础知识的课程有限，全日制工程硕士对于此类课程的实际参与度也比较低，课堂获得感有限；涉及专业胜任能力的课程在不同二级培养单位之间也存在着一定的壁垒。结合对于该培养单位的全日制工程硕士的调查，本研究发现仅该专业类别，不同二级培养单位的专业学位课程设置都与学术型学位课程设置存在着不同程度的重叠，无法凸显专业学位的培养特色和要求。

5.1.2 应用和合作学习能力不足

对于一级指标应用与合作学习的14项具体题项，由表5–2可知，校企评价普遍没有超过3分，且企业评价普遍低于高校评价，各题项的校企评价差异在$0.2 \sim 0.3$之间不等，AG3的校企评价差异最大，达到了0.31分，AG1的校企评价差异最小，为0.20分。结合前述研究内容，其他高等院校（3.09）的评价得分低于"985工程"院校（3.13）和"211工程"院校（3.14），且其他高等院校与"985工程"院校、"211工程"院校评价结果的显著差异（其他高等院校与"985工程"院校的sig值为0.045，小于临界值0.05）主要表现在AG2和AG3两项上，其他高等院校与"985工程"院校评价结果的显著差异主要表现在AP3、AP5和AP7三项上；研一的评价得分低于研三，且研一与研三评价结果的显著差异（年级1与年级3的sig值为0.068，小于临界值0.05）主要表现在AC2、AC3和AC4三项上；作为校企评价差异最大的两个区域，华东地区对于该项学习成果各题项的校企评价差异值相对一致，华北地区则表现为AG2、AG3、AP2、AP3和AP6五项的企业评价远低于高校评价。上述内容包括一级指标应用与合作学习的全部二级指标（规划能力、合作能力、工程实践能力），并且基本涵盖了3个二级指标的大部分题项，高校内部的评价差异和校企比较评价的差异说明全日制工程硕士的应用能力有待提升。

表 5-2　应用与合作学习各题项平均分

应用与合作学习	题项	高校	企业
规划能力（AG）	AG1 认清市场现状、了解市场需求	2.90	2.70
	AG2 掌握分析工程产品的流程和方法	2.96	2.66
	AG3 时间管理能力	2.98	2.67
合作能力（AC）	AC1 与团队成员和谐愉快合作	2.85	2.55
	AC2 全局性、整体性思维	2.82	2.60
	AC3 从组织管理上优化配置、提高效率和降低成本	2.89	2.64
	AC4 妥善处理工作过程中出现的分歧和矛盾	2.90	2.68
工程实践能力（AP）	AP1 科学论证和评价工程项目	2.89	2.68
	AP2 选择和使用恰当的材料、设备和工具	2.89	2.65
	AP3 严格执行工程标准	2.88	2.63
	AP4 在项目实施过程中主动发现问题	2.87	2.59
	AP5 对工程项目进度和风险进行有效管控	2.87	2.58
	AP6 在工程项目执行过程中形成独到见解、技术应用和改造等方法，并加以运用	2.92	2.69
	AP7 创新开发能力	2.90	2.68

　　《指导意见》提出，工程类专业硕士学位培养的应用型、复合型高层次工程技术和工程管理人才，应具备在行业领域的某一方向独立担负工程规划、工程设计、工程实施、工程研究、工程开发、工程管理等专门技术工作的能力。专业实践是工程类硕士专业学位研究生今后职业发展潜力的重要支撑，同时也是其获得实践经验、提高实践能力的重要环节。本研究提及的规划能力和工程实践能力主要对应上述的工程规划和工程实施的能力，合作能力则贯穿于工程项目的全过程。

　　结合上述分析中提及的该全日制工程硕士培养单位的培养方案，其中明确指出专业实践是专业学位硕士研究生培养中的重要环节。该培养方案设置专业实践6学分，规定从第二学期末开始全日制工程硕士原则上必须到校外实践基地完成校外专业实践环节，可采用集中实践与分段实践相结合的方式，规定工程类硕士专业学位研究生无论是否拥有2年及以上企业工作经历，都必须到校外实践单位开展累计不少于3个月的专业实践；并要求在专业实践结束后撰写和提交专业实践报告，由培养单位和实践基地分别考核，考核不合格者须重修；此外，还要求全日制专业学位研究生学位（毕业）论文答辩前必须参加5次以上的技术报告会并撰写小结。在培养方式方面，明确规定专业学位硕士研究生实行校内外双导师制，要求重视发挥校外导师的作用，其中，工程类硕士专业学位研究生的培养应采取校企导师组的方式进行，聘请企业（行业）具有丰富工程实践经验的专家作为导师组成员。但事实上，根据调研结果，培养单位在专业实践和校企导师组的实际落实情况上存在一定的出入。尽管部分企业导师参与了全日制工程硕士的培养环节，为其提供专业实践的机会和平台，对其学习成果培养起到了实质性的指导作用和帮助，但该培养单位仍然存在着校企导师组流于形式的情况，相当数量的全日制工程硕士只有"挂名"的企业导师，其所在企业并不接受或者并不能够真正为全日制工程硕士提供专业实践平台。全日制工程硕士是否拥有实际意义上的企业导师，在很大程度上取决于校内导师与校外导师之间的私人关系或横向课题的开展与合作，校企导师组具有较大的不稳定性和不确定性，全日制工程硕士的专业实践执行情况也因此具有较大的差异性。此外，即使是拥有较多参与专业实践机会的全日制工程硕士，很大程度上也只是把校内研究课题带到校外实践基地，而且由于对课题的理论基础普遍缺乏更深层次的理解和思考，进而难以准确把握实验的应用价值，最终导致全日制工程硕士虽然经历完整专业实践过程，但仍然无法有效提升整体应用能力，这同样背离了该培养单位设置专业实践环节的初衷。因此，无论是校企导师组"名存实亡"，抑或是专业实践仅仅囿于实验的完成而无法实现培养方案的既定目标，最终都将影响全日制工程硕士的应用能力培养和提升。

5.1.3 跨学科培养的水平欠佳

对于一级指标智力技能的 8 项具体题项，由表 5-3 可知，高校评价方面有 5 项平均分在 3 分以上，企业评价方面则有 3 项超过 3 分，且在智力技能上校企评价的差异相较其他一级指标整体较小，IC4 的校企评价差异最大，达到了 0.27 分，IC3 的校企评价差异最小，仅为 0.07 分。结合前述研究内容，其他高等院校的评价得分低于"211 工程"院校和"985 工程"院校，且二者评价结果的显著差异（其他高等院校与"211 工程"院校的 sig 值为 0.031，小于临界值 0.05）主要表现在 IC3 和 IC4 两项上；研一的评价得分低于研二，且研一与研二评价结果的显著差异（研一与研二的 sig 值为 0.009，小于临界值 0.05）主要表现在 IP3 和 IP4 两项上；小型企业与大型企业的评价存在显著差异（小型企业与大型企业的 sig 值为 0.004，小于临界值 0.05），且在 IP1、IP2、IC2 和 IC3 四项上，两种类型企业的评价均较低；作为校企评价差异最大的两个区域，华东地区表现为 IP1、IP2、IC3 和 IC4 的企业评价远低于高校评价，华北地区则表现为 IP4 和 IC2 的校企评价整体不高。上述内容包括一级指标智力技能的全部二级指标（综合理解能力、集成创新能力），其中，在涵盖二级指标综合理解能力的全部题项和二级指标集成创新能力的大部分题项上，企业评价结果和校企比较评价结果的差异说明全日制工程硕士的智力技能与企业的期待值有所差距。

表 5-3 智力技能各题项平均分

智力技能	题项	高校	企业
综合理解能力（IP）	IP1 知识更新	2.89	2.64
	IP2 系统分析和阐述问题	2.89	2.65
	IP3 准确评价自身	3.28	3.02
	IP4 识别工程环境变化并做出调整	3.06	3.22
集成创新能力（IC）	IC1 了解社会问题、理解和尊重社会关系	3.00	2.78
	IC2 国际交流、学习的能力	3.22	2.98
	IC3 在正视文化差异的基础上开展国际竞争与合作	3.08	3.01
	IC4 综合运用多学科知识进行产品开发和设计	2.97	2.70

全日制工程硕士的智力技能学习成果，指的是将其已经掌握的不同学科的知识整合成知识网络，综合运用知识网络，进而促成跨学科工程问题的解决。系统分析和问题阐述能力（IP2）、工程环境识别能力（IP4）和跨学科产品研发能力（IC4）仍然主要围绕工程的相关学科，但本质上是基于多学科专业知识的综合运用和跨学科专业实践的广泛开展而提出的更高层次的能力要求；知识更新能力（IP1）和自我评价能力（IP3）源于对涉及基础素质学科知识的长期积累和学习成效检验；国际交流、学习的能力（IC2）以及国际竞争与合作能力（IC3）则与外语水平直接相关。

首先，国内多数全日制工程硕士培养单位的跨学科活动尚处于自发摸索的零散状态，二级培养单位自发的跨学科活动进展参差不齐，缺乏强有力的外部支持，真正意义上的跨学科活动难以开展。培养单位普遍存在着跨学科理念内涵表述不清、跨学科理念表现形式单一、跨学科理念受重视度不足等相关问题，并集中反映出缺乏从战略高度规划全日制工程硕士智力技能培养的意识和行动。具体而言，培养单位缺乏宏观上的对于全日制工程硕士智力技能培养的明确条文规定，没有建立起与全日制工程硕士跨学科能力要求相匹配的方针、政策和制度等明文规定。而这些明文规定能够自上而下对专业学位管理部门和二级培养单位的教学培养活动起到明确的、系统的导向作用，进而统一培养目标，规范培养行为。其次，国内高校的学院多以单一学科建制，学术资源和行政管理集于一院，尽管不同学院会招收和培养同一专业类别的全日制工程硕士，但从组织管理角度而言，专业学位研究生的培养仍是以学院为边界，行政和学术权力归属于该学院，师资、资金、设备等资源条件难以突破院系内部的界限，普遍为单一院系独有和使用。这种传统的学院建制方式折射出浓厚的学院本位思想，有利于各院系将资源集中投放于自身所熟悉的专长领域，同时便于统筹管理，提高教学科研运作效率，但长期"独有""独行"的思想使各二级培养单位之间形成了一道道无形的沟壑，学院本位思想实则成为横亘于全日制工程硕士智力技能教育深入推行过程中的主要障碍。再次，由于学院本位思想根深蒂固，国内高校各培养单位基于自身利益考虑而长期各自为政，形成森严的院系界限和学科壁垒，在全日制工程硕士的培养资源共享上缺乏整体推进的动力与决心，往往只会根据人才培养的实际需要有选择地改善部分资源条块分割的情况，而跨学科合作科研项目和跨院系开设课程以培养全日制工程硕士智力技能却难以实施。尽管国内全日制工程硕士培养单位已有寻求学科"合力"的实践，但这种受实际培养需求驱动的资源共享行为缺乏顶层设计。这种单方面实施诸如课程、科研等部分资源的整合，未通过协调重组院系利益分配关系来充分吸纳整合相关专业类别的校企师资，共同利用专业实践平台等硬件资源，从整体上推进学科优势、教育资源的共享，导致全日制工程硕士的跨学科培养工作始终难以深入。最后，全日制工程硕士培养单位在启动培养工作之前并没有形成有效的跨学科培养规划，这一点可以从其培养方案没有制定或未涉及具有可操作性的跨学科培养规定中明确得知。虽然有些专业类别在师资队伍建设和专业课程设置上关注到跨学科能力培养需求，并且存在相应的实际做法，但这些做法通常是出于当前培养需求而自然产生的，并未被正式纳入工程类专业学位研究生培养工作的统一规划之中。究其根本，一方面由于各培养单位在学校层面缺乏跨学科理念的明文支持，且院系本位思想长期占据高校主导地位，导致针对全日制工程硕士跨学科培养的筹划工作在制度和观念上长期受限；另一方面，由于跨学科培养本身需要打破原有的利益格局，触动和调整原有利益分配关系，各培养单位自身特别是二级培养单位缺乏对全日制工程硕士跨学科培养理念、制度、模式及管理等方面的创新动力。

综上所述，尽管相较其他一级指标，全日制工程硕士智力技能的评价结果相对理想，但跨学科培养理念和目标模糊、院系组织架构单一、基础素养知识应用机会有限以及国际交流学习平台不足等仍然制约全日制工程硕士该项能力的发展。

5.1.4 公民意识较为薄弱

对于一级指标公民社会责任的 5 项具体题项，由表 5-4 可知，高校评价方面有 4 项平均分在 3 分以上，企业评价方面则有 3 项超过 3 分，且 SS1 的企业评价高于高校评价，SS2 的校企评价差异最大，达到了 0.53 分。结合前述研究内容，研一与研二、研三的评价结果存在显著差异（研一与研二、研三的 sig 值分别为 0.014 和 0.016，小于临界值 0.05），其中，研二的评价得分为三者最高，但整体评价为四项一级指标中最低；各区域的校企评价比较接近且整体评价不高，二级指标特别是 SP2 的得分较低是导致该项学习成果评价结果不理想的主要原因，但其中，华东地区、西北地区和东北地区的高校评价略低于企业评价。整体来看，全日制工程硕士公民意识的整体情况评价不佳。

表 5-4 公民社会责任各题项平均分

公民社会责任	题项	高校	企业
个人责任（SP）	SP1 维护职业的尊严和荣誉	3.01	2.72
	SP2 对自己的工作精益求精、追求卓越	2.95	2.58
	SP3 甄别信息质量	3.69	3.44
社会责任（SS）	SS1 参与社区服务和志愿服务	3.38	3.48
	SS2 参与公民义务的投票和选举	3.63	3.10

《指导意见》明确指出，要进一步突出"思想政治正确、社会责任合格、理论方法扎实、技术应用过硬"的工程类硕士专业学位研究生培养特色，全面提高培养质量，将"服务国家和人民的高度社会责任感、良好的职业道德"列为全日制工程硕士的培养目标，并要求开设政治理论和工程理论等相关课程。国务院教育督导委员会办公室印发的《全国专业学位水平评价实施方案》（以下简称《实施方案》）提出"聚焦立德树人，突出职业道德"的基本原则，指出要坚持把思政教育放在人才培养首位，加强思政教育成效评价，强调职业道德与职业伦理教育评价，考察学生的职业精神与社会责任感培养成效。由此可知，全日制工程硕士的职业能力提升和公民社会责任养成不是对立的，二者的培养过程也不应该被割裂。通过维护职业的尊严和荣誉的能力（SP1），对工作精益求精、追求卓越的态度（SP2），甄别信息质量的能力（SP3），参与社区服务和志愿服务的能力（SS1），以及参与公民义务的投票、选举的意愿和能力（SS2）等具体题项，量化全日制工程硕士的公民社会责任，从校企评价的实际结果来看，全日制工程硕士的公民意识较为薄弱，其个人责任感和社会责任感都存在相当大的优化空间。

5.2 提升企业需求导向下全日制工程硕士学习成果的对策

针对全日制工程硕士专业及基础知识不扎实、应用能力和合作学习能力不足、跨学科培养的水平欠佳以及公民意识较为薄弱等现实问题，结合全日制工程硕士的培养现状，特提出以下对策建议。

5.2.1 完善课程设置，夯实专业及基础知识

《指导意见》指出，课程学习是工程类硕士专业学位研究生掌握基础理论和专业知识、构建知识结构的主要途径，课程学习须按照培养计划严格执行，其中公共课程、专业基础课程和选修课程主要在培养单位集中学习，校企联合课程、案例课程以及职业素养课程可在培养单位或企业开展。同时，《指导意见》规定，全日制工程硕士的课程体系应体现先进性、模块化、复合性、工程性和创新性，满足社会

多元化需求和学生个性化培养的要求;并提出课程设置应以工程需求为导向,强调专业基础、工程能力和职业发展潜力的综合培养,应注重发挥在线教学、案例教学和实践教学的协同优势。由此,为夯实全日制工程硕士的专业及基础知识,建议从以下方面完善全日制工程硕士的课程设置。

1. 优化课程结构,保障课程品质

专业学位起源于西方发达国家对于解决社会实际问题的应用型专业人才的需求;在我国,开展专业学位教育的目的在于培养一批具有一定的理论水平和较强的实践能力、能够适应经济社会发展的高层次技术人才和管理人才。尽管专业学位教育以职业要求为导向、以职业资格为目标,但研究生对专业理论知识的掌握水平,以及对行业前沿动态的把握情况始终与现实问题的解决结果息息相关。因此,全日制工程硕士课程结构是否合理,直接关系到能否实现培养适应经济社会发展需要的高层次职业型和应用型工程人才的专业学位教育目标。

现阶段的全日制工程硕士课程设置框架包括公共课程(政治理论、工程伦理、外语等)、专业基础课程(数学类课程、原理类课程等)和选修课程(专业技术课程、实验课程、人文素养课程、创新创业活动等)。专业及基础知识学习成果评价主要与全日制工程硕士课程设置框架中的专业基础课程和选修课程有关。从课程名称上看,专业基础课程和专业技术课程等大致上涵盖了工程相关原理和概念的传授、行业政策法规的分析(PC1),以及行业新兴材料、领先工艺和新型设备的介绍(PC2);人文素养课程大概率是全日制工程硕士积累人文社科知识(PB1)的主要途径;专业技术课程和实验课程等能够在一定程度上锻炼工程硕士运用工程原理解决问题的能力(PB2)。在专业及基础知识方面,现有的课程设置理论基本覆盖本研究调查结果显示的需要提升的学习成果,但对比学术型学位研究生课程体系,除了学分设置要求有所差异、明确规定实践环节以外,全日制工程硕士的课程体系存在着专业学位特点不够鲜明、与学术型学位课程设置方案大同小异的典型问题。

因此,应调整课程设置结构,合并内容相似的课程,一方面,加大对现有课程的梳理,对教学内容相同或相似的课程予以合并;另一方面,重新设置与本科阶段设置重复的课程,或提供相应课程的免修政策。同时,针对专业学位研究生教育,进一步开设全校性的涉及行业规范普及、材料工艺分析和人文社科知识等的选修课程,或面向全日制工程硕士开设有关行业政策法规的专题讲座,从社会、人文、行业、法律、思想价值等不同角度完善全日制工程硕士的课程结构体系;结合行业技术前沿问题和全日制工程硕士的就业需求,适当增设与先进材料、工艺、技术等相关、与实验室现实条件匹配的专门课程和工程实验类课程。探索工程硕士研究生课程与职业资格认证的对接,在课程模块中设置与职业资格考试科目相关的课程,与相关认证机构合作,尝试将某些课程的成绩作为职业资格考试部分科目的免考依据。科学合理的课程结构,是推动专业学位研究生教育内涵式、高质量发展的基础。

除此之外，课程的质量和品质直接关系到全日制工程硕士的学习成果的评价结果，而师资水平在一定程度上决定课程品质。在教师队伍的建设上，既要广泛吸纳具有相应生产实践经验的高水平师资力量，同步加大高校师资的生产实践培训力度，又要鼓励教师走下课堂、走出高校、走进企业、走上生产线，积极从事应用研究，不断提升自身的实践教学水平和专业学位教育能力。此外，教育主管和监督部门应当制定能够发挥正向激励反馈作用的科学合理的课程评价标准，并将教学评价特别是课程评价视为学科评估的重要环节之一；高校要积极开展评教工作，重视全日制工程硕士的课程和教学评价结果及其应用。

2. 直面企业需求，实施联合教学

首先，高校应当建立一种逆向思维，以工程企业的现实需求作为课程设置调整的逻辑起点。全日制专业学位与学术学位、非全日制专业学位要有所区别，全日制工程硕士以培养与工程领域任职资格相联系的高层次应用型专业人才为目标。究其根本，工程硕士以就业为最终导向，其专业及基础知识学习成果在某种意义上代表着与岗位能力要求的匹配程度。因此，高校有必要转变思维方式，重视企业需求的引导价值，彻底改变沿用原有全日制学术型和非全日制工程硕士培养理念和培养方案的情况，探索和构建企业需求导向的、专业学位特色鲜明的全日制工程硕士学习成果培养体系和课程目标；高度重视企业作为全日制工程硕士的就业入口和职业归属的重要作用，充分调动企业参与全日制工程硕士培养环节的积极性，将行业企业对于全日制工程硕士学习成果的现实需求细化至具体培养过程；积极借鉴国外工程硕士教育的成熟经验，大胆将其与我国的教学实践相结合，引导全日制工程硕士培养向高层次职业型和应用型转变。

其次，开展广泛而深入的企业需求调研：高校专业学位办公室的研究人员和管理人员将工作重心置于企业人才需求标准和专业能力要求的挖掘，相关科研团队着眼于专业学位研究生学习成果与企业需求匹配度和适应性的研究，就业指导部门对就业于工程企业的全日制工程硕士毕业生进行培养质量跟踪调查。基于企业需求调研结果，不断调整和完善现有课程方案，分专业类别梳理企业需求并形成兼顾专业特色的个性化课程方案，以满足复合型工程人才培养的现实课程需求；改革和优化课程结构，增设市场和案例分析环节，引导全日制工程硕士自主走出课堂、走进市场、走近企业去探寻工程领域和工程行业的现实需求和客观问题，并通过案例分析，培养全日制工程硕士洞察问题、设计方案、解决问题、评价方案的思维和能力。

最后，开设校企联合课程，校企双方协同参与课程方案的设计。政府通过税收减免、工程基地平台建设支持、工程项目支持等方式予以企业相应的政策倾斜和资金支持，逐步改变企业参与全日制工程硕士培养的消极状态和被动局面。高校需在真正意义上将企业视为全日制工程硕士的联合培养单位，明确企业协同参与的重要意义和作用，进一步划分自身和企业的权利与义务，并将企业的权责细化于具体的培养环节。邀请具有丰富工程行业从业经验的相关人员或联合培养单位的技术人员、管理人员担任授课教师或课程顾问，尝试通过短期或固定课程、专业比赛和专题讲座等不同于传统课堂的教学模式，帮助全日制工程硕士尽早接触工程项目的研发过程，对标工程企业的专业及基础知识要求，深化联合教学，增强校企双方培养的协同性。建立校企交流与合作的信息服务平台，为高校课程设计与企业需求的具体对接提供科学的数据支撑，提高课程方案的针对性和实用价值；健全校企合作监督协调机制，尝试引入第三方评价机构，加强对校企合作下全日制工程硕士课程方案的审核和课程效果测评，及时发现课程设置和联合教学的问题并给予反馈。

3. 丰富课程形式，开展案例教学

案例教学和举例教学是截然不同的两个概念，案例教学是推进专业学位课程改革、丰富工程教育课程形式的重要方式之一。相较于以书本为中心的传统教学模式，案例教学是一种基于案例内容提取实践知识和经验，以学生自主研究、主动探索为中心，以问题意识为逻辑起点，以合作研讨为主要教学手段的新型教学模式。案例教学的核心在于用案例引导学生识别问题—分析问题—解决问题。相关经验已经证明，开展案例教学对于推进专业学位研究生教育的意义重大。《实施方案》明确指出，考察案例教学应用与开发建设情况是专业学位教育的重点内容。

开展案例教学的关键在于校企共建工程案例库。通过校企共建工程案例资源库，能够有效规范案例的采集与编写的标准和流程，提升案例资源的采编水平，丰富案例数量的同时提升案例教学的质量；此外，有助于形成全日制工程教育的资源共享平台，提高案例资源的利用效率。首先，作为全日制工程硕士主要培养单位的高校，协同作为联合培养单位的相关工程企业，不断丰富和完善案例素材库内容。现有的案例资源普遍来自相关课程教师对公开信息和材料的直接或间接加工，或根据自身的调研成果进行整理汇编。但由于采编人员不是企业生产的一线人员，其所能够接触的生产过程和生产环节相当有限，最终呈现出的工程案例难免与企业实际存在一定的脱节状况。因此，亟须从企业的端口收集和整理文字记录、图像、音频、视频以及二次加工的模拟内容等，从而收录和还原工程项目实操的全貌，详细描述其"提出问题—分析问题—解决问题"的全过程。同时，广泛吸纳工程企业的相关人员直接参与高校的案例教学实践过程，高度重视课堂的反馈评价。其次，高校基于案例素材库，形成教学案例库。工程案例由教学目标与对象、案例标题信息、案例背景概述、案例内容描述、案例结论探讨、相关图表附录、教学建议等要素构成，重点总结工程案例的分析思路、理论依据、关键要点等，同步适度调整全日制工程硕士培养方案和课程体系中案例类课程的数量和比例。在课程环节，有意识地引导专业学位研究生合理利用专业知识，切实结合工程情境，探索具有可行性的问题解决方案，横向比较企业的实际操作过程，厘清二者之间的差距。最后，高校应当转变观念，认识全日制工程硕士在案例教学中的主体地位，鼓励全日制工程硕士将自身的专业实践经历，特别是涉及企业工程问题解决部分的经验，纳入案例素材范围，优秀案例可直接入选工程案例库，并邀请高年级的优秀案例提供者为低年级的全日制工程硕士分享和介绍经验。

建设案例教学精品课程库是提升案例教学品质的重要途径。建议由全国工程专业学位研究生教育指导委员会负责牵头，重点联合工程教育案例教学实践丰富、经验成熟的相关培养单位参与联合建设案例教学精品课程库，完善案例教学课程素材。工程硕士的培养单位提供和选送案例教学课程，全国工程专业学位研究生教育指导委员会和其他教育主管部门根据统一的评价标准评估课程质量，将优秀的案例教学课程纳入案例教学精品课程库。依托慕课等在线学习平台，共享案例教学精品课程库的相关资源，鼓励其他培养单位的任课教师学习教学经验，或探索此类在线课程与全日制工程硕士培养单位校本课程的学分互认机制。

5.2.2 落实专业实践，强化应用能力

应用能力培养是专业学位研究生教育最为重要的环节之一，也是区分专业学位教育和学术学位教育的关键所在。全日制工程硕士的应用能力，即采取一定的工程方法，将工程专业知识应用于项目规划、研发设计、实施执行、产品维护、风险评价和过程管理等各个环节和全流程的能力，明确指向现实工程问题的解决，这是工程硕士区别于工学硕士的一项核心学习成果。《指导意见》指出，全日制工程硕士的专业实践应有明确的任务要求和考核指标，实践成果要能够反映工程类硕士专业学位研究生在工程能力和工程素养方面取得的成效。由此，为强化全日制工程硕士的专业应用能力，建议从以下方面强化工程教育的专业实践环节。

1. 深化校企协同，共建实践基地

校企联合培养是提高专业学位工程教育质量的有效方式，建设专业实践平台和基地则是落实专业实践环节的必由之路。因此，为有效应对经济社会发展带来的风险和挑战，深化校企合作，共建工程硕士专业实践基地的意义重大。以专业实践基地为纽带，高校对接产业和行业的现实需求和发展前沿，在稳步提升全日制工程硕士学习成果的培养质量的同时，提高院校和学科专业的竞争力。全日制工程硕士则充分利用专业实践基地，检验自身理论知识水平与生产实践要求的匹配度，主动提升专业实践能力，充分积累职业经验。此外，《指导意见》和《实施方案》均指明了专业实践基地对于专业学位研究生教育的价值。《指导意见》提出鼓励培养单位与企业共建联合培养基地，探索合作共赢的长效保障机制和高校的运行管理制度；《实施方案》则指出专业实践质量评价的重要性，并要求重点考查实践基地实际使用及支撑专业学位人才培养的实效。

近年来，随着研究生特别是专业学位研究生的扩招，全日制工程硕士的实践基

地建设问题日益严峻。高校理应高度重视"培养什么样的专业学位"和"如何培养专业学位"的问题,主动出击,积极联系领域内有影响力的企业共建校外实践基地;企业有必要依托更加契合市场的实践场所,积极为全日制工程硕士提供专业实践机会。需要明确的是,政府有意识地引导并从中协调,教育部门联合其他部门为专业学位研究生教育提供的良好社会环境,是校企协同建设专业实践基地的根本保障。比如,政府要求财政部门和科技部门等积极配合和支持教育部门的相关工作,推动产教融合,推进产学研用"四位一体",指导全日制工程硕士的专业实践基地建设,提供专项建设的经费和资金,组织开展舆论宣传,以制度的形式推进建设一批高质量的专业实践基地;政府可考虑对参与专业实践基地建设或直接提供相关实践平台的工程企业减免部分税收,在企业内部设立校企共建的重点实验室和技术研究中心等,从而最大限度地调动企业参与协同培养的积极性。全日制工程硕士通过校企实践基地和平台,进行工程规划(AG2)、成本控制(AC3)、工程实施(AP2、AP3、AP6)、风险管控(AP5)、创新开发(AP7)和工程管理(AC2、AC4)等专业锻炼,能够有效提升自身的专业应用能力;相关工程企业在短期内虽需要承担一定的资金和设备成本,但参与专业实践基地共建和专业人才协同培养,能够为企业输送一批毕业即上岗的应用型、复合型高层次工程技术人才和工程管理人才,进而满足企业的长远利益需求;与此同时,校企共建的专业实践基地也将成为产学研用的重要纽带。

此外,建设高水平的专业实践基地还有助于推进联合研发、案例模拟等全日制工程硕士联合培养机制的完善。联合研发,即全日制工程硕士结合专业实践基地所在单位的研发需求和自身的学位论文选题,深入企业专业实践基地,开展产品研发、设备开发以及科技成果转化等工作。案例模拟,则是依托实践基地的实践资源和人才资源,由企业的资深工程技术人员和管理人员模拟和讲授工程项目实际执行过程中遇到的现实问题和解决方案,为全日制工程硕士传授工程实践知识和经验,基于企业专业实践基地开展的案例模拟是对高校案例教学的有力补充。

2. 规范双导师制,加强队伍建设

导师的理论知识水平、专业指导能力和职业道德素养直接影响全日制工程硕士的学习成果,最终关乎全日制工程硕士的培养质量。因此,落实校内与校外导师制度,加强导师队伍建设,能够有效提升我国工程教育的专业实践水平,进而优化工程类专业学位研究生的实践应用能力。现阶段,全日制工程硕士的导师组,基本由来自主要培养单位高校的具有较高学术能力和丰富指导经验的教师,以及来自联合培养单位工程企业的具有丰富工程实践经验的专家组成。但是,校内导师实践经验不足,企业导师参与意愿不强和指导能力有限的问题普遍存在。由此,建议从以下几方面加强队伍建设。

首先,提升校内导师的实践教学水平。目前,高校选聘教师最为看重的仍然是其科学研究水平，教师职称、薪酬待遇往往与项目及论文、专利等学术研究成果直接挂钩，多数教师自身的工程实践经验不足，相应地，其实践教学水平也与专业学位研究生教育的能力要求有所差距。高校除了主张产教融合和校企联合培养外，同时必须明确和始终把握高等院校在全日制工程硕士培养过程中的主体地位。由此，高校必须高度重视全日制工程硕士校内导师的实践经验和实践教学水平，并将此视为双导师队伍建设的重要一环。第一，尝试改革校内导师的考查方式，薪酬核定和职称评聘的标准向其实践能力方面倾斜，鼓励学术型导师和青年教师进入全日制工程硕士联合培养单位挂职、任职或开展横向课题，深入一线工程企业接触实际项目，积累工程项目实操经验。第二，为优秀青年教师和骨干导师提供到国内外大型工程企业和国外名校的访学机会，开展联合研究项目，打造国际化的全日制工程硕士导师队伍。第三，鼓励全日制工程硕士导师申请、主持应用类工程项目，推进科技成果转化，提升校内导师队伍的科研实力和学术影响力。

其次，提升企业导师参与联合培养的意愿和能力。开展校企联合培养，充分调动企业积极性，吸收企业优质教育资源参与研究生教育体系，充分发挥企业在人才培养中的重要作用，对于推动产学结合、协同育人，提高校企联合培养质量尤为关键。通过企业导师，将全日制工程硕士与企业专业实践有机联系起来。现阶段，工程实践能力和实践经验是遴选企业导师最为重要的标准，相对而言并不看重导师的个人教育背景，因此，企业导师往往局限于对全日制工程硕士参与实践的工程项目负责，而无法或没有能力对学生本人负责，上述情况主要与企业导师难以把握研究生教育规律、缺乏指导经验等现实原因有关。因而，第一，需要建立基于应用能力培养导向的导师指导制度，严格企业导师遴选标准，在选聘过程中认真考察企业导师的实践教学能力和经验。第二，面向企业导师，定期或不定期举办学术研讨会和专业培训，既为校内外导师搭建学术交流的平台，又稳步提升企业导师的专业理论能力。第三，制定相关管理办法，明确划分企业导师的责任，从制度层面将企业导师的职责落到实处，帮助导师深刻把握全日制工程硕士的培养规律，要求企业导师严格规范工程硕士在其专业实践期间的管理和考核评价。第四，鼓励企业导师参与全日制工程硕士培养的全过程，包括专业实践成果转化、学位论文指导和科技成果申报等。最为重要的是，政府出台利好政策，鼓励企业输送相应的导师人才；企业响应政府号召，鼓励有能力担任全日制工程硕士校外导师的专业人才参与联合培养环节，并予以实质性的奖励；高校提升教学质量和科研水平，向企业输出专业能力突出的全日制工程硕士，进而形成长效的校企合作机制；"政府－企业－高校"三力合一，共同建设企业导师队伍。

最后，还须高度重视对师资队伍的质量评价，制定科学的评价体系和统一的评价标准，重点考察师资队伍建设成效、校内外导师比例及结构合理性、导师特别是企业导师指导学生的投入程度和实际效果等，动态评价上述内容，发现问题并及时解决，对于不能够履行指导职责的导师，应暂停或取消其招生资格。

3. 基于能力导向，构建评价体系

检验专业实践落实情况的关键在于全日制工程硕士应用能力的提升。判断应用能力提升与否，需要一套结合教育系统内部评价标准和教育系统外部评价标准的完善的评价体系。现阶段，工学硕士主要开展研究工作，对于其专业实践的评价基本沿用教育系统内部的相关标准，与教育系统外部评价标准的关联性较弱；非全日制工程硕士的生源来自工程企业，对于其专业实践的评价脱离了教育系统内部的评价标准，主要由教育系统外部的相关标准直接界定。全日制工程硕士不同于工学硕士和非全日制工程硕士，其相当数量的生源在入学前没有工程实践经验或经验不足，这一专业学位的教育又旨在向工程企业输送专业人才，因此，亟须结合教育系统内部和外部的评价标准，寻找二者的平衡点，构建综合性质量评价体系，科学客观地评价全日制工程硕士的专业实践落实情况及其应用能力。

建议基于应用能力导向，以解决工程问题的现实能力为核心，构建全日制工程硕士专业实践质量评价体系，邀请业界专业人士广泛参与评价体系的建设和评价标准的修订，考虑作为个体的全日制工程硕士参与工程实践的实际情况和具体研究成果，对于在不同实践单位和不同生产岗位完成不同实践任务、承担不同工作量的全日制工程硕士进行全方位的有效评价。通过质量评价体系，考察全日制工程硕士理论知识的实际运用情况和科研成果的实际转化情况，比如能否顺利实施工程项目、能否有效解决项目实施过程中的突发问题、能否准确把握行业的前沿技术以及能否客观准确地评价工程进度和效益等等；学术论文、专利、研究报告、工程产品等多元形式均可作为专业实践成果的考察和认定形式。最后，借助质量评价体系，重新审视当前的专业实践教学活动，积极引导校企实践基地和平台的建设，以及校内外导师队伍的建设。

综合性质量评价体系的构建，既能够有效诊断全日制工程硕士专业实践环节的现存问题，又能够全面总结其应用能力方面学习成果的培养成效，更重要的是，能够指导专业学位研究生教育的专业实践过程和应用能力培养工作。高校内部的学位评定委员会、学术委员会等学术管理组织应该也必须最大限度地发挥其职能，及时发现和改进全日制工程硕士专业实践环节的不足之处，探索和梳理原因，积累和总结相关经验，不断提升全日制工程硕士应用能力的培养质量；并根据各培养单位的实际情况和现实需求，设立负责工程类专业学位研究生毕业生的跟踪调查工作和用人单位信息反馈工作的专门机构，将调查结果和反馈结果作为全日制工程硕士应用能力培养质量评价的重要指标。此外，全国工程专业学位研究生教育指导委员应牵头制定全日制工程硕士专业实践质量评价标准，并加强与培养单位的平行交流；同时，有必要建立独立于政府和高校的第三方评价机构，探索多元化、符合应用能力导向和行业需求的评价体系，对全日制工程硕士的专业实践环节进行认证，不断提升其应用能力的培养成效。

5.2.3 打破学科壁垒，提升融合水平

根据《指导意见》，工程类硕士专业学位培养的是面向经济社会发展和行业创新发展需求的应用型、复合型高层次工程技术人才和工程管理人才。本研究提出的一级指标智力技能，恰好对应《指导意见》中的"复合型"概念。全日制工程硕士跨学科融合水平，是建立在专业知识和应用能力的基础之上的一项集成性能力，也是更高层次的学习成果。学科壁垒的厚度，以及破除学科壁垒的难易程度，则直接关系到全日制工程硕士跨学科融合水平的培养成效。由此，为提升全日制工程硕士的融合水平，建议从以下方面打破工程教育的学科壁垒。

1. 整合学科资源，创新组织架构

传统院系一般设立在单一学科的基础之上，学术部落划分鲜明、学科壁垒森严，这样的组织架构在客观上严重阻碍了全日制工程硕士的跨学科交流和合作。《教育部 工业和信息化部 中国工程院关于加快建设发展新工科实施卓越工程师教育培养计划2.0的意见》（教高〔2018〕3号）指出，要打破传统的基于学科的学院设置，推动学科交叉融合，促进理工结合、工工交叉、工文渗透，孕育交叉专业，推进跨院系、跨学科、跨专业培养工程人才。但目前来看，学科专业的重复设置和学科资源的重复配置问题、学科组织的过度行政化问题、学科文化的融合程度和认同情况严重制约了工程类专业学位研究生教育的发展。在打破学科和专业壁垒方面，不妨借鉴国外高校工程院系的办学经验，比如，麻省理工学院面向研究生提供跨学科工程学位项目，主要包括工程学院内部的跨学科交叉项目、横跨学院的联合学位项目、与社会团体的合作办学项目以及与外国政府和机构的合作办学项目。卓越的专业学位工程教育是学科资源、学科组织和学科文化共同发展的成果，因此，有必要结合国内政策导向和国外办学经验，整合我国全日制工程硕士教育的学科资源，重构培养单位工程院系的组织架构，凝聚学科文化的发展共识。

首先，整合学科专业的教育资源。根据工程专业学位类别，优化专业设置，调整学科布局，取消或合并重复设置的学科或专业。齐全的学科门类是交叉学科持续性发展的先决条件，但学科整合更需要寻找不同学科之间的"耦合点"。专业学位类别的划定能够有效帮助全日制工程硕士的培养单位重新审视专业设置情况和教育资源投入结构。另外，调整师资队伍结构势在必行，有必要加大高层次专业人才的引进力度，加强全日制工程硕士教师队伍的梯队建设。

其次，重构培养单位的组织架构。长期以来，我国高校的学院、院系行政界限分明，除了造成教育资源的重复投入和低效利用以外，更是在无形之中形成了阻碍学科知识流动的壁垒。因此，建议在院系内部聚集两个或多个学科，或按照电子信息、机械、材料与化工、资源与环境、能源动力、土木水利、生物与医药和交通运

输八大专业学位类别划分而非按照院系划分,完成全日制工程硕士的培养工作,充分挖掘和高效利用各工程院系的教育资源,同时加强不同院系相同专业学位类别的全日制工程硕士之间的交流。此外,建立跨专业类别的组织联盟(比如跨学科工程研究中心)也尤为重要。过往经验证明,任何学科的存在和发展都不是孤立的,跨专业类别的组织联盟和相关研究机构能够有效聚集多学科的教育资源,帮助某一学科汲取其他学科的专业知识,为该学科的教学和实践提供智力支持。高校应针对重点领域开展跨学科研究,最终面向全日制工程硕士有机渗透其他学科的专业知识,促进其综合发展。

最后,凝聚学科文化的发展共识。学科文化是学科发展的灵魂,在学科整合融合的过程中,学科文化(如学科理念、学科思维、学科观念、学科意识和研究范式等)会产生激烈的交锋与碰撞,但文化层面的融合往往不被重视。学科专业间不同的历史背景、发展渊源和价值取向,以及从教人员间不同的逻辑思维、研究习惯和价值观念等,都会外化为不同学科的理论研究和实践探索的不同侧重点和专业差异性。因此,只有正视学科文化的差异,凝聚学科文化的发展共识,才能有效打破工程专业学位类别的学科壁垒,推动全日制工程硕士融合能力的提升。

2. 组织专业竞赛,提升基础素质

作为综合检验全日制工程硕士整体学习成果状况、促进其专业素质和实践能力提升的有效平台,专业竞赛融合某一专业领域内的复杂学科知识,以创新性、实践性、综合性、系统性为基本导向,注重对参赛学生专业素养的全面考核;竞赛结果能够直观地反映全日制工程硕士在其专业领域的学习成果,进而帮助其在重新审视自身专业能力的基础上进一步完善自我评价能力。全日制工程硕士主要通过课堂学习和专业实践的方式进行知识更新,这是一个日积月累的过程。但进行知识更新的能力往往能够在参赛选拔、赛前准备和培训以及正式比赛等环节中得到全面的锻炼和显著的优化,相对而言,这种能力的优化是在较短的时间内完成的。因此,组织和开展工程领域的专业竞赛,是提升全日制工程硕士基础素质的有效途径。

首先,建议由教育主管部门或全国工程专业学位研究生教育指导委员会牵头或指导,由在相关学科评估中脱颖而出的单位主办或联合主办,参照专业学位类别开展面向全日制工程硕士的专业竞赛,分别针对电子信息、机械、材料与化工、资源与环境、能源动力、土木水利、生物与医药和交通运输八大类,构建"国家级—省级—校级"级别完备的竞赛体系,选取与工程行业和主流企业实际需求契合程度较高、与专业领域学科前沿联系较紧密的竞赛主题,设计和形成各专业学位类别的代表性专业竞赛以及涉及交叉领域的综合性专业竞赛,并邀请行业专家进行指导。

其次,基于专业竞赛驱动,尝试进行全日制工程硕士的教学实践改革。对于高水平、高质量的专业竞赛项目,充分挖掘其内容和价值,并转化为全日制工程硕士校内培养环节的重要组成部分,借鉴该类型专业竞赛的设计思路和评价尺度,将其应用于工程类专业学位研究生教育。针对专业学位类别对应的专业竞赛，设置与竞赛主题、内容、思路、原理、方法和案例分析等直接或间接相关的理论课程和实践环节，模拟专业竞赛环境开展教学互动，教学相长，培养全日制工程硕士参加专业竞赛的兴趣和能力。比如，结合专业竞赛，根据理论知识模块、实践能力模块、方案研讨模块、拓展应用模块等，有机解构专业课程和教学大纲；尝试形成"导师提出问题—学生整合已有知识体系—自主探讨问题解决方案—课堂互动完善方案—实践平台实施和检验方案"的完整的教学—实践闭环，演示和模拟专业竞赛的全过程；以及对与专业竞赛相关的课程进行课程效果分析，通过问卷评教、课程成绩分析等方式，了解全日制工程硕士对于此类课程的接受程度和学习效果，并进行有针对性的教学模式优化。

最后，有意识地组织和引导全日制工程硕士广泛参与专业竞赛。专业竞赛的高质量发展能带动竞赛项目设计水平的提高，不同竞赛级别和不同复杂程度的竞赛项目的侧重点有所差异，其对于全日制工程硕士知识体系和能力的要求亦有所不同。培养单位可通过"专业竞赛－培养环节"的置换机制、竞赛成绩的奖励机制、职业资格的衔接机制以及其他相关优惠条件等，鼓励全日制工程硕士积极参与专业竞赛，深入探索专业竞赛的价值规律。这一举措将有助于全日制工程硕士在切实提升知识更新能力和自我评价能力的基础之上推动自身跨学科水平的全面提高。

3. 重视外语素养，打造国际平台

发展专业学位研究生外语教育是培养高层次应用型人才的重要组成部分。《指导意见》明确要求工程类专业学位研究生掌握一门外语，并将外语设置为工程类专业学位研究生的公共课程。现阶段，公共课程的硬性考核、外文文献的自主阅读以及国际会议等学术交流活动的主动参与等，是全日制工程硕士在学期间锻炼外语水平的主要途径。但无论是企业还是工程硕士自身，其对于涉及外语方面的学习成果的评价结果都差强人意。因此，工程教育需要重视外语素养的培养。

一方面，公共外语教育和专业外语教育需要双管齐下。《教育部关于改进和加强研究生课程建设的意见》（教研〔2014〕5号）指出，研究生教育要以研究生成长成才为中心，以打好知识基础、加强能力培养、有利于长远发展为目标，尊重和激发研究生兴趣，注重培育独立思考能力和批判性思维，全面提升创新能力和发展能力。对于全日制工程硕士而言，外语不仅仅是一种沟通、交流和表达的学习工具，外语教育的最终目标指向复合型高层次创新人才的培养。传统的外语教育主要围绕教材的讲解展开，这种方式无法为全日制工程硕士提供持续稳定的外语环境，不利于其外语素养的长期积累。培养单位开设的公共英语课程，应以培养研究生自主阅读和写作作为主要教学目标，树立问题意识，引导学生探索阅读方向，主动获取相关文献，塑造持续性的语言环境，以及培养和锻炼英文写作能力，进而帮助全日制工程硕士全面提升专业视野、外语素养和跨文化能力。除开设公共英语课程以外，培养单位还应提供专业英语教育,通过"工程+英语"的相关课程或学术活动,切实提高工程类专业学位研究生的英语水平。同时,应结合高校的地理位置,考虑该区域企业的主要国际合作对象,有针对性地面向全日制工程硕士开设相关其他语种的公共课程,以提升其就业竞争力。

另一方面,亟须面向全日制工程硕士打造国际学习与交流平台。就政府的角度而言,应努力营造良好的制度环境和政策环境,最大限度地发挥政府服务职能,主动与工程教育特别是专业学位工程教育发达的相关国家建立对话合作机制、进行友好协商、达成合作协议,为我国跨国高等工程教育的认证和发展提供制度和政策保障以及经费支持。就高校的角度而言,应积极开展产学研用融合的国际化教育探索,合理制定专业学位特别是全日制专业学位的人才培养方案、教学内容和实践环节,加强与国际科研机构、跨国企业等的长效合作,尝试通过建立国际工程硕士联合培养基地、鼓励并选派优秀工程类专业学位研究生参与短期或长期国际访学项目、引导学生参与高水平国际学术会议等方式,帮助全日制工程硕士在提升专业能力的同时,掌握其他国家的语言、政治、经济、文化以及全球问题等相关方面的知识,从而进一步培养具备国际视野、国际交流能力和国际竞争力的应用型创新工程人才。

5.2.4 推进思政教育,培养公民意识

公民意识,即公民对自身在国家和社会中的政治地位和法律地位、应享有的权利以及应履行的义务的一种自我认识,还包括对这些权利和义务实现方式的理解[174]。相较于专业及基础知识、应用与合作学习、智力技能等专业性的学习成果,公民社会责任不是全日制工程硕士所特有的,其更加强调作为"公民"的一员,全日制工程硕士应该掌握的通识性学习成果。更准确地说,公民社会责任实际上应该被理解成一项基本素养。但与此同时,无论是国际成熟评价标准,还是国家的政策导向,抑或是企业的现实需求都已经证明了公民社会责任对于工程专业人才培养的价值和意义。由此,为培养全日制工程硕士的公民意识,建议从以下方面加以推进。

1. 改善社会环境,政府把握方向

培育全日制工程硕士的公民社会责任意识,前提在于强化全日制工程硕士对于社会责任和职业道德的内在认同,即帮助全日制工程硕士明确主动担当社会责任和职业相关的责任对于其自身有何益处,以及未能履行上述责任将会承担哪些后果。全日制工程硕士对于上述益处和后果有一个清晰的认知,是从自身自律的角度促进社会责任意识的形成。与此同时,社会责任意识的凝聚也离不开外部环境的他律作用。因此,政府有关部门应以改善社会环境为切入点,通过相关政策的颁布和实施,为全日制工程硕士公民社会责任意识的培养创造良好的外部环境。

一是健全和完善社会主义市场经济体制,为培养全日制工程硕士的公民社会责任意识提供坚实的经济基础。市场经济建设能够为公民社会责任意识的培养提供物

质基础，因而需要理顺政府和市场的关系，构建高水平的社会主义市场经济体制，建立健全现代市场经济新秩序，推动我国经济社会的可持续发展，建设符合市场经济发展规律和要求的社会诚信体系，优化社会主义市场经济资源的配置，增强社会主义市场经济的公平性和正义性。上述种种，能够为专业学位研究生教育积累有形资源，进而为增强全日制工程硕士的社会责任意识创造有利的经济环境。

二是全面推进依法治国，为培养全日制工程硕士的公民社会责任意识提供健全的法治环境。全面依法治国是"四个全面"战略布局之一，即依照宪法和法律来治理国家，而不是依照个人意志、主张治理国家；依法治国是党领导人民治理国家的基本方略，是发展社会主义市场经济的客观需要，也是社会文明进步的显著标志，还是国家长治久安的必要保障。坚持依法治国，能够为培养全日制工程硕士的公民社会责任意识提供稳定、法治和规范的社会环境，进而促进其公民社会责任意识的形成与进步。此外，在国家治理和社会管理的过程中践行依法治国方略，能够帮助作为社会成员的公民树立法治自信，丰富公民的政治情感，进而促使公民形成自觉自愿维护国家和法律尊严的意识。

三是整合宣传资源，为培养全日制工程硕士的公民社会责任意识提供良好的舆论生态。整合传统媒体资源和新媒体资源：作为公民社会责任意识教育的主要阵地，传统媒体要创新价值引导的方式，尝试通过高质量的纪录片、公益广告等影视作品，加强对公民社会责任的宣传；作为公民社会责任意识教育的新兴阵地，新媒体要立场坚定，利用好互联网、社交媒体等平台，强化对公民社会责任的渗透。二者相辅相成、融会贯通，各自把握好自身在公民社会责任教育中的优势，扬长避短、优势互补，多角度、全方位推进公民社会责任意识教育。

除上述举措外，培养全日制工程硕士的公民社会责任意识，离不开政府的价值导向，即颁布和实施相应的引导性政策。政府政策引导的作用就在于，明确划分公民主动承担责任的益处与未能履行相应责任需要承担的后果之间的界限，从而凝聚全日制工程硕士对于公民社会责任意识的价值共识。中共中央、国务院印发的《关于加强和改进新形势下高校思想政治工作的意见》（以下简称《意见》）提出"三全育人"的要求，指出坚持全员全过程全方位育人是加强和改进高校思想政治工作的基本原则，要求把思想价值引导贯穿教育教学全过程和各环节。"三全育人"的核心价值在于，坚持全员参与育人、全程实施育人和全方位共同育人的有机统一。《实施方案》要求重点考察"三全育人"综合改革情况，展现培养单位在课程思政改革、意识形态阵地管理、基层党组织建设、思政队伍建设及实践育人等方面的特色做法及成效。全国工程专业学位研究生教育指导委员会应充分认识到自身在全日制工程硕士的思想政治教育工作中的作用，准确把握《意见》《实施方案》以及其他相关政策文本，结合工程类专业学位研究生的培养特色，制订贴合全日制工程硕士培养实际的思政教育指导方案。

2. 贯彻课程思政，高校提供机会

"课程思政"源于习近平总书记在全国高校思想政治工作会议上提到的，关于"用好课堂教学这个主渠道，思想政治理论课要坚持在改进中加强，提升思想政治教育亲和力和针对性，满足学生成长发展需求和期待，其他各门课都要守好一段渠、种好责任田，使各类课程与思想政治理论课同向同行，形成协同效应"的重要论述。课程思政建设，是学科知识传授、专业能力培养和公民价值塑造的"三位一体"，其核心在于寓学科知识的传授和专业能力的培养于社会普适性价值的塑造之中，旨在帮助当代青年大学生树立正确的世界观、人生观和价值观。

第一，从制度建设层面来看，做好"课程思政"需要建立一个理性的认知。高校作为教育主体，其主观认知能够指导和调节教育的全过程和最终结果。这就要求高校明确树立主体意识、积极履行主体责任，建立健全课程制度、督导制度等管理制度，认真引导专业课教师进一步明确课程思政的内涵和价值、弥合对课程思政的认知偏差，推动课程思政的有效开展，进而帮助高校更好地培养社会主义事业的建设者和接班人。

第二，一线思政课教师以及学工处、校团委等思想政治教育工作行政部门是落实"课程思政"的"主力军"，为此，需要建立二者之间的互联互通机制。一线思政课教师拥有专业的思想政治教育背景，专业理论知识丰富，但与学生的接触相对有限；学工处、校团委等思想政治教育工作行政部门的主要职责是负责学生的思想政治教育工作，制订并组织实施思政教育的相关工作计划，能够实时把握学生的思想动向。二者的互联互通，有助于思政课教师了解学生最新的思想动向，及时进行思想教育引导。

第三，专业课教师积极履职是多元主体参与"课程思政"的关键所在，为此，需要建立"明确责任—监督责任—追究责任"制度。对专业课教师进行思政教育的相关培训，提升专业课教师自身思想政治素养和理论水平的同时，潜移默化地帮助专业课教师自觉树立思政教育的担当意识，为其将思想政治教育融于专业知识讲授打下基础；对专业课教师开展思政教育的具体情况进行绩效考核，将思政教育融汇专业教育落到实处；追究专业课教师在思想政治教育中的失职责任。

第四，构建课程思政的评价体系，形成统一的评价标准，重点针对课程思政的参与主体、教育资源分配和使用情况以及具体的实施成效展开分析。以专业学位研究生特别是全日制工程硕士为中心，构建基于学生满意度的课程思政评价制度，结合课程思政的资源投入、监督管理方式、教学效果等进行整体评价，以推动课程思政的科学化发展。

从具体实施举措来看，高校作为全日制工程硕士的主要培养单位，应当积极贯彻"课程思政"，除了切实开展思政教育、开设并落实工程伦理课程、组织全日制工程硕士积极参与校长思政课等传统形式以外，更应当指导全日制工程硕士的各类专业课程充分发挥思想政治教育的功能，积极引导多元教学主体主动参与其中，不断丰富"课程思政"的内容内涵、授课形式，重视全日制工程硕士的思政教育获得感和体验感。另外，高校还应当开展多样化的思政教育活动和主题教育活动，提供多元化的社区服务和志愿服务的平台与机会，比如，鼓励全日制工程硕士提供面向社区的专业咨询服务、引导全日制工程硕士加入高校或社会性的志愿服务团体等，在巩固"课程思政"的教育成效的同时，强化全日制工程硕士的公民社会责任意识。

3. 树立主体意识，企业协同参与

工程企业应逐步树立主体意识，正视自身作为全日制工程硕士联合培养单位的身份，协同参与对于全日制工程硕士的公民社会责任意识的培养。

一方面，积极承担社会责任，是工程企业协同参与公民社会责任意识培养的先决条件。"企业公民"的概念源于联合国《全球契约》中"促成企业政策和行为与国际认可和接受的价值观、目标相结合"的战略目标和愿景，即企业将社会基本价值与日常商业实践、运作和政策相结合的行为方式，"企业公民"的概念提出后逐渐为国际商界所接受和认可。"企业公民"进一步扩大了企业承担社会责任的范畴，除社会捐赠这一物质性的常规手段以外，这一概念更加重视的是企业的商业活动对于社会整体发展的长期性和持续性的影响，以及企业的日常运作能否积极践行社会责任意识和社会主义核心价值观。这种建立在公民社会身份认同基础上的企业社会责任观念，能够帮助企业更加明确地识别商业道德价值，更加自觉主动地承担更广泛的社会责任，从而创造出更好的社会效益。反之，社会效益良好的企业也更有可能主动承担社会责任，其全方位参与校企联合培养的意愿相应也更加强烈。

另一方面，企业应参与公民社会责任意识的协同培养，这也是其积极履行社会责任的重要体现。企业应当结合企业文化和企业精神，搭建与高校的合作交流平台，向在本单位进行专业实践的全日制工程硕士提供有助于提升其职业素质和志愿服务能力的相关项目和活动，自觉参与全日制工程硕士公民社会责任意识的培养环节和培养过程，有意识地培养其公民社会责任感。

第6章 结 论

本研究将企业对全日制工程硕士胜任能力的需求标准嵌入到能力导向评价中，构建其学习成果评价模型并研究其现状、问题及成因，是一种融合胜任能力理论和学习成果理论的有益尝试，研究紧贴全日制工程硕士的职业属性和未来归宿，换位思考，直面企业需求，帮助高校持续改进全日制工程硕士的培养效果，不断推进专业学位研究生教育质量提升，满足经济社会对高层次应用型人才的现实需求。相关成果不仅为我国高等工程教育研究提供参考，同时相关的对策措施将为政府主管部门制定相关教育、产业政策和构筑制度环境提供有益启示。

6.1 研究成果

本研究在收集和借鉴国外相关研究成果的基础之上，结合胜任能力理论，筛选全日制工程硕士胜任能力的关键标准，通过典型企业调查修正学习成果评价要素，通过德尔菲法与层级分析法相结合的综合评价法确定各级评价指标权重，构建了企业需求导向下全日制工程硕士学习成果评价模型，对高校和企业的全日制工程硕士学习成果现状展开实证调查和进行对比分析，归纳出全日制工程硕士学习成果存在的主要问题，并提出了相应的提升对策。通过研究，主要得出以下结论：

（1）参考美国具有权威性及代表性的三大高等教育机构学习成果评价体系、美国工程与技术认证委员会（ABET）学习成果认证标准，以及我国的《卓越工程师教育培养计划通用标准》的相关规定，初步确定全日制工程硕士胜任能力标准主要涉及：理学与工学知识应用能力、工程认识能力、工程设计能力、工程实践能力、工程问题应对能力、工程创新能力、团队协作能力、职业道德与社会责任感、终身学习能力、前沿问题意识和国际化能力等。

（2）根据初步确定的全日制工程硕士胜任能力标准和行为事件访谈，设计调查问卷的具体题项，结合问卷数据的因子分析结果，将企业需求导向下的全日制工程硕士学习成果划分为：专业及基础知识、应用与合作学习、智力技能和公民社会责任四类。其中，专业及基础知识包括专业胜任能力和基础知识，应用与合作学习包括规划能力、合作能力和工程实践能力，智力技能包括综合理解能力和集成创新能力，公民社会责任包括个人责任和社会责任。专业及基础知识是应用与合作学习、智力技能和公民社会责任的基础，后三者则是专业及基础知识在实践过程中的整体运用和综合体现。

（3）设计"全日制工程硕士学习成果评价指标二元对比问卷"，通过德尔菲法与层级分析法相结合的综合评价法对各项指标进行赋权，确定一级指标专业及基础知识、应用与合作能力、智力技能、公民社会责任的权重分别为 0.672、0.137、0.087 和 0.104，确定二级指标专业胜任能力、基础知识、规划能力、合作能力、工程实践能力、综合理解能力、集成创新能力、个人责任和社会责任的权重分别为 0.833、0.167、0.105、0.258、0.637、0.167、0.833、0.5 和 0.5，最后确定了 34 个具体题项的权重，由此构建完整的基于企业需求导向的全日制工程硕士学习成果评价模型。

（4）根据学习成果评价指标体系，设计"企业需求导向下全日制工程硕士学习成果评价问卷（高校版）""企业需求导向下全日制工程硕士学习成果评价问卷（企业版）"，进行问卷调查。运用单因素方差分析的方法，分别分析不同区域、类型、专业、年级和性别的高校样本和不同区域、类型和规模的企业样本，并对校企调查结果进行比较分析。

①对高校样本进行分析，全日制工程硕士学习成果评价的加权总分均值为 3.12，4 个一级指标：应用与合作学习（3.20）＞智力技能（3.18）＞专业及基础知识（3.17）＞公民社会责任（2.61）。因此，从总体上看，全日制工程硕士学习成果距离企业的现实需求还存在较大的差距。

不同区域的全日制工程硕士学习成果评价的差异性，主要体现在西北地区、东北地区与其他地区在专业胜任能力（PC）、基础知识（PB）、规划能力（AG）、合作能力（AC）、工程实践能力（AP）、综合理解能力（IP）和集成创新能力（IC）的差异上。

不同高校类型的全日制工程硕士学习成果评价的差异性，主要体现在其他高等院校与"985 工程"院校、"211 工程"院校在专业胜任能力（PC）、基础知识（PB）和规划能力（AG）的差异上，其他高等院校与"985 工程"院校在工程实践能力（AP）的差异上，以及其他高等院校与"211 工程"院校在集成创新能力（IC）的差异上。

不同年级的全日制工程硕士学习成果评价的差异性，主要体现在研一与研三在合作能力（AC）的差异上，研一与研二在综合理解能力（IP）的差异上，以及研一与研二、研三在社会责任（SS）的差异上。不同专业和性别的全日制工程硕士学习成果评价不存在显著差异。

②对企业样本进行分析，不同区域和类型的企业对于全日制工程硕士学习成果的评价不存在显著差异；不同规模的企业对于全日制工程硕士学习成果评价的差异性，主要体现在小型企业与大型企业在综合理解能力（IP）和集成创新能力（IC）的差异上。

③对校企调查结果进行对比分析后发现：对于一级指标专业及基础知识的 7 个

具体题项，高校评价方面仅有 4 项平均分在 3 分以上，企业评价方面则仅 1 项超过 3 分，高校评价均高于企业评价且各题项的校企评价差异普遍大于 0.3 分。对于一级指标应用与合作学习的 14 个具体题项，校企评价普遍没有超过 3 分，且企业评价普遍低于高校评价，各题项的校企评价差异在 0.2～0.3 分之间不等。对于一级指标智力技能的 8 个具体题项，高校评价方面有 5 项平均分在 3 分以上，企业评价方面则有 3 项超过 3 分，且该项校企评价的差异相较其他一级指标整体较小。对于一级指标公民社会责任的 5 个具体题项，高校评价方面有 4 项平均分在 3 分以上，企业评价方面则有 3 项超过 3 分，且企业对于题项"甄别信息质量的能力"的评价高于高校评价，各题项的校企评价差异普遍在 0.1～0.6 分之间。全日制工程硕士学习成果的校企调查结果差异说明全日制工程硕士学习成果的实际情况与企业的期待值还存在一定的差距。通过实证分析，发现全日制工程硕士学习成果存在包括专业及基础知识不扎实、应用能力待提升、跨学科水平欠佳和公民意识较薄弱等主要问题。

（5）针对全日制工程硕士学习成果的培养问题，提出四方面的对策建议：完善课程设置以夯实专业及基础知识、落实专业实践以强化应用能力、打破学科壁垒以提升融合水平、推进思政教育以培养公民意识。其中，完善课程设置包括：①优化课程结构，保障课程品质；②直面企业需求，实施联合教学；③丰富课程形式，开展案例教学。落实专业实践包括：①深化校企协同，共建实践基地；②规范双导师制，加强队伍建设；③基于能力导向，构建评价体系。打破学科壁垒包括：①整合学科资源，创新组织架构；②组织专业竞赛，提升基础素质；③重视外语素养，打造国际平台。推进思政教育包括：①改善社会环境，政府把握方向；②贯彻课程思政，高校提供机会；③梳理主体意识，企业协同参与。以期通过上述举措，优化全日制工程硕士的学习成果，全面提升全日制工程硕士的培养质量，不断满足企业对高层次应用型人才的现实需求。

6.2 研究的不足及未来研究展望

本研究基于企业需求研究全日制工程硕士的学习成果，将企业需求贯穿于研究始终，直面专业学位研究生教育发展的现实需要，最终的研究成果能够帮助全日制工程硕士厘清自身能力与相关工作岗位的匹配程度，也有益于高校动态调整全日制工程硕士的培养工作。本研究虽然取得了一些成果，但仍然存在一些不足之处：

（1）企业全日制工程硕士胜任能力需求标准的选择和全日制工程硕士学习成果评价的实证，均需要在国内开展大量的访谈和问卷调查以获得足够的有效数据，这是一系列繁重而创新的工作。尽管本研究的高校调研对象涉及全国六大区域的"985 工程"院校、"211 工程"院校和其他高等院校共计 76 所，调研的相关企业 420 家，调研层次完整、数量众多、范围宽广；但是，由于受新冠疫情等因素的影响，就问卷回收结果来看，高校方面实际回收有效问卷 3080 份，而企业方面实际回收有效问卷299份,校企调研样本数量还有一定的拓展提升空间。同时,本研究在调研过程中发现,企业方面的调研对象有时无法准确识别"全日制工程硕士"这一概念,无形中增加了企业调查的推进难度。因此,在问卷调查方面,未来的研究需要使用更加贴合调研对象认知习惯的问题表述方式,深入挖掘企业资源,扩大企业样本数量,以得到更加稳定的调查结果。

(2) 本研究的"企业需求导向下全日制工程硕士学习成果评价问卷(高校版)""企业需求导向下全日制工程硕士学习成果评价问卷(企业版)"在调研对象背景资料方面,有"所在区域"一项共同题项,这为校企比较分析带来了一定的局限性。此外,就职于某一区域的企业的全日制工程硕士的教育背景不一定与该区域高校培养有关,企业的评价结果未必能够直观反映该区域高校在全日制工程硕士专业学位研究生教育方面的成效和问题。未来的研究可以从上述方面加以思考和优化。

由于研究的时间安排、疫情影响、问卷收集等主观和客观因素的限制,部分研究工作有待后续进一步研究探讨。

(1) 本研究以胜任能力理论、能力导向评价理论为基础,通过行为事件访谈、典型企业调查等识别企业对于全日制工程硕士毕业生的胜任能力标准,对企业需求导向下全日制工程硕士学习成果评价进行了研究。针对企业的全日制工程硕士学习成果评价问卷调查数量仍有一定的提升空间,未来可以通过与培养全日制工程硕士的各高校就业指导部门合作,与全日制工程硕士毕业生就业的企业取得联系,向毕业生实际就业的企业定向发放和回收问卷,增加企业样本的数量和提升调研对象的填答质量,进一步提升调研的精准性。

(2) 理论总是随着时间的变化不断更新、完善,每一种分析方法和技术都有其优势和不足,本研究使用的相关分析方法和技术也难免存在着一定程度的不足。在后续的研究中,可以尝试使用其他研究技术如模糊综合评价、秩和比法开展研究,或从不同视角对全日制工程硕士学习成果评价研究进行新的尝试和探索。

参考文献

［1］中华人民共和国教育部. 汇聚中国创新磅礴动能——新中国成立以来研究生教育实现历史性飞跃［EB/OL］.（2020－07－29）［2022－09－28］. http://www.moe.gov.cn/jyb_xwfb/xw_zt/moe_357/jyzt_2020n/2020_zt15/zongshu/202008/t20200813_477863.html.

［2］中国教育在线网. 2023年全国研究生招生调查报告［EB/OL］.（2022－12－14）［2023－07－25］. https://kaoyan.eol.cn/nnews/202212/t20221224_2262775.shtml.

［3］林健,郑丽娜. 从大国迈向强国:改革开放40年中国工程教育［J］. 清华大学教育研究,2018,39（2）:1－17.

［4］中国教育在线网. 2019年全国研究生招生调查报告［EB/OL］.（2018－12－20）［2021－08－14］. https://www.eol.cn/e_ky/zt/2019/report/list.html.

［5］国务院学位委员办公室. 关于对已有的工程硕士、博士专业学位授权点进行相应调整的通知［EB/OL］.（2018－08－03）［2021－08－14］. http://www.moe.gov.cn/s78/A22/tongzhi/201809/t20180904_347232.html.

［6］吴爱华,侯永峰,郝杰. 完善高层次创新型人才培养机制［J］. 中国高教研究,2017（12）:44－48.

［7］彭拥军,贾佳. 高等教育质量意识演进与质量控制行为演变［J］. 江苏高教,2017（7）:4－8.

［8］孙成梦雪,杜瑞军. 高等教育质量评价改革与发展新活力——中国高等教育学会教育评价分会2020年学术年会综述［J］. 高教发展与评价,2021,37（5）:55－62.

［9］汤晓蒙,詹春燕. 我国研究生教育质量评价发展研究［J］. 高教探索,2010（5）:5－9.

［10］陆根书,李珍艳,徐菲,等. 普通高校本科教学工作审核评价存在的问题及其改进策略［J］. 江苏高教,2020（11）:1－8.

［11］WEF. The global competitiveness report 2012－2013［R/OL］.（2012－09－18）［2021－08－14］. http://www.weforum.org/docs/WEF_GlobalCompetitivenessReport_2012－13.pdf.

［12］别敦荣. 高等学校《本科教育教学质量报告》透视:社会问责与《质量报告》［J］. 高等教育研究,2012（2）:45－48.

［13］中华人民共和国教育部. 深化新时代教育评价改革总体方案［EB/OL］.（2020－10－13）［2021－08－14］. http://www.moe.gov.cn/jyb_xxgk/moe_1777/moe_1778/202010/t20201013_494381.html.

［14］杭平. 优质学校教育——香港教育统筹委员会第七号报告书简介［J］. 课程·教材·教法,1997（7）:56－58.

［15］刘振天,李森,张铭凯,等. 笔谈:高等教育高质量发展的系统思考与分类推进［J］. 大学教育科学,2021（6）:4－19.

［16］黄海涛. 美国高校"学生学习成果评价"的历史演进［J］. 外国教育研究,2013,40（7）:112－121.

［17］PROVEZIS S. Providing a national picture of student learning outcomes assessment. National Institute for Learning Outcomes Assessment,2012:12.

[18] EISNER E W. The educational imagination [M]. New York: Macmillan, 1979: 103.

[19] POSNER G J, RUDNISKY A N. Courses design: a guide to curriculum development for teachers [M]. New York: Longman Press, 1994.

[20] 泰勒. 课程与教学的基本原理 [M]. 罗康, 张阅, 译. 北京: 中国轻工业出版社, 2008: 3-12.

[21] EWELL P T. Accreditation and student learning outcomes: a proposed point of departure [Z]. Council for Higher Education Accreditation, 2001: 5.

[22] GAGNE R M. Learning outcomes and their effects: useful categories of human performance [J]. American Psychologist, 1984, 39 (4): 377-385.

[23] OTTER S. Learning outcomes in higher education: a development project report [R]. Paris: OECD, 1992: 231.

[24] JONASSEN D H. An outcomes-based taxonomy for the design, evaluation, and research of instructional systems [J]. Training Research Journal, 1996, (2): 11-46.

[25] CHEA. Statement of mutual responsibilities for student learning outcomes: accreditation, institutions, and programs [R]. Council for Higher Education Accreditation, 2003: 5.

[26] JCSEE. The student evaluation standards: how to improve evaluations of students [R]. California: Educational Policy Leadership Institute, 2003.

[27] MARSH P A. What is known about student learning outcomes and how does it relate to the scholarship of teaching and learning [J]. International Journal for the Scholarship of Teaching and Learning, 2007 (2): 1-10.

[28] FULKS J. Assessing student learning in higher education [EB/OL]. (2009-09-28) [2021-08-14]. http://online.bakersfieldcollege.edu/courseassessment/Section_2_Background/Section2_2WhatAssessment.htm.

[29] ASTIN A W. Assessment for excellence: the philosophy and practice of assessment and education in higher education [M]. San Francisco: Rowman & Littlefield Publishers, 2012: 48.

[30] Department for Education. Teaching excellence framework: year two specification [EB/OL]. (2016-05-16) [2016-09-29]. https://www.gov.uk/government/uploads/system/uploads/attachment_data/file/556355/TEF_Year_2_specification.Pdf.

[31] United Nations Educational, Scientific and Cultural Organization. Quality assurance and accreditation: a glossary of basic terms and definition [DB/OL]. (2007-04-09) [2021-08-14]. https://unesdoc.unesco.org/ark:/48223/pf0000134621?posInSet=1&queryId=c02e143a-9372-45a2-9845-b3b3836bdc40.

[32] Organization for Economic Co-operation and Development. A tuning-AHELO conceptual framework of expected desired/learning outcomes in engineering [DB/OL]. (2011-02-21) [2021-08-18]. https://www.oecd-ilibrary.org/education/a-tuning-ahelo-conceptual-framework-of-expected-desired-learning-outcomes-in-engineering_5kghtchn8mbn-en.

[33] 洛林·W. 安德森. 布卢姆教育目标分类学: 分类学视野下的学与教及其测评 [M]. 蒋小平, 等译. 修订版. 北京: 外语教学与研究出版社, 2009: 247.

[34] BIGGS J B, COLLIS K F. Evaluating the quality of learning: the SOLO taxonomy [M]. New

York: Academic Press, 1982: 19, 24.

[35] R. M. 加涅, 等. 教学设计原理[M]. 皮连生, 庞维国, 等译. 上海: 华东师范大学出版社, 1999.

[36] 罗伯特·J. 马扎诺, 约翰·S. 肯德尔, 等. 教育目标的新分类学[M]. 高凌飚, 等译. 北京: 教育科学出版社, 2012: 11-18.

[37] WINTERTON J, DELAMARE F, STRINGFELLOW E. Typology of knowledge, skills and competences: clarification of the concept and prototype[M]. Luxembourg: Office for Official Publications of the European Communities, 2006: 10-69.

[38] 谢莉花, 何蓓蓓, 余小娟. 资历框架维度划分的基础: 学习成果分类理论及其应用探析——以欧洲地区为例[J]. 职业技术教育, 2020, 41(28): 70-78.

[39] Ministry of Education and Research of Sweden. Higher education ordinance[EB/OL]. [2021-08-19]. www.regeringen.se/sb/d/574/a/21541.

[40] Accreditation Board of Engineering and Technology. The ABET criteria[EB/OL]. (2014-11-01)[2021-08-14]. https://www.abet.org/wp-content/uploads/2015/05/A001-15-16-Accreditation-Policy-and-Procedure-Manual-03-19-151.pdf.

[41] Engineering Council UK. UK standard for accreditation[EB/OL]. [2021-08-17]. https://www.engc.org.uk/standards-guidance/standards/uk-spec/.

[42] MEIJERS A W M, et al. Criteria for academic bachelor's and master's curricula[M]. Eindhoven, 2005.

[43] Comission des Titres d'Ingénieur. Références et orientations[EB/OL]. (2020-02-14)[2021-08-14]. https://api.cti-commission.fr/uploads/documents/backend/document_25_fr_references-et-orientations-livre-1_07-02-2020.pdf.

[44] European Network for Accreditation of Engineering Education (ENAEE). The documents concerning EUR-ACE, such as the EUR-ACE framework standards for the accreditation of engineering programmers[EB/OL]. (2021-11-04)[2022-04-17] https://www.enaee.eu/documents/.

[45] 黄海涛. 美国高等教育中的"学生学习成果评价": 内涵与特征[J]. 高等教育研究, 2010, 31(7): 97-104.

[46] 李志义. 解析工程教育专业认证的成果导向理念[J]. 中国高等教育, 2014(17): 7-10.

[47] 白华, 周作宇. 大学教育如何影响本科生的学习收获——基于CCSEQ实证调查数据分析[J]. 教育学报, 2018, 14(3): 81-88.

[48] 申天恩, 申丽然. 成果导向教育理念中的学习成果界定、测量与评价——美国的探索和实践[J]. 高教探索, 2018(12): 49-54, 85.

[49] 詹慧雪. 学习成果导向的教学设计与评量: "教学原理"的实践案例[J]. 课程与教学季刊, 2014(2): 176-226.

[50] 顾佩华, 胡文龙, 林鹏, 等. 基于"学习产出"(OBE)的工程教育模式——汕头大学的实践与探索[J]. 高等工程教育研究, 2014(1): 27-37.

[51] 彭湃. 从规准和创新两方面谈大学生学习成果评价[J]. 清华大学教育研究, 2019, 40(1): 13-15.

[52] 申天恩, 斯蒂文·洛克. 论成果导向的教育理念[J]. 高校教育管理, 2016, 10(5):

47-51.

[53] 刘声涛. "双一流"建设中推进学生学习成果评价改革的思考 [J]. 大学教育科学, 2017 (6): 38-41.

[54] 张红峰. 基于创新核心素养的高校学习成果分类框架研究 [J]. 教育学术月刊, 2018 (10): 24-34.

[55] 应一也. 学习成果的内涵: 嬗变与启示 [J]. 开放教育研究, 2019, 25 (5): 57-63.

[56] HAMRICK F A, EVANS N J, SCHUH J H. Foundations of student affairs practice: how philosophy, theory, and research strengthen educational outcomes [M]. San Francisco: Jossey-Bass, 2002: 31.

[57] MILLER T K, PRINCE J S. The future of student affairs [M]. San Francisco: Jossey-Bass, 1977.

[58] 张建功, 杨怡斐. 美国高校学生学习成果评价模型研究 [J]. 高等工程教育研究, 2013 (4): 116-121.

[59] 彭湃. 工程教育学习成果的评价与国际比较——对 AHELO 工程学测评的教育评价学考察 [J]. 高等工程教育研究, 2016 (5): 33-38.

[60] 朱莲花, 张聪, 杨连生. 澳大利亚高校学习投入调查实施与启示 [J]. 现代教育管理, 2019 (4): 111-115.

[61] 常桐善. 中美研究型大学本科学生基本能力比较研究 [J]. 中国高教研究, 2018 (2): 48-55.

[62] 黄海涛. 美国高校"学生学习成果评价"的特点与启示 [J]. 教育研究, 2013, 34 (4): 138-146.

[63] 张建功, 杨怡斐, 杨诚, 等. 美国高等教育学生学习成果评价标准比较研究 [J]. 高等工程教育研究, 2014 (4): 141-145.

[64] 陈凡. 加拿大高校学生学习成果评价: 理念和实现路径——基于安大略省 6 所院校的实践 [J]. 外国教育研究, 2016, 43 (4): 49-58.

[65] 陈凤. OECD 高等教育学生学习成果评价研究 [D]. 重庆: 西南大学, 2019.

[66] 樊文强. MOOC 学习成果认证及对高等教育变革路径的影响 [J]. 现代远程教育研究, 2015 (3): 53-64.

[67] 常桐善. 中美本科课程学习期望与学生学习投入度比较研究 [J]. 中国高教研究, 2019 (4): 10-19.

[68] 柯乐乐. 研究生学习成果评价体系构建及实证研究 [D]. 上海: 华东师范大学, 2017.

[69] 一读 EDU. 我国规模最大的高校学情调查是怎么炼成的? CCSS 专题 [EB/OL]. (2020-07-27) [2021-08-17]. https://www.sohu.com/a/391664575_608848.

[70] 赵婷婷, 杨翊, 刘欧, 等. 大学生学习成果评价的新途径——EPP (中国) 批判性思维能力试测报告 [J]. 教育研究, 2015, 36 (9): 64-71, 118.

[71] 罗建平, 马陆亭. 高校学生素质培养的影响因素探究: 基于 2011 年"首都高等教育质量与学生发展监测"项目相关数据的分析 [J]. 黑龙江高教研究, 2013, 31 (9): 131-135.

[72] 汪雅霜. 大学生学习投入度的实证研究——基于 2012 年"国家大学生学习情况调查"数据分析 [J]. 中国高教研究, 2013 (1): 32-36.

[73] 魏署光，陈敏. 本科生学习效果影响机制研究——基于华中科技大学 SSLD 的分析［J］. 高等工程教育研究，2016（2）：167-173.

[74] 吴凡. 我国研究型大学本科生学习成果的影响机制——兼论大学生学习经验的特殊性［J］. 高等教育研究，2017，38（9）：56-64.

[75] 汪雅霜，康敏. 硕士研究生学习成果评价的实证研究——基于 IEO 模型的分析结果［J］. 国家教育行政学院学报，2016（3）：76-82.

[76] 王瑾丽. 英语专业（教育/师范方向）本科生学习成果及其评价方法调查研究［D］. 西安：西安外国语大学，2015.

[77] 张宇华. 基于能力导向的全日制工程硕士学习成果评价研究［D］. 广州：华南理工大学，2019.

[78] 李志义. 中国工程教育专业认证的"最后一公里"［J］. 高教发展与评价，2020，36（3）：1-13，109.

[79] 杨毅刚，孟斌，王伟楠. 基于 OBE 模式的技术创新能力培养［J］. 高等工程教育研究，2015（6）：24-30.

[80] 余天佐，刘少雪. 工业界视角的工程教育学生学习成果鉴别及分类研究［J］. 高等工程教育研究，2017（2）：97-103.

[81] 钟登华. 新工科建设的内涵与行动［J］. 高等工程教育研究，2017（3）：1-6.

[82] 郄海霞，廖丽心，王世斌. 国外典型高校产学合作教育模式比较分析——兼论对我国"卓越工程师教育培养计划2.0"的启示［J］. 高等工程教育研究，2019（5）：88-96.

[83] 于黎明，陈辉，殷传涛，等. 企业全过程参与工程师培养的探索与实践［J］. 高等工程教育研究，2013（3）：62-70，75.

[84] 顾佩华，胡文龙，陆小华，等. 从 CDIO 在中国到中国的 CDIO：发展路径、产生的影响及其原因研究［J］. 高等工程教育研究，2017（1）：24-43.

[85] 胡国宝，戴锐. 地方高校"新工科"人才培养的应然定位、实然困境与必然选择［J］. 黑龙江高教研究，2019，37（3）：156-160.

[86] 吴爱华，杨秋波，郝杰. 以"新工科"建设引领高等教育创新变革［J］. 高等工程教育研究，2019（1）：1-7，61.

[87] 中国工程院"创新人才"项目组. 走向创新——创新型工程科技人才培养研究［J］. 高等工程教育研究，2010（1）：1-19.

[88] 胡文龙. 创新时代的工程教育发展：挑战与应对——2016 年"CDIO 工程教育联盟成立会议"纪要［J］. 高等工程教育研究，2016（2）：32-33.

[89] 赵婷婷，杨翊. 利益相关者视域下我国工程教育学习成果多方评价对比分析［J］. 高等工程教育研究，2017（2）：90-96.

[90] 王章豹，张宝. 培养新工科人才解决复杂工程问题能力的探讨［J］. 高教发展与评价，2019，35（6）：74-85，111.

[91] 余晓，宋明顺，张月义. 产业视角的工程人才实践能力框架及其产学契合度研究［J］. 高等工程教育研究，2013（5）：36-40，70.

[92] 吴婧姗，朱凌，施锦诚，等. 未来工程师的核心能力——基于智能技术驱动型企业实证研究的内容分析［J］. 高等工程教育研究，2019（6）：50-57.

[93] 董伟，张亚楠，陶金虎. 基于社会需求的工程人才可雇佣性能力框架——以智能制造行业为例 [J]. 高等工程教育研究, 2020 (5): 89-94.

[94] 曾德伟，沈洁，席海涛. 剖析专业认证标准与理念 提升工程教育质量 [J]. 实验技术与管理, 2013, 30 (12): 169-171.

[95] 中国工程教育专业认证协会. 工程教育认证标准解读及使用指南 [EB/OL]. (2020-02-08) [2022-08-27]. https://www.ceeaa.org.cn/gcjyzyrzxh/rzcxjbz/gjwj/gzzn/index.html.

[96] 中华人民共和国教育部. 教育部 中国工程院关于印发《卓越工程师教育培养计划通用标准》的通知 [EB/OL]. (2013-12-05) [2018-06-27]. http://www.moe.gov.cn/srcsite/A08/moe_742/s3860/201312/t20131205_160923.html.

[97] 国务院学位委员会办公室. 关于转发《关于制订工程类硕士专业学位研究生培养方案的指导意见》及说明的通知 [EB/OL]. (2018-05-11) [2018-06-27]. http://www.moe.gov.cn/s78/A22/tongzhi/201805/t20180511_335692.html.

[98] 林健. "卓越工程师教育培养计划"质量要求与工程教育认证 [J]. 高等工程教育研究, 2013 (6): 49-61.

[99] 朱永东，张振刚. 美国 ABET 工程教育专业质量认证研究 [J]. 中国高教研究, 2009 (12): 54-56.

[100] KINZIE J. Perspectives from campus leaders on the current state of student learning outcomes assessment: NILOA Focus Group summary 2009-2010 [J]. National Institute for Learning Outcomes Assessment, 2010: 16.

[101] MCCLELLAND D C. Testing for competence rather than for "intelligence" [J]. American Psychologist, 1973, 28.

[102] SPENCER L M, SPENCER S M. Competence at workers for superior performance [M]. New York: John Wile. Inc, 1993.

[103] BOYATZIS R E. The competent manager: a model for effective performance [J]. New York: Wiley, 1982.

[104] HAY J. Managerial competences or managerial characteristics [J]. Management Education and Development, 1990, 21: 305-315.

[105] MANSFIELD R S. Building competency models: approaches for HR professionals [J]. Human Resource Management, 1996, 35 (4): 7-19.

[106] SANDBERG. Understanding human competence at work: an interpretative approach [J]. Academy of Management Journal, 2000, 43 (1): 9-25.

[107] 时勘，王继承，李超平. 企业高层管理者胜任特征模型评价的研究 [J]. 心理学报, 2002, 34 (3): 306-311.

[108] 王重鸣，陈民科. 管理胜任力特征分析：结构方程模型检验 [J]. 心理科学, 2002, 25 (5): 513-516.

[109] 安鸿章. 岗位胜任特征模型的构建与完善 [J]. 经济与管理研究, 2003 (4): 42-45.

[110] 彭剑锋. 战略人力资源管理：理论、实践与前沿 [M]. 北京：中国人民大学出版社, 2014: 218-220.

[111] CAS of Board of Directors. CAS learning and development outcomes [S]. The Council for Ad-

vancement of Standards in Higher Education,2008:1.

[112] The Council for Advancement of Standards in Higher Education. Student learning and development outcomes [EB/OL]. (2020-02-22) [2021-08-14]. https://www.cas.edu/learningoutcomes.

[113] TERRELL L S. Frameworks for assessing learning and development outcomes [S]. Council for the Advancement of Standards in Higher Education,2006:13-145.

[114] MILLER R. Assessment tools for general education outcomes [J]. Research in Higher Education, 2008:2-23.

[115] Association of American Colleges & Universities. Advocacy for liberal education [EB/OL]. [2021-08-14]. https://www.aacu.org/advocacy-liberal-education-0.

[116] CATHERINE M M,LESLIE M S,DAVID J P,et al. A culture of evidence:critical features of assessment for postsecondary student learning [M]. Princeton,N.J.:Education Testing Service, 2007:6-22.

[117] 克里斯汀·仁,李康. 学生发展理论在学生事务管理中的应用:美国学生发展理论简介 [J]. 高等教育研究,2008(3):19-27.

[118] EVANS N J. The experience of lesbian,gay,and bisexual youths in university communities [M]. New York:Oxford University Press,2001:181-198.

[119] Accreditation Board for Engineering and Technology. About ABET [EB/OL]. [2021-08-17]. https://www.abet.org/about-abet/.

[120] Accreditation Board for Engineering and Technology. Assessment [EB/OL]. [2021-08-17]. https://www.abet.org/assessment/.

[121] 林健. "卓越工程师教育培养计划"通用标准研制 [J]. 高等工程教育研究,2010(4):21-29.

[122] 陈向明. 对通识教育有关概念的辨析 [J]. 高等教育研究,2006(3):64-68.

[123] 王东华,唐敏,刘边疆,等. 基于岗位胜任力的专业学位硕士研究生评价要素分析 [J]. 卫生职业教育,2020,38(2):4-6.

[124] 赵忠君,蒋东梅. 人力资源管理专业研究生职业胜任力测评——基于模糊综合评价法 [J]. 当代教育理论与实践,2017,9(3):74-79.

[125] 缪园,刘栩凝. 软件工程硕士胜任特征模型研究 [J]. 学位与研究生教育,2009(3):56-59.

[126] 陈小平,孙延明. 工程硕士职业胜任力模型的研究与构建 [J]. 高等工程教育研究,2017(5):60-65.

[127] 李娟,范家元. 全日制工程硕士职业胜任力与企业需求匹配度研究 [J]. 现代教育管理, 2017(4):113-117.

[128] 殷明,何静,郑继昌. 学分矩阵结构在完全学分制改革中的探索与应用——基于美国学历资格框架DQP的高职学分制教学实践 [J]. 当代职业教育,2016(6):91-94.

[129] 何静,牛玉清. 美国DQP学历框架中国化的探索与实践——以广东岭南职业技术学院工商企业管理专业为例 [J]. 职业技术,2016,15(4):13-17.

[130] Lumina Foundation. Degree qualification profile [DB/OL]. (2021-08-20) [2022-03-22].

https://www.cpp.edu/~academic-affairs/programs/Documents/dqp.pdf.

[131] KUH G, IKENBERRY S. More than you think, less than we need: learning outcomes assessment in american higher education [J]. National Institute for Learning Outcomes Assessment, 2009: 6.

[132] 徐明慧,李汉邦. 美国大学学习效果评价的演化与新发展 [J]. 中国高等教育, 2011 (Z1): 57-59.

[133] PALOMBA C A, BANTA T W. Assessment essentials: planning, implementing and improving assessment in higher education [M]. San Francisco: Jossey-Bass Publishers, 1999: 4.

[134] Providing evidence of student learning: a transparent framework [EB/OL]. (2012-12-20) [2021-08-17]. http://learningoutcomesassessment.org/TransparentFramework.htm.

[135] Capella University. Outcomes-based model [EB/OL]. (2012-12-20) [2021-08-17]. http://www.capellaresults.com/index.asp.

[136] BORITZ J E, CARNAGHAN C A. Competency-based education and assessment for the accounting profession: a critical review [J]. Canadian Accounting Perspectives, 2003 (1): 7-14.

[137] Western Governors University. Student experience: education outcomes [EB/OL]. [2021-08-17]. https://www.wgu.edu/student-experience/education-outcomes.html.

[138] Student learning progress model: executive FAQ [EB/OL]. (2012-12-20) [2021-08-17]. http://www.uaa.alaska.edu/ir/reports/success/index.cfm.

[139] BANTA T W, GRIFFIN M, FLATEBY T L, et al. Three promising alternatives for assessing college students' knowledge and skills [M]. Urbana, IL: University of Illinois and Indiana University, National Institute for Learning Outcomes Assessment (NILOA), 2009: 17.

[140] LaGuardia Community College. Institutional research and assessment [EB/OL]. [2021-08-17]. https://www.laguardia.edu/ir/.

[141] 李妍. 美国社区学院学生学习成果评价研究 [D]. 天津:天津大学, 2017.

[142] AAHE Assessment Forum. Principles of good practice for assessing student learning [EB/OL]. (2012-12-20) [2021-08-17]. http://www.learningoutcomeassessment.org/PrinciplesofAssessment.html.

[143] 熊耕. 透视美国高等教育中的学生学习结果评价 [J]. 比较教育研究, 2012, 34 (1): 3-38.

[144] University of Alaska Anchorage [EB/OL]. (2012-12-20) [2021-08-17]. http://www.uaa.alaska.edu/ir/reports/success/index.cfm.

[145] Western Governors University [EB/OL]. (2012-12-20) [2021-08-17]. http://www.wgu.edu/why-WGU/competency-based-approach.

[146] JANKOWSKI N. Capella University: an outcomes-based institution [J]. National Institute for Learning Outcomes Assessment, 2011: 1-8.

[147] SMITH K. Empowering school and university-based teacher educators as assessors: a school-university cooperation [J]. Educational Research and Evaluation, 2007, 13 (3): 279-293.

[148] KLEIN-COLLINS R. Sharpening our focus on learning: the rise of competency-based approaches to degree completion [J]. National Institute for Learning Outcomes Assessment, 2013: 5.

[149] 许树柏. 实用决策方法:层次分析法原理 [M]. 天津:天津大学出版社, 1988.

[150] 杨涛. "习得性无助感"对民族地区高校学生学习的影响:贵州凯里学院学生厌学思想行

为问卷调查分析［J］．贵州民族究，2009，29（6）：167-172．

［151］邢淑芬，俞国良．社会比较：对比效应还是同化效应？［J］．心理科学进展，2006（6）：944-949．

［152］张东海．专业学位研究生实践能力培养体系及其成效研究——基于传统研究生院高校的调查［J］．中国高教研究，2017（6）：82-89．

［153］牛亏环．大学生学习过程评价的现状、问题及对策——基于全国16所本科高校的调研［J］．大学教育科学，2017（6）：42-49，121．

［154］渠东玲．大学生西部就业的心理学分析［J］．继续教育研究，2009（2）：66-67．

［155］于苗苗，马永红，包艳华．多重视角下的专业硕士就业质量状况——基于"2015年全国专业硕士调研"数据［J］．中国高教研究，2017（2）：69-74．

［156］张国玲，高建军，刘新，等．从工科毕业生现状及企业需求看工程教育改革的必要性［J］．实验技术与管理，2007（8）：112-114．

［157］冯海燕．高校科研团队创新能力绩效考核管理研究［J］．科研管理，2015（1）：54-62．

［158］杨洁．基于PDCA循环的内部控制有效性综合评价［J］．会计研究，2011（4）：82-87．

［159］汪利虹，刘志学．基于PDCA的供应链视角下物流客户服务绩效评价研究［J］．管理学报，2012（6）：920-926．

［160］向智男．借鉴PDCA循环构建研究生课程过程管理机制［J］．研究生教育研究，2018（1）：38-43．

［161］秦昌明，郑铁，李欣则．构建PDCA模式的地方高校校外实践基地质量监控体系［J］．实验技术与管理，2019（7）：219-221．

［162］龚兵丽，郑长涛，戴克林．地方高校实践教学基地评价指标体系构建［J］．实验室研究与探索，2016（5）：197-200，216．

［163］柴娟，郑艳，陈锋．校外实习基地评价指标和评价模型研究［J］．重庆工商大学学报（自然科学版），2010（4）：349-354．

［164］PLEWA C，KORFF N，JOHNSON C，et al．The evolution of university-industry linkages：a framework［J］．Journal of Engineering & Technology Management，2013（1）：21-44．

［165］FUKUMOTO K，FUJIMURA Y，KUSUMOTO M，et al．Evaluation of long-term practical training of graduate students at an off-campus hospital-questionnaire survey of graduate students and pharmacists［J］．Journal of the Pharmaceutical Society of Japan，2010，130（3）：441-446．

［166］NILSEN G，HUEMER J，ERIKSEN L．Bachelor studies for nurses organised in rural contexts：a tool for improving the health care services in circumpolar region？［J］．International Journal of Circumpolar Health，2012（1）：179-02．

［167］李明磊，黄雨恒，周文辉，等．校外导师、实践基地与培养成效——基于2013—2017年专业学位硕士生调查的实证分析［J］．中国高教研究，2019（11）：97-102．

［168］石卫林，惠文婕．校企双导师制更有助提高全日制专硕生职业能力吗［J］．中国高教研究，2018（10）：68-74．

［169］马永红，张乐，高彦芳，等．我国工程硕士联合培养实践基地状况分析——基于28个工程硕士示范基地［J］．学位与研究生教育，2016（4）：7-11．

［170］余昭胜，寥艳芬，夏雨晴，等．基于层次和多指标综合评价分析法的能源与动力工程专业

校外教学实习基地评价指标体系的研究［J］．高等工程教育研究，2019（S1）：292-296．

［171］中华人民共和国教育部．教育部关于加强专业学位研究生案例教学和联合培养基地建设的意见［EB/OL］．（2015-05-11）［2021-07-18］．http：//www.moe.gov.cn/srcsite/A22/moe_826/201505/t20150511_189480.html．

［172］中华人民共和国教育部．教育部关于做好全日制硕士专业学位研究生培养工作的若干意见［EB/OL］．（2009-03-19）［2018-08-17］．http：//www.moe.gov.cn/srcsite/A22/moe_826/200903/t20090319_82629.html．

［173］国务院教育督导委员会办公室．国务院教育督导委员会办公室关于印发《全国专业学位水平评价实施方案》的通知［EB/OL］．（2020-11-23）［2021-08-17］．http：//www.moe.gov.cn/srcsite/A11/s7057/202011/t20201126_501861.html．

［174］王卓，吴迪．公民意识表现及其影响因素研究［J］．社会科学研究，2010（4）：124-130．

附录1 行为事件访谈提纲

尊敬的先生/女士：

您好！

首先，衷心地感谢您参与本课题的访谈调查！本次调查主要研究的是企业需求导向下全日制工程硕士学习成果评价，旨在衡量高等教育的输出成果，即人才培养的质量水平，以期为提升全日制工程硕士的学习成果和培养质量提供依据。

本次调查大约需要占用您1小时的时间，采用不记名的调查方式以便不涉及任何个人隐私。对于调查所得的所有数据和资料，我们仅用于统计性分析，不进行针对性研究。非常感谢您的支持与配合！

"企业需求导向下全日制工程硕士学习成果评价研究"课题组

2018年12月

1. 请简要介绍您的学习经历和工作经历。
2. 请介绍您的主要岗位职责。
3. 请列举三件近年来工作中的成功（最有成就感）事例，并详细描述事件发生的过程、遇到的困难、当时的想法、采取的措施、成功之后的体会。
4. 请列举三件近年来工作中的失败（最遗憾）事例，并详细描述事件发生的过程、遇到的困难、当时的想法、采取的措施、处理失败之后的体会。
5. 请列举履行岗位职责所需的专业知识和相关知识。
6. 请介绍履行好岗位职责最重要的成功经验。
7. 您认为企业需要全日制工程硕士员工具备的能力中具体包含哪些维度和对应要素？
8. 这些能力维度和提到的要素中，您认为哪些最符合企业发展的需要？
9. 对于目前即将进入工作岗位的全日制工程硕士，您认为他们最缺乏的能力要素有哪些？
10. 您认为一家企业在外部人才招聘或内部员工晋升过程中，候选人员具备哪些能力可以被视为特殊人才聘用或干部储备？
11. 您认为高校全日制工程硕士培养环节存在哪些问题？有何建议？
12. 您对全日制工程硕士培养模式有什么看法？
13. 您认为工学硕士（学术型）与全日制工程硕士的培养有何区别？
14. 您认为高校在工程人才培养方面应做哪些改革？

访谈到此结束，再次感谢您的参与和提供的宝贵意见！

附录2　全日制工程硕士学习成果评价指标二元对比问卷

尊敬的专家：

您好！在前期调研的基础上，我们初步构建了"全日制工程硕士学习成果评价指标体系"，为确保该评价指标体系的科学性、合理性和可操作性，此次特设计了"全日制工程硕士学习成果评价指标二元对比问卷"，以确定评价指标体系中各要素之间的相对权重。回答无对错之分，仅用于数据统计。

再次感谢您对我们课题研究的大力支持！

"企业需求导向下全日制工程硕士学习成果评价研究"课题组

2020年3月

【填答说明】 调查问卷根据层次分析法（AHP）的形式设计，衡量尺度分为5个等级，分别是绝对不重要/重要（-9/9）、十分不重要/重要（-7/7）、比较不重要/重要（-5/5）、稍微不重要/重要（-3/3）、同样重要（1）。靠左边的衡量尺度表示左列因素重要于右列因素，靠右列的衡量尺度与此同理。请根据您的看法，对各维度和指标的相对重要性做出选择。

一、学习成果维度

请比较下列各组维度对于"全日制工程硕士学习成果"的相对重要性。

专业及基础知识	-9	-7	-5	-3	1	3	5	7	9	应用与合作学习
专业及基础知识	-9	-7	-5	-3	1	3	5	7	9	智力技能
专业及基础知识	-9	-7	-5	-3	1	3	5	7	9	公民社会责任
应用与合作学习	-9	-7	-5	-3	1	3	5	7	9	智力技能
应用与合作学习	-9	-7	-5	-3	1	3	5	7	9	公民社会责任
智力技能	-9	-7	-5	-3	1	3	5	7	9	公民社会责任

二、学习成果维度要素

（一）专业及基础知识

请比较下列各组维度对于"全日制工程硕士专业及基础知识"的相对重要性。

专业胜任能力	-9	-7	-5	-3	1	3	5	7	9	基础知识

(二) 应用与合作学习

请比较下列各组维度对于"全日制工程硕士应用与合作学习"的相对重要性。

规划能力	-9	-7	-5	-3	1	3	5	7	9	合作能力
规划能力	-9	-7	-5	-3	1	3	5	7	9	工程实践能力
合作能力	-9	-7	-5	-3	1	3	5	7	9	工程实践能力

(三) 智力技能

请比较下列各组维度对于"全日制工程硕士智力技能"的相对重要性。

综合理解能力	-9	-7	-5	-3	1	3	5	7	9	集成创新能力

(四) 公民社会责任

请比较下列各组维度对于"全日制工程硕士公民社会责任"的相对重要性。

个人责任	-9	-7	-5	-3	1	3	5	7	9	社会责任

三、学习成果要素对比

(一) 专业胜任能力

请比较下列各组指标对于"全日制工程硕士专业胜任能力"的相对重要性。

A. 您认为他们掌握工程相关原理、概念、政策和法规很重要
B. 您认为他们了解新材料、新工艺、新设备很重要

A. 您认为他们掌握工程相关原理、概念、政策和法规很重要
B. 您认为他们具备面向企业需求的专业知识学习能力很重要

A. 您认为他们掌握工程相关原理、概念、政策和法规很重要
B. 您认为他们掌握工程知识的终身学习能力很重要

A. 您认为他们掌握工程相关原理、概念、政策和法规很重要
B. 您认为他们具备良好的职业操守很重要

A. 您认为他们了解新材料、新工艺、新设备很重要
B. 您认为他们具备面向企业需求的专业知识学习能力很重要

A. 您认为他们了解新材料、新工艺、新设备很重要
B. 您认为他们掌握工程知识的终身学习能力很重要

A. 您认为他们了解新材料、新工艺、新设备很重要
B. 您认为他们具备良好的职业操守很重要

A. 您认为他们具备面向企业需求的专业知识学习能力很重要
B. 您认为他们掌握工程知识的终身学习能力很重要

A. 您认为他们具备面向企业需求的专业知识学习能力很重要
B. 您认为他们具备良好的职业操守很重要

A. 您认为他们掌握工程知识的终身学习能力很重要
B. 您认为他们具备良好的职业操守很重要

（二）基础知识
请比较下列各组指标对于"全日制工程硕士基础知识"的相对重要性。

A. 您认为他们是否掌握哲学、历史等人文社科知识对工程开发有影响
B. 您认为他们在项目实施过程中是否运用工程原理解决问题很重要

（三）规划能力
请比较下列各组指标对于"全日制工程硕士规划能力"的相对重要性。

A. 您认为他们认清市场现状、了解市场需求很重要
B. 您认为他们掌握分析工程产品的流程和方法很重要

A. 您认为他们认清市场现状、了解市场需求很重要
B. 您认为他们的时间管理能力会影响工程项目的质量

A. 您认为他们掌握分析工程产品的流程和方法很重要
B. 您认为他们的时间管理能力会影响工程项目的质量

（四）合作能力
请比较下列各组指标对于"全日制工程硕士合作能力"的相对重要性。

A. 您认为他们能与团队成员和谐愉快地合作很重要
B. 您认为他们的全局性、整体性思维很重要

A. 您认为他们能与团队成员和谐愉快地合作很重要
B. 您认为他们从组织管理上优化配置、提高效率或降低成本很重要

A. 您认为他们能与团队成员和谐愉快地合作很重要
B. 您认为他们能妥善处理工作过程中出现的分歧和矛盾很重要

A. 您认为他们的全局性、整体性思维很重要
B. 您认为他们能从组织管理上优化配置、提高效率或降低成本很重要

A. 您认为他们的全局性、整体性思维很重要
B. 您认为他们能妥善处理工作过程中出现的分歧和矛盾很重要

A. 您认为他们能从组织管理上优化配置、提高效率或降低成本很重要
B. 您认为他们能妥善处理工作过程中出现的分歧和矛盾很重要

附录2　全日制工程硕士学习成果评价指标二元对比问卷

（五）工程实践能力

请比较下列各组指标对于"全日制工程硕士工程实践能力"的相对重要性。

A. 您认为他们具备科学论证和评价工程项目的能力很重要
B. 您认为他们能在项目实施过程中选择和使用恰当的材料、设备和工具很重要

A. 您认为他们具备科学论证和评价工程项目的能力很重要
B. 您认为他们严格执行工程标准很重要

A. 您认为他们具备科学论证和评价工程项目的能力很重要
B. 您认为他们在项目实施过程中主动发现问题的能力很重要

A. 您认为他们具备科学论证和评价工程项目的能力很重要
B. 您认为他们能对工程项目进度和风险进行有效管控很重要

A. 您认为他们具备科学论证和评价工程项目的能力很重要
B. 您认为他们掌握在工程项目执行过程中形成独到的见解、技术应用和改造等方法，并将其加以运用的能力很重要

A. 您认为他们具备科学论证和评价工程项目的能力很重要
B. 您认为他们具备创新开发的能力很重要

A. 您认为他们能在项目实施过程中选择和使用恰当的材料、设备和工具很重要
B. 您认为他们能严格执行工程标准很重要

A. 您认为他们能在项目实施过程中选择和使用恰当的材料、设备和工具很重要
B. 您认为他们能在项目实施过程中主动发现问题的能力很重要

A. 您认为他们能在项目实施过程中选择和使用恰当的材料、设备和工具很重要
B. 您认为他们能对工程项目进度和风险进行有效管控很重要

A. 您认为他们能在项目实施过程中选择和使用恰当的材料、设备和工具很重要
B. 您认为他们掌握在工程项目执行过程中形成独到的见解、技术应用和改造等方法，并将其加以运用的能力很重要

A. 您认为他们能在项目实施过程中选择和使用恰当的材料、设备和工具很重要
B. 您认为他们具备创新开发的能力很重要

A. 您认为他们严格执行工程标准很重要
B. 您认为他们在项目实施过程中主动发现问题的能力很重要

A. 您认为他们严格执行工程标准很重要
B. 您认为他们能对工程项目进度和风险进行有效管控很重要

A. 您认为他们严格执行工程标准很重要
B. 您认为他们掌握在工程项目执行过程中形成独到的见解、技术应用和改造等方法，并将其加以运用的能力很重要

A. 您认为他们严格执行工程标准很重要
B. 您认为他们具备创新开发的能力很重要

A. 您认为他们在项目实施过程中主动发现问题的能力很重要
B. 您认为他们掌握在工程项目执行过程中形成独到的见解、技术应用和改造等方法，并将其加以运用的能力很重要

A. 您认为他们在项目实施过程中主动发现问题的能力很重要
B. 您认为他们具备创新开发的能力很重要

A. 您认为他们能对工程项目进度和风险进行有效管控很重要
B. 您认为他们掌握在工程项目执行过程中形成独到的见解、技术应用和改造等方法，并将其加以运用的能力很重要

A. 您认为他们能对工程项目进度和风险进行有效管控很重要
B. 您认为他们具备创新开发的能力很重要

A. 您认为他们掌握在工程项目执行过程中形成独到的见解、技术应用和改造等方法，并将其加以运用的能力很重要
B. 您认为他们具备创新开发的能力很重要

（六）综合理解能力

请比较下列各组指标对于"全日制工程硕士工程综合理解能力"的相对重要性。

A. 您认为他们进行知识更新对开展工作很重要
B. 您认为他们具备系统分析和阐述问题的能力对项目实施很重要

A. 您认为他们进行知识更新对开展工作很重要
B. 您认为他们能否准确评价自身对工程项目有影响

A. 您认为他们进行知识更新对开展工作很重要
B. 您认为他们能识别工程环境的变化并对工作做出调整很重要

A. 您认为他们具备系统分析和阐述问题的能力对项目实施很重要
B. 您认为他们能否准确评价自身对工程项目有影响

A. 您认为他们具备系统分析和阐述问题的能力对项目实施很重要
B. 您认为他们能识别工程环境的变化并对工作做出调整很重要

A. 您认为他们能否准确评价自身对工程项目有影响
B. 您认为他们能识别工程环境的变化并对工作做出调整很重要

（七）集成创新能力

请比较下列各组指标对于"全日制工程硕士工程集成创新能力"的相对重要性。

A. 您认为他们了解社会问题、理解和尊重社会关系很重要
B. 您认为他们掌握了在正视文化差异的基础上开展国际竞争与合作的能力

A. 您认为他们了解社会问题、理解和尊重社会关系很重要
B. 您认为他们能够在正视文化差异的基础上开展国际交流、竞争与合作的能力很重要

A. 您认为他们了解社会问题、理解和尊重社会关系很重要
B. 您认为他们综合运用多学科知识进行产品开发和设计的能力很重要

A. 您认为他们掌握了在正视文化差异的基础上开展国际竞争与合作的能力
B. 您认为他们能够在正视文化差异的基础上开展国际交流、竞争与合作的能力很重要

A. 您认为他们掌握了在正视文化差异的基础上开展国际竞争与合作的能力
B. 您认为他们综合运用多学科知识进行产品开发和设计的能力很重要

A. 您认为他们能够在正视文化差异的基础上开展国际交流、竞争与合作的能力很重要
B. 您认为他们综合运用多学科知识进行产品开发和设计的能力很重要

（八）个人责任

请比较下列各组指标对于"全日制工程硕士工程个人责任"的相对重要性。

A. 您认为他们能维护职业的尊严和荣誉很重要
B. 您认为他们对自己的工作精益求精、追求卓越的态度很重要

A. 您认为他们能维护职业的尊严和荣誉很重要
B. 您认为他们甄别信息质量的能力很重要

A. 您认为他们对自己的工作精益求精、追求卓越的态度很重要
B. 您认为他们甄别信息质量的能力很重要

（九）社会责任

请比较下列各组指标对于"全日制工程硕士工程社会责任"的相对重要性。

A. 您认为他们参与社区服务和志愿服务很重要
B. 您认为他们参与公民义务的投票、选举等很重要

附录3　企业需求导向下全日制工程硕士学习成果评价问卷（高校版）

您好。首先，衷心地感谢您参与本次问卷调查！本次调查旨在基于高校视角，探究全日制工程硕士学习情况，以期为提升全日制工程硕士的学习成果和培养质量提供依据。本问卷采用不记名方式填写，我们承诺：对所收集到的有关信息，严格保密。问卷涉及的所有问题，仅用于课题研究。

"企业需求导向下全日制工程硕士学习成果评价研究"课题组

2020年5月

第一部分　背景资料

1. 性别

男

女

2. 年级

研一

研二

研三

3. 专业

电子信息

机械

材料与化工

资源与环境

能源动力

土木水利

生物与医药

交通运输

4. 学校

"985工程"院校

"211工程"院校

其他高等院校

▶ 附录3　企业需求导向下全日制工程硕士学习成果评价问卷（高校版）

5．学校所在区域

华东地区（沪、苏、浙、皖、鲁、闽、赣）

华北地区（京、津、冀、晋、蒙）

中南地区（豫、湘、鄂、粤、桂、琼）

西南地区（渝、川、黔、滇、藏）

西北地区（陕、甘、青、宁、新）

东北地区（黑、吉、辽）

第二部分　正式问卷

请您对以下学习成果要素的掌握情况做出选择。

全日制工程硕士胜任能力学习成果要素具体题项	非常符合 5	比较符合 4	一般 3	比较不符合 2	非常不符合 1
1．您掌握了工程相关原理、概念、政策和法规					
2．您了解新材料、新工艺、新设备					
3．您掌握了面向企业需求的专业知识学习能力					
4．您掌握了工程知识的终身学习能力					
5．您具有良好的职业操守					
6．您掌握了哲学、历史等人文社科知识					
7．您掌握了在项目实施过程中运用工程原理解决问题的能力					
8．您掌握了认清市场现状、了解市场需求的能力					
9．您掌握了分析工程产品的流程和方法					
10．您掌握了时间管理能力					
11．您能够与团队成员和谐愉快地合作					
12．您具备全局性、整体性思维					
13．您掌握了从组织管理上优化配置、提高效率和降低成本的能力					
14．您掌握了妥善处理工作过程中出现的分歧和矛盾的能力					
15．你掌握了科学论证和评价工程项目的能力					
16．您掌握了在项目实施过程中选择和使用恰当的材料、设备和工具的能力					
17．您掌握了严格执行工程标准的能力					
18．您掌握了在项目实施过程中主动发现问题的能力					
19．您掌握了对工程项目进度和风险进行有效管控的能力					

续表

全日制工程硕士胜任能力学习成果要素具体题项	非常符合 5	比较符合 4	一般 3	比较不符合 2	非常不符合 1
20. 您掌握了在工程项目执行过程中形成独到的见解、技术应用和改造等方法，并将其加以运用的能力					
21. 您掌握了创新开发的能力					
22. 您掌握了进行知识更新的能力					
23. 您掌握了系统分析和阐述问题的能力					
24. 您掌握了准确评价自身的能力					
25. 您掌握了识别工程环境的变化并对工作做出调整的能力					
26. 您掌握了了解社会问题、理解和尊重社会关系的能力					
27. 您掌握了国际交流、学习的能力					
28. 您掌握了在正视文化差异的基础上开展国际竞争与合作的能力					
29. 您掌握了综合运用多学科知识进行产品开发和设计的能力					
30. 您掌握了维护职业的尊严和荣誉的能力					
31. 您具备对自己的工作精益求精、追求卓越的态度					
32. 您掌握了甄别信息质量的能力					
33. 您掌握了参与社区服务和志愿服务的能力					
34. 您具备参与公民义务的投票、选举的意愿和能力					

附录4 企业需求导向下全日制工程硕士学习成果评价问卷（企业版）

您好。首先，衷心地感谢您参与本次问卷调查！本次调查旨在基于企业视角，探究全日制工程硕士（专硕）学习情况，以期为提升全日制工程硕士（专硕）的学习成果和培养质量提供依据。本问卷采用不记名方式填写，我们承诺：对所收集到的有关信息，严格保密。问卷涉及的所有问题，仅用于课题研究。

"企业需求导向下全日制工程硕士学习成果评价研究"课题组

2020年5月

第一部分 背景资料

1. 您所在的企业类型

国有企业

集体所有制企业

私营企业

混合所有制企业

外商投资企业（包括中外合资企业、中外合作企业、外商独资企业）

2. 您所在的企业规模

微型企业（20人以下）

小型企业（20～300人）

中型企业（300～1000人）

大型企业（1000人以上）

3. 企业所在区域

华东地区（沪、苏、浙、皖、鲁、闽、赣）

华北地区（京、津、冀、晋、蒙）

中南地区（豫、湘、鄂、粤、桂、琼）

西南地区（渝、川、黔、滇、藏）

西北地区（陕、甘、青、宁、新）

东北地区（黑、吉、辽）

第二部分 正式问卷

请您对全日制工程硕士（专硕）（题项中统称为"他们"）的学习成果做出评价。

全日制工程硕士（专硕）胜任能力学习成果要素具体题项	非常符合 5	比较符合 4	一般 3	比较不符合 2	非常不符合 1
1. 您认为他们掌握了工程相关原理、概念、政策和法规					
2. 您认为他们了解新材料、新工艺、新设备					
3. 您认为他们掌握了面向企业需求的专业知识学习能力					
4. 您认为他们掌握了工程知识的终身学习能力					
5. 您认为他们具备良好的职业操守					
6. 您认为他们掌握了哲学、历史等人文社科知识					
7. 您认为他们掌握了在项目实施过程中运用工程原理解决问题的能力					
8. 您认为他们掌握了认清市场现状、了解市场需求的能力					
9. 您认为他们掌握了分析工程产品的流程和方法					
10. 您认为他们掌握了时间管理能力					
11. 您认为他们能够与团队成员和谐愉快地合作					
12. 您认为他们具备全局性、整体性思维					
13. 您认为他们掌握了从组织管理上优化配置、提高效率和降低成本的能力					
14. 您认为他们掌握了妥善处理工作过程中出现的分歧和矛盾的能力					
15. 您认为他们掌握了科学论证和评价工程项目的能力					
16. 您认为他们掌握了在项目实施过程中选择和使用恰当的材料、设备和工具的能力					
17. 您认为他们掌握了严格执行工程标准的能力					
18. 您认为他们掌握了在项目实施过程中主动发现问题的能力					
19. 您认为他们掌握了对工程项目进度和风险进行有效管控的能力					
20. 您认为他们掌握了在工程项目执行过程中形成独到的见解、技术应用和改造等方法，并将其加以运用的能力					
21. 您认为他们掌握了创新开发的能力					
22. 您认为他们掌握了进行知识更新的能力					
23. 您认为他们掌握了系统分析和阐述问题的能力					
24. 您认为他们掌握了准确评价自身的能力					
25. 您认为他们掌握了识别工程环境的变化并对工作做出调整的能力					
26. 您认为他们掌握了了解社会问题、理解和尊重社会关系的能力					
27. 您认为他们掌握了国际交流、学习的能力					
28. 您认为他们掌握了在正视文化差异的基础上开展国际竞争与合作的能力					

附录4 企业需求导向下全日制工程硕士学习成果评价问卷（企业版）

续表

全日制工程硕士（专硕）胜任能力学习成果要素具体题项	非常符合 5	比较符合 4	一般 3	比较不符合 2	非常不符合 1
29. 您认为他们掌握了综合运用多学科知识进行产品开发和设计的能力					
30. 您认为他们掌握了维护职业的尊严和荣誉的能力					
31. 您认为他们具备对自己的工作精益求精、追求卓越的态度					
32. 您认为他们掌握了甄别信息质量的能力					
33. 您认为他们掌握了参与社区服务和志愿服务的能力					
34. 您认为他们具备参与公民义务的投票、选举的意愿和能力					

附录5　全日制工程硕士校外实践基地评价访谈提纲

尊敬的基地人员和校外导师：

您好！为了深入了解和研究环境工程领域校外实践基地的现状，更好地推进校外实践基地的建设、管理与评价，我们希望听取您对有关校外实践基地的看法，以及对其中一些问题的观点、建议和意见，衷心感谢您的关心和支持！

"企业需求导向下全日制工程硕士学习成果评价研究"课题组

2018年12月

访谈日期：　　　　　访谈时间：　　　　　访谈地点：
基地：　　　　　　　姓名：　　　　　　　性别：
职务：　　　　　　　　　　（基地管理者/校外导师/两者兼有）

【注】若仅为校外实践基地管理者，只访谈第一部分问题；若仅为校外实践基地的校外导师，只访谈第二部分问题；若两者都兼具，只访谈第一、第二部分问题，谢谢！

一、针对校外实践基地管理者

1. 您是如何与高校联系，确定贵企业成立校外实践基地的？
2. 您认为贵基地被选为高校的校外实践基地的优势是什么？相比其他校外实践基地是否独具特色？
3. 贵基地是否与高校签订了相关合作协议？若有，能否提供相关材料？
4. 贵基地与高校的合作是否有政府部门或者法律的监督？
5. 贵基地与高校在全日制工程硕士实习过程中是否有过联系？是如何进行沟通的？
6. 贵基地是如何安排全日制工程硕士进行校外实践的？（建议从基地实践教学条件、实践教学管理与考核、实习生后勤服务等方面阐述）
7. 贵基地是如何确定校外导师（或称企业指导教师）的？是否有相关的聘任、激励或评价制度？
8. 贵基地与高校联合进行校外实践活动的经费来源都有哪些？是否能够达到预算？
9. 您认为校外实践基地在建设、管理与考核方面还存在哪些问题？有何建议？

二、针对校外实践基地的校外导师

1. 您在校外实践中承担过哪些职责，完成过哪些任务？

2. 您是如何知道自己成为校外导师的？这一过程是否有考评或激励制度？
3. 您认为目前校外实践基地的运行效果如何？还存在哪些问题？
4. 您对基地对校外导师的管理与考评是否满意？还存在哪些问题？
5. 您所指导的全日制工程硕士在实践过程中的表现如何？有哪些不尽人意之处？
6. 您作为校外导师来指导全日制工程硕士，这项任务是否影响您的正常工作？
7. 谈谈您对校外实践基地如何更好地开展指导工作的看法。

访谈到此结束，再次感谢您的参与和提供的宝贵意见！

附录6　全日制工程硕士校外实践基地调查问卷

尊敬的导师与管理人员：

您好！

非常感谢您参与本次问卷调查！本调查旨在了解和掌握您对校外实践基地的评价情况，为建设更好的校外实践基地提供可靠、准确的依据。我们承诺：对所收集到的有关信息，严格保密。

请您根据真实感受和实际情况匿名填写，非常感谢您的支持与合作！

"企业需求导向下全日制工程硕士学习成果评价研究"课题组
2021年3月

一、基本情况

1. 性别：(　　)　A. 男　　　B. 女
2. 年龄：_____岁
3. 工作单位：_____
4. 参与基地实践工作时间为：_____年，基地名称：_____
5. 您的职务为：(　　)【可多选】
   A. 基地高校负责人　　　B. 基地企业负责人　　　C. 基地运行管理专员
   D. 基地信息管理专员　　E. 校外导师　　　　　　F. 校内导师
   G. 其他_____

二、"校外实践基地"情况调查（1～7题为单项选择题，8～12题为多项选择题）

1. 基地能容纳实习生同时进行专业实践的数量为（　　）
   A. 1～50人　　　　B. 50～100人　　　C. 100人以上
2. 基地开展实践工作的时间（　　）
   A. 不超过1年　　　B. 1～5年　　　　　C. 5年以上
3. 基地是否具有区别于其他基地的实践特色（　　）
   A. 有，是_____（请在画线处填空）
   B. 没有　　　　C. 不知道
4. 基地是否主要针对一种专业学位类别开展实践工作（　　）
   A. 是　　　　　B. 否
5. 与基地（企业）进行合作的高校数量为（　　）
   A. 一所　　　　B. 两所　　　　C. 三所及以上
6. 校外导师是否参与对实习生毕业论文的指导（　　）

A. 是 　　　　　　　　　B. 否

7. 您认为影响校外实践效果最重要的因素是（　　）
   A. 实习管理的水平　　　　　　　　B. 导师的专业水平和素质
   C. 实习生个人能力　　　　　　　　D. 实习氛围
   E. 实习生与同学和老师的交流次数　F. 实习内容的丰富性和有用性

8. 基地安排的实践内容包括（　　）【可多选】
   A. 工程的设计　　　B. 工程的施工　　　C. 工程的运行
   D. 工程的管理　　　E. 工程的监测　　　F. 工程的评价
   G. 其他＿＿＿＿＿＿＿＿＿＿＿＿＿＿＿＿＿＿

9. 您认为高校安排实习生参与校外实践的目的是（　　）【可多选】
   A. 了解企业，熟悉职场环境　　　　B. 培养专业技能
   C. 获得实习证明，为日后找工作积累经验　D. 获得物质上的收益
   E. 打发空闲时间　　　　　　　　　F. 其他＿＿＿＿＿＿＿

10. 您认为校外实践基地的建设与管理有哪些不足（　　）【可多选】
    A. 实践教学内容缺少方法上的指导
    B. 未能紧跟市场需求变化，正确定位人才培养方向
    C. 基地所提供的实习岗位与所学专业不匹配
    D. 企业与学生的互动交流亟待深化
    E. 实践教学体系有待完善　　　　　F. 师资力量有待加强
    G. 基础设施建设有待提升　　　　　H. 其他＿＿＿＿＿＿

11. 基地的实习生在进行校外实践时遇到的困难有哪些（　　）【可多选】
    A. 校外导师的指导能力有限　　　　B. 住宿难以安排
    C. 实习报酬偏低　　　　　　　　　D. 学不到知识技能
    E. 影响企业的正常工作　　　　　　F. 其他＿＿＿＿＿＿

12. 您认为实习生在校外实践中个人能力方面的收获有哪些（　　）【可多选】
    A. 提高创新意识与能力　　　　　　B. 提高环保意识
    C. 加强团队合作意识与能力　　　　D. 提升处理环境工程项目能力
    E. 提升职业道德与素养　　　　　　F. 提升自我管理能力

三、对"校外实践"的综合评价

【填写说明】本问卷采用五级量表，对调查项的满意程度将会用 1~5 共五个数字表示，1 表示很不同意，5 表示非常同意，数字越大则满意程度越高。（以下"校外实践基地"简称"基地"）

下面各题描述了您参与校外实践的各项内容，请根据实际情况在适当的数字上打"√"	很不同意↔非常同意
1. 基地与高校的合作有政府政策支持	1　2　3　4　5

续表

下面各题描述了您参与校外实践的各项内容，请根据实际情况在适当的数字上打"√"	很不同意↔非常同意
2. 基地与高校的合作有法律规章制度的约束	1 2 3 4 5
3. 基地的建设与管理运营有稳定的资金来源或经费支持	1 2 3 4 5
4. 运行经费投入制度化，运用合理	1 2 3 4 5
5. 合作单位对基地提供经费投入	1 2 3 4 5
6. 基地有明确的发展定位	1 2 3 4 5
7. 参与实践前，高校做好了充分的准备工作，包括实践宣讲、专题辅导、发放手册等	1 2 3 4 5
8. 高校对校外实践的时间、课程和地点的安排合理	1 2 3 4 5
9. 高校专门安排实践带队老师负责实践的组织、管理以及实践基地的协调等	1 2 3 4 5
10. 与基地进行合作的高校数量多	1 2 3 4 5
11. 基地与高校签订了相关合作协议	1 2 3 4 5
12. 高校与合作单位共建实践教育信息化管理平台，便于师生互动，实现对校外实践的过程化管理	1 2 3 4 5
13. 高校与合作单位联合成立实践基地工作小组	1 2 3 4 5
14. 高校与合作单位共同制订教学目标、培养方案和考核标准	1 2 3 4 5
15. 高校与合作单位共同开发课程体系和实践项目，共同指导实践创新创业训练项目等	1 2 3 4 5
16. 基地实践场地数量充足	1 2 3 4 5
17. 基地能容纳多名实习生同时进行专业实践	1 2 3 4 5
18. 基地的面积、空间、结构布局科学合理，环保符合国家相关标准	1 2 3 4 5
19. 基地有完善的应急设施和安全措施	1 2 3 4 5
20. 基地的实践教学设备与仪器满足教学要求	1 2 3 4 5
21. 基地能够定期更新实践教学设备与仪器	1 2 3 4 5
22. 基地配有实践仪器设备的维修人员	1 2 3 4 5
23. 基地实行校内外"双导师负责制"	1 2 3 4 5
24. 基地食堂数量充足	1 2 3 4 5
25. 基地食堂伙食供应充足，食品卫生符合食品安全质量检测标准	1 2 3 4 5
26. 基地实习生宿舍数量充足	1 2 3 4 5
27. 基地实习生宿舍供水供电设施完善	1 2 3 4 5

下面各题描述了您参与校外实践的各项内容，请根据实际情况在适当的数字上打"√"	很不同意↔非常同意
28. 基地与（除合作高校外的）其他学校、单位建立开放共享机制	1 2 3 4 5
29. 基地实践成果具有创新性	1 2 3 4 5
30. 基地有明显区别于其他基地的特色	1 2 3 4 5
31. 实践前，导师了解基地的地理位置、规模、发展历史等基本情况	1 2 3 4 5
32. 实践前，导师具备实践项目相关内容的理论知识基础	1 2 3 4 5
33. 实践前，导师对相关的实践要求进行了调查	1 2 3 4 5
34. 导师有国外留学经历	1 2 3 4 5
35. 导师参与指导实习生的毕业论文	1 2 3 4 5
36. 导师具备专业领域实践经历，富有科学研究与工程实践经验	1 2 3 4 5
37. 实践教学体系层次清晰	1 2 3 4 5
38. 实践教学体系能根据市场需求变化而进行适时调整	1 2 3 4 5
39. 实践教学体系以能力培养为核心，注重与理论教学有机结合	1 2 3 4 5
40. 校外导师结合合作单位工作生产实际积极进行课改和教改	1 2 3 4 5
41. 实践教学内容注重模拟和利用企业真实的生产工作状况	1 2 3 4 5
42. 实践教学内容与科学研究、工程实际和社会应用实践联系紧密	1 2 3 4 5
43. 实习生毕业论文（设计）质量提升，参与科技创新创业训练项目踊跃，有正式发表的论文、专利或省部级以上竞赛获奖等	1 2 3 4 5
44. 实践教学内容要点全面	1 2 3 4 5
45. 实践教学内容注重实践方法上的指导	1 2 3 4 5
46. 实践教学内容注重培养实习生的专业技能	1 2 3 4 5
47. 基地提供的实习岗位与实习生所学专业相匹配	1 2 3 4 5
48. 基地实习生的实践分工设置合理	1 2 3 4 5
49. 基地为实习生分配的实践工作量合适	1 2 3 4 5
50. 基地定期与实习生进行交流沟通，了解实习工作中存在的问题并加以解决	1 2 3 4 5
51. 导师依据实习生平时的实践表现来对其进行评价	1 2 3 4 5
52. 导师依据实习生最终的实践成果对其进行评价	1 2 3 4 5
53. 基地可以为实习生开具相关的实习证明等	1 2 3 4 5
54. 基地给实习生发放一定的校外实践酬金	1 2 3 4 5
55. 基地设立了实习生的相关留用制度	1 2 3 4 5

最后，请您对全日制工程硕士校外实践基地提出宝贵意见和建议（请在画线处作答）。（温馨提示：可从基地建设、条件、管理与考核等方面展开）

_____

_____

非常感谢您参与此次问卷调查，祝您生活愉快！

附录7　全日制工程硕士校外实践基地评分问卷
（校内导师、校外导师及基地管理人员版）

尊敬的导师及基地管理人员：

您好！

非常感谢您参与本次问卷调查！本调查旨在了解和掌握您对校外实践基地的评价情况，为更好地建设校外实践基地提供可靠、准确的依据，请您根据实际情况进行评分。我们承诺：所收集到的有关信息仅用于课题研究，并对相关结果严格保密。

再次感谢您的支持与配合！

"企业需求导向下全日制工程硕士学习成果评价研究"课题组

2021年6月

一、基本情况

1. 性别：（　　）　　A. 男　　　B. 女

2. 年龄：_____岁

3. 工作单位：_____

4. 参与基地实践指导的次数为：_____次，基地名称：_____

5. 您的职务为：（　　）【可多选】

A. 基地高校负责人

B. 基地企业负责人

C. 基地运行管理专员

D. 基地信息管理专员

E. 校外导师

F. 校内导师

G. 其他_____

二、对"校外实践基地"的综合评价

【填写说明】本问卷为评分问卷,请根据实际情况按照评分点为各项赋分。(以下"校外实践基地"简称"基地")

构面	指标内涵与评分点	得分	小计
基地建设 (28分)	基地与高校的合作有政府政策支持(2分)		
	基地与高校的合作有法律规章制度的约束(2分)		
	基地的建设与管理运营有稳定的资金来源或经费支持(2分)		
	运行经费投入制度化,运用合理(2分)		
	合作单位对基地提供经费投入(2分)		
	参与实践前,高校做好了充分的准备工作,包括实践宣讲、专题辅导、发放手册等(2分)		
	高校对校外实践的时间、课程和实践地点的安排合理(2分)		
	高校专门安排实践带队老师负责实践的组织、管理以及实践基地的协调等(2分)		
	与基地(企业)进行合作的高校数量:A. 三所及以上(3分) B. 两所(2分) C. 一所(1分)【三者选其一】		
	基地与高校签订了相关合作协议(2分)		
	高校与合作单位共建实践教育信息化管理平台,实现对校外实践的过程化管理(2分)		
	高校与合作单位联合成立实践基地工作小组(1分)		
	高校与合作单位共同制订教学目标、培养方案和考核标准(2分)		
	高校与合作单位共同开发课程体系和实践项目,共同指导实践创新创业训练项目等(2分)		

▶ 附录7　全日制工程硕士校外实践基地评分问卷（校内导师、校外导师及基地管理人员版）

续表

构面	指标内涵与评分点	得分	小计
基地条件 （28分）	基地实践场地数量：A. 供大于求（2分）　B. 供等于求（1分）　C. 供小于求（0分）【三者选其一】		
	基地能容纳实习生同时进行专业实践的数量：A. 100人以上（3分）　B. 50～100人（2分）　C. 1～50人（1分）【三者选其一】		
	基地的面积、空间、结构布局科学合理，环保符合国家相关标准（2分）		
	基地有完善的应急设施和安全措施，有防火防盗报警器、避雷针等（2分）		
	基地的实践教学设备与仪器满足教学要求（2分）		
	基地能够定期更新实践教学设备与仪器（2分）		
	基地配有实践仪器设备的维修人员（1分）		
	基地实行校内外"双导师负责制"（3分）		
	基地食堂伙食供应充足，食品卫生符合食品安全质量检测标准（2分）		
	基地实习生宿舍数量充足（2分）		
	基地实习生宿舍供水供电设施完善（1分）		
	基地与（除合作高校外的）其他学校、单位建立开放共享机制（2分）		
	基地实践成果具有创新性（2分）		
	基地有明显区别于其他基地的特色（2分）		

续表

构面	指标内涵与评分点	得分	小计
基地管理与考核（44分）	实践前，导师了解基地的地理位置、规模、发展历史等基本情况（1分）		
	实践前，导师具备实践项目相关内容的理论知识基础（2分）		
	实践前，导师对相关的实践要求进行了调查（2分）		
	导师参与指导实习生的毕业论文（1分）		
	导师具备专业领域实践经历，富有科学研究与工程实践经验（3分）		
	实践教学体系层次清晰（2分）		
	实践教学体系能根据市场需求变化而进行适时调整（2分）		
	实践教学体系以能力培养为核心，注重与理论教学有机结合（2分）		
	实践教学内容注重模拟和利用企业真实的生产工作状况（2分）		
	实践教学内容与科学研究、工程实际和社会应用实践联系紧密（2分）		
	实践教学内容包括：工程的设计（1分）、运行（1分）、监测（1分）【三者累计计分】		
	实践教学内容注重实践方法上的指导（2分）		
	实践教学内容注重培养专业技能（2分）		
	基地提供的实习岗位与实习生所学专业匹配（2分）		
	基地实习生的实践分工设置合理（2分）		
	基地为实习生分配的实践工作量合适（2分）		
	基地定期与实习生进行交流沟通，了解实习工作中存在的问题并加以解决（2分）		
	导师依据实习生平时的实践表现来对其进行评价（2分）		
	导师依据实习生最终的实践成果对其进行评价（2分）		
	为实习生开具实习证明（2分）		
	实习报酬为 A. ≥1000元（2分）　 B. 1~1000元（1分）　C. 没有实习报酬（0分）【三者选其一】		
	基地设立了实习生的相关留用制度（2分）		
总计			

附录8 全日制工程硕士校外实践基地评分问卷（学生版）

您好！

非常感谢您参与本次问卷调查！本调查旨在了解和掌握您对校外实践基地的评价情况，为更好地建设校外实践基地提供可靠、准确的依据，请您根据实际情况进行评分。我们承诺：所收集到的有关信息仅用于课题研究，并对相关结果严格保密。

再次感谢您的支持与配合！

"企业需求导向下全日制工程硕士学习成果评价研究"课题组

2021年6月

一、基本情况

1. 性别：（   ）

A. 男　　　　B. 女

2. 年级：（   ）

A. 二年级　　B. 三年级　　C. 已毕业

3. 毕业学校：_____

4. 您是否参加过校外实践：（   ）

A. 是　　　　B. 否

5. 实践基地的名称：_____

6. 到目前为止，您参加的校外实践次数为（   ）

A. 一次　　　　　　　　　B. 两次

C. 三次　　　　　　　　　D. 四次及以上

二、对"校外实践基地"的综合评价

【填写说明】本问卷为评分问卷，请根据实际情况按照评分点为各项赋分。（以下"校外实践基地"简称"基地"）

构面	指标内涵与评分点	得分	小计
基地建设 （28分）	基地与高校的合作有政府政策支持（2分）		
	基地与高校的合作有法律规章制度的约束（2分）		
	基地的建设与管理运营有稳定的资金来源或经费支持（2分）		
	运行经费投入制度化，运用合理（2分）		
	合作单位对基地提供经费投入（2分）		
	参与实践前，高校做好了充分的准备工作，包括实践宣讲、专题辅导、发放手册等（2分）		
	高校对校外实践的时间、课程和实践地点的安排合理（2分）		
	高校专门安排实践带队老师负责实践的组织、管理以及实践基地的协调等（2分）		
	与基地（企业）进行合作的高校数量：A. 三所及以上（3分）B. 两所（2分） C. 一所（1分）【三者选其一】		
	基地与高校签订了相关合作协议（2分）		
	高校与合作单位共建实践教育信息化管理平台，实现对校外实践的过程化管理（2分）		
	高校与合作单位联合成立实践基地工作小组（1分）		
	高校与合作单位共同制订教学目标、培养方案和考核标准（2分）		
	高校与合作单位共同开发课程体系和实践项目，共同指导实践创新创业训练项目等（2分）		

▶ 附录8　全日制工程硕士校外实践基地评分问卷（学生版）

续表

构面	指标内涵与评分点	得分	小计
基地条件 （28分）	基地实践场地数量：A. 供大于求（2分）　B. 供等于求（1分）　C. 供小于求（0分）【三者选其一】		
	基地能容纳实习生同时进行专业实践的数量：A. 100人以上（3分）　B. 50～100人（2分）　C. 1～50人（1分）【三者选其一】		
	基地的面积、空间、结构布局科学合理，环保符合国家相关标准（2分）		
	基地有完善的应急设施和安全措施，有防火防盗报警器、避雷针等（2分）		
	基地的实践教学设备与仪器满足教学要求（2分）		
	基地能够定期更新实践教学设备与仪器（2分）		
	基地配有实践仪器设备的维修人员（1分）		
	基地实行校内外"双导师负责制"（3分）		
	基地食堂伙食供应充足，食品卫生符合食品安全质量检测标准（2分）		
	基地实习生宿舍数量充足（2分）		
	基地实习生宿舍供水供电设施完善（1分）		
	基地与（除合作高校外的）其他学校、单位建立开放共享机制（2分）		
	基地实践成果具有创新性（2分）		
	基地有明显区别于其他基地的特色（2分）		

续表

构面	指标内涵与评分点	得分	小计
基地管理与考核（44分）	实践前，导师了解基地的地理位置、规模、发展历史等基本情况（1分）		
	实践前，导师具备实践项目相关内容的理论知识基础（2分）		
	实践前，导师对相关的实践要求进行了调查（2分）		
	导师参与指导实习生的毕业论文（1分）		
	导师具备专业领域实践经历，富有科学研究与工程实践经验（3分）		
	实践教学体系层次清晰（2分）		
	实践教学体系能根据市场需求变化而进行适时调整（2分）		
	实践教学体系以能力培养为核心，注重与理论教学有机结合（2分）		
	实践教学内容注重模拟和利用企业真实的生产工作状况（2分）		
	实践教学内容与科学研究、工程实际和社会应用实践联系紧密（2分）		
	实践教学内容包括：工程的设计（1分）、运行（1分）、监测（1分）【三者累计计分】		
	实践教学内容注重实践方法上的指导（2分）		
	实践教学内容注重培养专业技能（2分）		
	基地提供的实习岗位与实习生所学专业匹配（2分）		
	基地实习生的实践分工设置合理（2分）		
	基地为实习生分配的实践工作量合适（2分）		
	基地定期与实习生进行交流沟通，了解实习工作中存在的问题并加以解决（2分）		
	导师依据实习生平时的实践表现来对其进行评价（2分）		
	导师依据实习生最终的实践成果对其进行评价（2分）		
	为实习生开具实习证明（2分）		
	实习报酬为 A. ≥1000元（2分）　B. 1～1000元（1分）　C. 没有实习报酬（0分）【三者选其一】		
	基地设立了实习生的相关留用制度（2分）		
总计			